中国汽车自主研发技术与管理实践丛书

汽车智能驾驶系统开发与验证

主　编	何举刚				
副主编	何　文	梁锋华	高振海	王代涵	陈达兴
主　审	王建强	高　锋	丁　可		
参　编	万　宏	万凯林	王　宽	王　超	王鹏辉
	王黎萌	牛　雷	毛叶平	孔周维	邓　杰
	卢　斌	田　甄	任　凡	任传兵	刘玉清
	刘铜阳	关鹏辉	孙作福	严臣树	苏　岭
	杜泓江	李小林	李文礼	李　昌	李星宇
	李　健	李增文	李增强	杨　果	杨腾宇
	岑　明	何东平	何　博	沈传亮	张丽文
	张　杰	陆　波	陈　星	罗　恒	周　扬
	郑程元	胡宏宇	贺　刚	唐明弘	唐　锐
	韩宗志	曾　博	谢春燕	蒲　果	蔡张跃
	谭秀全	熊　星			

机械工业出版社

《汽车智能驾驶系统开发与验证》结合汽车整车企业具体工程实例，系统介绍了汽车智能驾驶系统从需求分析、架构设计、算法开发到测试验证的整个过程，实现了理论和实践的统一。

本书编写人员皆为汽车整车企业具有丰富正向开发经验的研发技术骨干，并邀请了清华大学、吉林大学、重庆大学、重庆邮电大学、重庆理工大学、地平线科技公司和纵目科技公司等高校和企业的专家为本书的架构和具体内容把关。本书兼具理论性和实用性，内容丰富，结构清晰，对初入智能驾驶领域的读者建立系统性认知具有较大参考意义。

本书主要面向从事汽车智能驾驶系统开发工作的工程师，也可作为高等院校汽车相关专业师生的教学参考书。

图书在版编目（CIP）数据

汽车智能驾驶系统开发与验证/何举刚主编. —北京：机械工业出版社，2021.9
（中国汽车自主研发技术与管理实践丛书）
ISBN 978-7-111-69123-5

Ⅰ.①汽… Ⅱ.①何… Ⅲ.①汽车驾驶-自动驾驶系统-系统开发 Ⅳ.①U463.61

中国版本图书馆 CIP 数据核字（2021）第 184675 号

机械工业出版社（北京市百万庄大街 22 号　邮政编码 100037）
策划编辑：母云红　　　责任编辑：母云红　孟　阳
责任校对：肖　琳　　　责任印制：常天培
北京宝隆世纪印刷有限公司印刷
2021 年 11 月第 1 版　第 1 次印刷
184mm×260mm・20 印张・2 插页・396 千字
0 001—3 000 册
标准书号：ISBN 978-7-111-69123-5
定价：198.00 元

电话服务　　　　　　　　　　网络服务
客服电话：010-88361066　　机　工　官　网：www.cmpbook.com
　　　　　010-88379833　　机　工　官　博：weibo.com/cmp1952
　　　　　010-68326294　　金　书　网：www.golden-book.com
封底无防伪标均为盗版　　机工教育服务网：www.cmpedu.com

"中国汽车自主研发技术与管理实践丛书"
编委会

主　　任	朱华荣
副主任	王　俊　袁明学　刘　波　何朝兵　李　伟　华骦骉
	谭本宏　张德勇　叶　沛　赵　非　陈　伟　李名才
编　　委	詹樟松　何举刚　吴礼军　张晓宇　王　坚　陈　勇
	李亚兰　周　波　任　勇　罗志龙　李新强　陈剑锋
	沈明均　叶明信　余成龙　陈　政　江爱群　梁光忠
	张劲松　王张勇　闵　龙　毛琼林　张玉祥　赖薪郴
	司　澜　冉桂青　杨大勇　王孝飞　王莉君　明　强
	向才云　管高勇　林雪斌　范正文　伍嘉扬　黄乐金
	彭　陶　王晓玲　肖　锋　班慎真　施海峰　李世华
	任　喆
执行编委	王焕然　蔡　勇　周　亚　杨　杰　钟　玲　贾振川
	何　红　吴　虹　李光明　郭七一　钱红梅　谢桂兰
	陈　姣

序

Preface

近年来，智能网联汽车成为全球汽车产业的重要发展方向。智能网联汽车作为一种新的产品形式、商业模式和生态系统，融合了新一代移动互联技术，可能对产品发展和开发模式产生很大影响。然而，满足各种工况、条件的完全自动驾驶依然任重道远，带本地属性要求的特定区域和场景的智能驾驶产品是未来竞争的重点，智能时代呼唤中国方案的智能驾驶系统和产品。

重庆长安汽车股份有限公司属于国内第一批布局智能驾驶领域的企业，经过10多年的发展，在智能驾驶领域取得了有目共睹的成绩。据我所知，长安汽车从2009年开始组建智能驾驶团队，突破自适应巡航控制、前碰撞预警和车道偏离预警等系统的算法开发、整车集成及测试评价等关键技术，这在国内是非常有前瞻性的。从2015年开始，长安汽车进入智能驾驶量产的快车道，多项技术实现中国自主品牌首发，性能指标和用户体验达到国际一流水平，在中国汽车工程研究院股份有限公司发布的智能化指数中排名第一。2018年，长安汽车发布智能化"北斗天枢"计划，致力于从传统的汽车制造企业向智能低碳出行科技公司转型，开始为未来出行的下一轮挑战提前布局。

《汽车智能驾驶系统开发与验证》由长安汽车组织内部骨干编写，为使内容更具参考价值，他们还邀请了著名高校和企业的专家共同参与编写工作，相关高校和企业有清华大学、吉林大学、重庆大学、重庆邮电大学、重庆理工大学、地平线科技公司和纵目科技公司等。同时，秉持严谨认真的态度，本书所有编写人员多次召开线上及线下讨论会，进行了多轮审订，最终完成编写工作。相信本书一定能帮助我国汽车智能驾驶技术开发人员提高专业水平，为我国智能网联汽车人才培养做出贡献。

清华大学教授 李克强

前言

Foreword

　　随着汽车技术和智能技术的发展，智能驾驶已成为当前汽车产业的重要发展方向，成为提升道路交通安全和通行效率的重要手段。国内外主流的主机厂和系统供应商都在积极研发智能驾驶技术，并取得了喜人的成果。当前，满足《汽车驾驶自动化分级》标准的L2级智能驾驶系统已经大规模量产，少量主机厂已具备在特定场景中量产L3级自动驾驶系统的能力。同时，大多数主机厂和科技公司都在积极攻关L4级自动驾驶技术。在智能驾驶技术蓬勃发展的时代背景下，本书结合长安汽车在智能驾驶领域10多年的探索和发展经历，系统介绍了智能驾驶系统开发和验证工作，并结合实际工程案例进行了详细阐述。

　　本书第1章介绍了智能驾驶的背景、相关概念和发展历程。第2章介绍了智能驾驶系统的开发过程，从客户需求分析开始，详细介绍了感知融合、车辆定位、规划决策、运动控制、人机交互和车路协同等关键技术。第3章介绍了智能驾驶系统的测试和评价，首先总体介绍智能驾驶系统的测试评价体系，然后详细展开测试场景设计、仿真测试和实车测试，最后介绍智能驾驶系统的主观评价方法。第4章介绍了智能驾驶工程实践案例，分别以L1级自适应巡航控制、L2级高度辅助泊车、L3级交通拥堵自动驾驶三个智能驾驶系统为例，详细阐述在实际工程化开发中各部分的开发活动。第5章讨论了智能驾驶技术未来发展趋势和面临的挑战。

　　本书在编写过程中得到了清华大学、吉林大学、重庆大学、重庆邮电大学、重庆理工大学、地平线科技公司、纵目科技公司等高校和企业的支持，参与者包括清华大学王建强，吉林大学高振海、胡宏宇、沈传亮、唐明弘、韩宗志、郑程元，重庆大学高锋，重庆邮电大学岑明、田甄，重庆理工大学李文礼，地平线科技公司李星宇、罗恒，纵目科技公司唐锐。本书主要面向从事汽车智能驾驶系统开发工作的工程师，也可作为高等院校汽车相关专业师生的教学参考书。

　　由于编者水平有限，书中难免有疏漏和不妥之处，欢迎广大读者朋友批评指正。

编　者

目 录

Contents

序

前言

第 1 章　智能驾驶系统简介

1.1　背景及意义 ... 001
　1.1.1　减少交通事故 ... 001
　1.1.2　提升通行效率 ... 003
1.2　智能驾驶分级 ... 004
　1.2.1　背景 ... 004
　1.2.2　制定过程 ... 005
　1.2.3　分级结果 ... 007
　1.2.4　《汽车驾驶自动化分级》与 SAE J3016
　　　　 的异同点 ... 010
　1.2.5　常见功能的等级划分 ... 010
1.3　智能驾驶政策 ... 011
1.4　长安汽车智能驾驶发展历程 ... 013
　1.4.1　早期探索 ... 013
　1.4.2　高速发展 ... 014
　1.4.3　面向未来 ... 017

参考文献 ... 020

第 2 章　智能驾驶系统开发

2.1　总体系统设计 ... 021
　2.1.1　客户需求分析 ... 021
　2.1.2　系统需求分析 ... 022
　2.1.3　系统架构 ... 024

2.2　环境传感器系统 ... 034
　2.2.1　概述 ... 034
　2.2.2　超声波传感器 ... 037
　2.2.3　毫米波雷达 ... 037
　2.2.4　激光雷达 ... 038
　2.2.5　车载相机 ... 040
2.3　车辆定位系统 ... 042
　2.3.1　概述 ... 042
　2.3.2　车载组合导航技术 ... 044
2.4　自动驾驶软件 ... 045
　2.4.1　软件架构 ... 045
　2.4.2　感知过程 ... 048
　2.4.3　规划过程 ... 069
　2.4.4　运动控制过程 ... 078
2.5　人机交互 ... 089
　2.5.1　概述 ... 089
　2.5.2　设计理论基础 ... 090
　2.5.3　基于 P-D-E-F 阶段的 HMI 设计
　　　　 指南 ... 092
　2.5.4　HMI 设计测评 ... 095
　2.5.5　控制权切换关键技术 ... 097
　2.5.6　人机交互关键技术 ... 100
　2.5.7　发展趋势 ... 102
2.6　车路协同 ... 104
　2.6.1　概述 ... 104
　2.6.2　车路协同场景 ... 110
　2.6.3　标准 ... 114

2.6.4　架构 ... 122
2.6.5　应用案例 ... 126

参考文献 ... 132

第 3 章　智能驾驶系统测试与评价

3.1　测试评价体系 ... 134

3.2　测试场景设计 ... 136
3.2.1　测试场景的分类 ... 136
3.2.2　测试场景的构成要素 ... 137
3.2.3　测试场景的构建方法 ... 137
3.2.4　国内典型测试场景库 ... 141

3.3　仿真测试 ... 143
3.3.1　测试方法 ... 144
3.3.2　测试软件 ... 151
3.3.3　加速技术 ... 157
3.3.4　测试案例 ... 162
3.3.5　面临挑战 ... 176

3.4　场地测试 ... 177
3.4.1　测试场地 ... 177
3.4.2　测试设备 ... 179
3.4.3　测试场景 ... 182
3.4.4　测试案例 ... 184

3.5　道路测试 ... 191

3.6　主观评价 ... 195

参考文献 ... 199

第 4 章　智能驾驶工程实践案例

4.1　自适应巡航控制（L1）... 202
4.1.1　系统需求 ... 202
4.1.2　系统架构 ... 204
4.1.3　感知认知 ... 210
4.1.4　决策控制 ... 213
4.1.5　人机交互 ... 218
4.1.6　测试验证 ... 221

4.2　高度辅助泊车（L2）... 230
4.2.1　系统功能 ... 231
4.2.2　系统架构 ... 233
4.2.3　感知认知 ... 245
4.2.4　路径规划 ... 249
4.2.5　决策控制 ... 258
4.2.6　人机交互 ... 263
4.2.7　测试验证 ... 267

4.3　交通拥堵自动驾驶（L3）... 271
4.3.1　系统需求 ... 271
4.3.2　系统架构 ... 276
4.3.3　感知认知 ... 282
4.3.4　决策控制 ... 287
4.3.5　人机交互 ... 288
4.3.6　测试验证 ... 290

参考文献 ... 296

第 5 章　智能驾驶的未来展望

5.1　未来展望 ... 298

5.2　政策法规 ... 299
5.2.1　国外相关政策法规 ... 299
5.2.2　国内相关政策法规 ... 299
5.2.3　政策法规趋势分析 ... 299

5.3　产品化趋势 ... 300
5.3.1　产品形态演进趋势 ... 300
5.3.2　技术发展趋势 ... 302

5.4　智慧交通系统 ... 304
5.4.1　多模式交通 ... 305
5.4.2　车辆共乘与共享 ... 305
5.4.3　个人快速交通（PRT）... 306
5.4.4　需求响应交通（DRT）... 307
5.4.5　老龄化/残疾人士友好型社会 ... 308

5.5　面临的挑战和应对措施 ... 308
5.5.1　面临的挑战 ... 308
5.5.2　应对措施 ... 309

参考文献 ... 310

Chapter 01

第 1 章
智能驾驶系统简介

1.1 背景及意义

汽车的问世改变了人类的出行方式，显著增加了交通便捷性和机动性。随着科学技术的进步，汽车的功能和性能大幅提升，已经演变为汇聚各种尖端科技的机电一体化产品。

为改善汽车的制动性、操控性和舒适性等性能，一些自动化和智能化系统逐步引入汽车控制中。近年，人工智能、电子、通信等技术的发展已经对汽车产生了巨大影响。汽车上各式各样的传感器和电子控制系统已经能自动地实现一系列功能，从而改善出行体验，提高出行效率，保障出行安全。这些功能涵盖了从车辆动力学控制（例如防抱死制动控制和驱动力控制等），到出行路径规划（例如导航系统和信息服务等），再到车辆驾驶和操控（例如自适应巡航控制系统和车道保持系统等）等多个方面。智能汽车旨在利用人工智能、通信等技术，通过提高操纵性、安全性、通行效率和舒适性等方式来为人们的出行提供帮助。

1.1.1 减少交通事故

交通安全问题仍然是目前人类面临的重大挑战。据世界卫生组织统计，在世界范围内，交通事故每年造成120万人死亡，2000万～5000万人受伤。其中，有一半死者属于"易受伤害的道路使用者"，例如行人、骑行者等。上述直接统计结果已经充分显示了交通安全问题的严重性。全面解决交通安全问题需要多个政府机构（交通运输部门、公安部门、卫生机构等）共同制订策略，积极参与并协调应对。同时，对于目的和目标明确，旨在在一定时期内降低交通事故死亡率和受伤率的相关活动，世界卫生组织认为政府给予财政支持是必要的。然而，目前全球仅有约三分之一的国家制订了得到政府批准的国家道路安全战略。在交通安全方面，总体可分为两个类别：北美、西欧及东欧等发达国家，交通安全级别较高；新兴经济体和发展中国家，交通安全形势仍不容乐观。对高收入国家来说，尽管交通事故致死/伤率低于中、低收入国家，但交通安全仍然是一个很大的问题。统计数据显示，美国每10万人的交通事故死亡率是13.9，而在德国、中国和日本，该数据分别是6、6.7和5.2，可见美国在这方面仍然有很大的改善空间。例如，瑞典虽然被称作世界上交通最安全的国家，但其公路交通系统相比铁路和航空等其他运输形式，仍造成了更多的儿童死亡。

据世界卫生组织统计，尽管在过去五十年发达国家的道路交通事故率和死亡率均持续下降，但交通事故仍然是主要的致死或致残原因。导致车辆事故的原因主要有四类，即车辆本身、交通设施、驾驶人及其他，因此降低事故率和死亡率的一个重要方向是降低驾驶人在驾驶中的地位和作用。为实现道路交通运输接近或达到零死亡目标，需要一种在车辆碰撞前、碰撞中和碰撞后均能采取有效措施，且能综合考虑人－车－路交互过程的系统性方法。这种方法由美国国家公路交通安全管理局首任行政官William Haddon率先提出，其前提是所有驾驶人都会犯错，并且驾驶人的错误和伤害是事故的主要原因。

车辆安全性主要受消费需求和政府法规两种力量驱动。为提高车辆安全性，人们相继开发出了众多被动安全系统，例如20世纪60年代的安全带、20世纪70年代的变形吸能区、20世纪80年代的安全气囊以及21世纪的智能气囊等。这些被动安全系统大幅提升了车辆的安全性，但仅能在车辆发生碰撞时起作用，无法避免交通事故。为此，能避免交通事故发生的主动安全系统应运而生，并与被动安全系统并行发展，例如20世纪70年代的防抱死制动系统（Antilock Braking System，ABS）、20世纪80年代的驱动力控制系统（Traction Control System，TCS）、20世纪90年代的电子稳定控制（Electronic Stability Control，ESC）系统、制动辅助（Brake Assist）系统，21世纪的前向碰撞预警（Forward Collision Warning，FCW）系统、盲点监测（Blind Spot Detection）系统和车道偏离预警（Lane Departure Warning，LDW）系统。它们对提升道路交通安全性起到了显著作用。一些最新的技术，例如行人检测（Pedestrian Detection）和集成安全（Integrated Safety）概念等，以及即将到来的车－车、车－路协同技术和自主（无人）驾驶等，都将在未来引领车辆安全性提升的浪潮。

1.1.2 提升通行效率

自 20 世纪 80 年代以来，几乎所有发达国家均在交通部门（部委）开展了旨在将自动化、计算机、控制、指挥和通信等先进技术引入交通基础设施的计划。20 世纪 80 年代中期，由美国联邦政府和各州政府、大学以及私营公司组成的团体，以"Mobility 2000"为名开始讨论在未来交通系统中引入先进技术的问题。此后，由于其范围扩大并包含了联运交通，促成了美国智能车辆和公路系统（Intelligent Vehicle and Highway System，IVHS）的建立（后更名为 ITS）。几乎与此同时，欧洲共同体委员会（Commission of European Communities，CEC）开展了道路交通信息学（Road Transport Informatics，RTI）和集成道路交通环境学（Integrated Road Transport Environment，IRTE）项目。1989 年，DRIVE I 和 DRIVE II 项目以先进交通通信（Advanced Transport Telematics，ATT）为名正式启动。日本和许多东亚及南太平洋国家也开展了类似的项目。此后，大量相关的研发、测试及评估方案相继完成，各式各样的智能交通系统在世界范围内得到广泛应用。

目前，ITS 已经确定了一系列需要开发的用户服务和功能，例如先进交通管理系统（Advanced Transportation Management Systems，ATMS）、先进游客信息系统（Advanced Traveler Information Systems，ATIS）、先进车辆控制与安全系统（Advanced Vehicle Control and Safety Systems，AVCS）、先进公共交通系统（Advanced Public Transportation Systems，APTS）、商用车辆运行（Commercial Vehicle Operations，CVO）、电子自动收费（Automatic Toll Collection）和应急反应系统（Emergency Response Systems）等。国家级智能交通系统框架也已成型，它定义了各种 ITS 和部件的功能性及相互关系，以适应未来的新功能、新技术和新系统等。

智能汽车是 ITS 不可或缺的元素。目前，市场上的一些智能驾驶系统正是上述某些国家交通计划中为提升车辆安全和交通效率而开发的产品。这些交通计划中明确着眼于车辆、人车交互和车路协同的项目都有助于智能驾驶系统的开发。20 世纪 90 年代美国交通部和相关行业发起的自动公路系统（Automated Highway Systems，AHS），20 世纪 90 年代末至 21 世纪初的智能车辆开端（Intelligent Vehicle Initiative，IVI）和车路协同（Vehicle–Infrastructure Integration，VII），2005 年左右的智能驾驶计划（Intellidrive）及最近的 ITS 联网车辆研究（Connected Vehicle Research）等，与美国交通部推行的旨在推动智能汽车发展的许多其他计划一样，有力促进了智能驾驶系统的发展，例如 1997 年多车编队协作（AHS 计划）、碰撞预警技术的开发、测试和评估，以及车–车/路通信安全预警和交叉路口避撞系统的成功应用等。

在城市里的全部车辆都实现自动驾驶后，由于计算机对路线的规划能力强，执行驾驶行为的精准性高,也更守规矩,人们出行的时间就能精准控制,进而大幅提升社会效率。

1.2 智能驾驶分级

在人工智能和汽车产业飞速发展的背景下,智能驾驶已成为业内外关注的焦点。2021年8月20日,由工业和信息化部提出、全国汽车标准化技术委员会归口的GB/T 40429—2021《汽车驾驶自动化分级》推荐性国家标准由国家市场监督管理总局、国家标准化管理委员会批准发布(国家标准公告2021年第11号文),将于2022年3月1日起实施。这标志着我国拥有了属于自己的智能驾驶分级标准,下面详细介绍该标准的制定过程和结果。

1.2.1 背景

汽车驾驶自动化分级是智能网联汽车标准体系中最重要的基础标准之一,为后续智能驾驶相关法律、法规、标准、政策、管理办法和技术路线等的出台提供了支撑。该标准由重庆长安汽车股份有限公司和中国汽车技术研究中心有限公司牵头制定。

国际上最早的智能驾驶分级标准为美国国家公路交通安全管理局(NHTSA)在2013年5月发布的《自动驾驶车辆相关政策的初步陈述》(Preliminary Statement of Policy Concerning Automated Vehicles),将驾驶自动化分为0~4级,见表1-1。

表1-1 NHTSA驾驶自动化分级

级别	名称	定义
0级	无自动化	不包含对加速踏板、制动踏板、转向盘的控制,提供警告等,例如车道偏离预警、前碰撞预警、盲区监测及其他类似功能
1级	特定功能自动化	包含基本的自动驾驶辅助功能,例如防抱死制动、电子稳定控制、车道保持及其他类似功能
2级	组合功能自动化	整合多项功能,通常包括自适应巡航控制和车道保持功能,汽车可以自动行驶,但需要驾驶人的频繁监视和及时干预
3级	有限自动驾驶自动化	可以完全实现自动驾驶,但在不同情况下,行驶过程中可能需要驾驶人作出决定,但驾驶人无须做出及时的应答
4级	完全自动驾驶自动化	汽车无须人为干预,可以自行做出决定

2013年7月,德国联邦交通研究所(BASt)发布《车辆自动化提升所带来的法律后果》(Legal Consequences of an Increase in Vehicle Automation),将汽车驾驶自动

化分为 0~4 级。

2016 年 10 月，中国汽车工程学会发布了《中国智能网联汽车技术路线图》，将汽车驾驶自动化分为 0~5 级，见表 1-2。

表 1-2 《中国智能网联汽车技术路线图》驾驶自动化分级

自动化等级	等级名称	智能网联等级定义	适用工况
1（DA）	驾驶辅助	通过环境信息对方向和加速中的一项操作进行支援，其他驾驶操作都由人操作	车道内正常行驶，高速公路无车道干涉路段；无换道操作
2（PA）	部分自动化	通过环境信息对方向和加速中的多项操作进行支援，其他驾驶操作都由人操作	高速变道以及泊车、环岛等市区简单工况；高速公路及市区无车道干涉路段进行换道、泊车、环岛绕行、拥堵跟车等操作
3（CA）	有条件自动化	由无人驾驶系统完成所有驾驶操作，根据系统请求，驾驶人需要提供适当的干预	高速公路正常行驶工况；高速公路及市区无车道干涉路段进行换道、泊车、环岛绕行、拥堵跟车等操作
4（HA）	高度自动化	由无人驾驶系统完成所有驾驶操作，特定环境下系统会向驾驶人提出响应请求，驾驶人可以对系统请求不进行响应	有车道干涉路段（交叉路口、车流汇入、拥堵区域、人车混杂交通流等市区复杂工况）进行全部操作
5（FA）	完全自动化	无人驾驶系统可以完成驾驶人能完成的所有道路环境下的操作，不需要驾驶人介入	在所有行驶工况下进行全部操作

国际机动车工程师协会（SAE）在 2014 年 1 月发布了 J3016《道路车辆驾驶自动化相关的分级和术语定义》（Taxonomy and Definitions for Terms Related to Driving Automation Systems for On-Road Motor Vehicles），将汽车驾驶自动化分为 0~5 级，并在 2016 年 9 月、2018 年 6 月和 2021 年 4 月进行了修订。SAE 的分级目前接受度最高，但在法律应用、三级的要求、完全不考虑主动安全等方面存在争议。

基于前文分析，为保证国际协调性，《汽车驾驶自动化分级》参考 SAE J3016 的 0~5 级分级框架，以《国家车联网产业标准体系建设指南（智能网联汽车）》的指导方向和基本逻辑为基础，结合中国当前实际情况编写。

1.2.2 制定过程

《汽车驾驶自动化分级》的编写从 2017 年 3 月第一次工作组会议，到 2020 年

3月工信部公示历时3年,前后召开了7次工作组会议,开展了5次调研和意见征询活动,见表1-3。

表1-3 驾驶自动化分级标准工作组

阶段	时间	地点	主要工作	成果
第一阶段立项	2017年3月	沈阳	工作组第一次会议	确定标准立项方向,参考 SAE J3016、《中国智能网联汽车产业发展路线》 定位为推荐性国家标准 确定本标准基于汽车具备的驾驶自动化功能进行分级,不规定具体的技术实现路径
	2017年6月	重庆	工作组第二次会议	确定标准名称、适用范围、分级原则 明确标准中设计运行范围(ODD)、特殊场景、最小风险处理等因素不做详细规定 修改标准草案,在 ADAS 工作组内发布 SAE J3016 翻译文件
	2017年7月	—	标准工作组征集意见	完成标准草案,在标准工作组内征集意见,共收集到7家单位的26条意见
	2017年8月	合肥	工作组第三次会议	意见集中处理,采纳16条,部分采纳1条,不采纳9条,标准草案进一步完善 讨论 WP.29 下属 ITS/AD 工作组对汽车驾驶自动化分级的基本要求
	2017年12月	—	ADAS 和 AD 工作组征求意见	在 ADAS 和 AD 工作组内第一次征集意见,共收集到21家单位的152条意见
第二阶段标准草案	2018年5月	天津	工作组第四次会议	征求意见集中处理,采纳64条,部分采纳30条,不采纳61条
	2018年10月	天津	工作组第五次会议	确定将附录C"对标准的注解"分别写入标准正文对应的章节中
	2018年11月	—	ADAS 和 AD 工作组问题调研	针对主动安全的等级、接管用户的接管能力等关键问题进行问卷调查
	2019年1月	苏州	工作组第六次会议	确定用户各角色的术语和定义
	2019年7月	—	ADAS 和 AD 工作组征求意见	共收集到20家单位的60条意见,采纳17条,部分采纳11条,不采纳32条
第三阶段征求意见及审查	2019年8月	—	公开征求意见	共收集到8家单位的63条意见
	2019年10月	平潭	工作组第七次会议(扩大会议)	征求意见集中处理,对标准文本达成一致意见,修改形成送审稿,提交会议审查
	2019年12月	北京	标准审查会	通过标准审查

1.2.3 分级结果

智能驾驶等级与划分要素的关系，见表1-4。

表1-4 智能驾驶等级与划分要素的关系

分级	名称	持续的车辆横向和纵向运动控制	目标和事件探测与响应	动态驾驶任务后援	设计运行范围
L0级	应急辅助	驾驶人	驾驶人及系统	驾驶人	有限制
L1级	部分驾驶辅助	驾驶人和系统	驾驶人及系统	驾驶人	有限制
L2级	组合驾驶辅助	系统	驾驶人及系统	驾驶人	有限制
L3级	有条件自动驾驶	系统	系统	动态驾驶任务后援用户（执行接管后成为驾驶员）	有限制
L4级	高度自动驾驶	系统	系统	系统	有限制
L5级	完全自动驾驶	系统	系统	系统	无限制

注：排除商业和法规因素等限制。

1.2.3.1 L0级（应急辅助）

智能驾驶系统不能持续地执行动态驾驶任务中的车辆横向或纵向运动控制，但具备持续执行动态驾驶任务中的部分目标和事件探测与响应能力。L0级智能驾驶系统可感知环境，并提供警告、辅助或短暂介入以辅助驾驶人（例如车道偏离预警、前碰撞预警、自动紧急制动等应急辅助功能）。不具备目标和事件探测与响应能力的功能不在智能驾驶系统范畴内，例如定速巡航、电子稳定控制等。

L0级智能驾驶系统应满足以下要求：
1) 具备持续执行部分目标和事件探测与响应的能力。
2) 当驾驶人请求智能驾驶系统退出时，应立即解除系统控制权。

1.2.3.2 L1级（部分驾驶辅助）

智能驾驶系统在其设计运行条件内能持续地执行动态驾驶任务中的车辆横向或纵向运动控制，且具备与所执行的车辆横向或纵向运动控制相适应的目标和事件探测与响应能力。对于L1级智能驾驶系统，驾驶人与智能驾驶系统共同执行动态驾驶任务，同时监管智能驾驶系统的行为并执行适当的响应或操作。

L1级智能驾驶系统应满足以下要求：
1) 持续地执行动态驾驶任务中的车辆横向或纵向运动控制。
2) 具备与车辆横向或纵向运动控制相适应的目标和事件探测与响应能力。

3）当驾驶人请求智能驾驶系统退出时，应立即解除系统控制权。

1.2.3.3　L2级（组合驾驶辅助）

智能驾驶系统在其设计运行条件内能持续地执行动态驾驶任务中的车辆横向和纵向运动控制，且具备与所执行的车辆横向和纵向运动控制相适应的目标和事件探测与响应能力。对于L2级智能驾驶系统，驾驶人与智能驾驶系统共同执行动态驾驶任务，同时监管智能驾驶系统的行为并执行适当的响应或操作。

L2级智能驾驶系统应满足以下要求：

1）持续地执行动态驾驶任务中的车辆横向和纵向运动控制。
2）具备与车辆横向和纵向运动控制相适应的部分目标和事件探测与响应能力。
3）当驾驶人请求智能驾驶系统退出时，应立即解除系统控制权。

1.2.3.4　L3级（有条件自动驾驶）

智能驾驶系统在其设计运行条件内能持续地执行全部动态驾驶任务。对于L3级自动驾驶系统，智能驾驶系统应能主动提示用户以适当的方式执行动态驾驶任务接管。

L3级智能驾驶系统应满足以下要求：

1）仅允许在设计运行条件内激活。
2）激活后在设计运行条件内能执行全部动态驾驶任务。
3）能识别是否即将不满足设计运行条件，并在即将不满足设计运行条件时，及时向用户发出接管请求。
4）能识别智能驾驶系统失效，并及时向用户发出接管请求。
5）能识别用户的接管能力，并在用户的接管能力即将不满足要求时，发出接管请求。
6）在发出接管请求后，继续执行动态驾驶任务一定的时间供动态驾驶任务后援用户接管。
7）在发出接管请求后，如果动态驾驶任务后援用户未响应，则适时采取减缓车辆风险的措施。
8）当用户请求自动驾驶系统退出时，应立即解除系统控制权。

1.2.3.5　L4级（高度自动驾驶）

智能驾驶系统在其设计运行条件内能持续地执行全部动态驾驶任务并执行动态驾驶任务接管。对于L4级智能驾驶系统，系统发出接管请求时，如果用户无响应，则系统具备自动达到最小风险状态的能力。

L4级智能驾驶系统应满足以下要求：

1）仅允许在设计运行条件内激活。

2）激活后，在设计运行条件内执行全部动态驾驶任务。

3）能识别是否即将不满足设计运行条件。

4）能识别自动驾驶系统失效和车辆其他系统失效。

5）当发生下列情况之一时，执行动态驾驶任务接管并自动达到最小风险状态：

①即将不满足设计运行条件。

②智能驾驶系统失效或车辆其他系统失效。

③用户未响应接管请求。

④用户要求实现最小风险状态。

6）除下列情形外，不得解除系统控制权：

①已达到最小风险状态。

②用户在执行动态驾驶任务。

7）当用户请求智能驾驶系统退出时，解除系统控制权，如果存在安全风险，则可暂缓解除。

1.2.3.6　L5级（完全自动驾驶）

智能驾驶系统在任何可行驶条件下都能持续地执行全部动态驾驶任务并执行动态驾驶任务接管。对于L5级智能驾驶系统，系统发出接管请求时，用户无须进行响应，系统具备自动达到最小风险状态的能力。L5级智能驾驶系统在车辆可行驶环境下没有设计运行条件的限制（商业和法规因素等限制除外）。

L5级智能驾驶系统应满足以下要求：

1）无设计运行条件限制。

2）激活后执行全部动态驾驶任务。

3）能识别自动驾驶系统失效和车辆其他系统失效。

4）当发生下列情形之一时，执行动态驾驶任务接管并自动达到最小风险状态：

①智能驾驶系统失效或车辆其他系统失效。

②用户未响应接管请求。

③用户要求实现最小风险状态。

5）除下列情形外，不得解除系统控制权。

①已达到最小风险状态。

②用户在执行动态驾驶任务。

6）当用户请求自动驾驶系统退出时，解除系统控制权，如果存在安全风险，则可暂缓解除。

1.2.4 《汽车驾驶自动化分级》与 SAE J3016 的异同点

1. 相同点

都是 0~5 级的分级框架,对每项功能,按《汽车驾驶自动化分级》或 SAE J3016 的分级结果基本一致,国际协调更方便。

2. 不同点

1) SAE J3016 将自动紧急制动(Autonomous Emergency Braking,AEB)和传统的非驾驶辅助功能都放到 L0 级。《汽车驾驶自动化分级》要求至少有目标或事件探测能力的功能才属于"驾驶自动化功能",例如 AEB、FCW、LDD 等都能探测环境,将这些功能划为 L0 级应急辅助。

2) 在各个等级的命名上,SAE J3016 中,L0 级称为"无驾驶自动化",L1 级称为"驾驶辅助",L2 级称为"部分驾驶自动化"。《汽车驾驶自动化分级》中,L0 级称为"应急辅助",L1 级称为"部分驾驶辅助",L2 级称为"组合驾驶辅助"。《汽车驾驶自动化分级》的命名中明确区分了驾驶辅助和自动驾驶,避免将 L2 级误认为自动驾驶,减少了不必要的误解和安全风险。

3)《汽车驾驶自动化分级》在 L3 级中明确增加了对驾驶人接管能力的监测,SAE J3016 则暗含这一需求,没有明确表述。

4)《汽车驾驶自动化分级》在 L3 级中明确增加了对风险减缓策略的要求,明确了最低安全要求,减少了实际应用的安全风险。SAE J3016 中没有明确要求。

5)《汽车驾驶自动化分级》在 SAE J3016 的 ODD(设计运行范围)基础上增加了 ODC(设计运行条件)概念。ODD 主要考虑的是环境信息,ODC 除环境信息外还考虑驾驶人状态和车辆信息。从驾驶自动化系统的实际运行来看,ODC 考虑更加完善,也更合乎逻辑。

1.2.5 常见功能的等级划分

常见功能的等级划分见表 1-5。

表 1-5 常见功能的等级划分

等级	常见功能
L0(应急辅助)	前碰撞预警(FCW)、城市自动紧急制动(AEB-C)、城间自动紧急制动(AEB-I)、行人自动紧急制动(AEB-P)、前方横向预警(FCTA)、前方横向自动紧急制动(FCTB)、倒车横向预警(RCTA)、倒车横向自动紧急制动(RCTB)、车道偏离预警(LDW)、车道保持辅助(LKA)、紧急车道保持(ELK)、紧急转向辅助(ESS)、盲区监测(BSD)、换道辅助(LCA)、后追尾预警(RCW)、开门预警(DOW)、全景监控(AVM)、交通标志识别(TSR)、交通灯识别(TLA)、自动远光灯控制(FAB)、巡航速度限制(CSL)

(续)

等级	常见功能
L1（部分驾驶辅助）	自适应巡航控制（ACC）、半自动泊车（APA 2.0）
L2（组合驾驶辅助）	集成式自适应巡航控制（IACC）、高速公路辅助（HWA）、驾驶人触发换道（UDLC）、全自动泊车（APA 4.0）、遥控代客泊车（APA 5.0）
L3（有条件自动驾驶）	交通拥堵自动驾驶（TJP）、高速公路自动驾驶（HWP）
L4（高度自动驾驶）	远程代客泊车（APA 6.0）、远程代客泊车（APA 7.0）、最后一公里代客泊车（APA 8.0）、无人驾驶出租车（Robotaxi）
L5（完全自动驾驶）	—

1.3 智能驾驶政策

以高级驾驶辅助系统（ADAS）为例，ADAS是实现智能驾驶的基础，根据美国高速公路安全管理局的定义，全球智能驾驶技术的发展阶段见表1-6。目前汽车智能化进程正由第2个阶段向第3个阶段过渡。

表1-6 全球智能驾驶技术发展阶段

时间段	1990—2010年	2010—2020年	2020—2030年	2030年—
智能驾驶等级	辅助驾驶（DAS）	高级辅助驾驶（ADAS）	高度自动驾驶（HAD）	完全自动驾驶
功能实现	单一功能辅助 定速巡航、ABS、ESP	组合功能辅助 自适应巡航、碰撞预警、自动紧急制动等	组合功能辅助 特定环境下（高速公路等）实现无人驾驶	组合功能辅助 所有交通环境，包括复杂城市道路，实现无人驾驶

2020年11月11—13日，以"智能新时代车联新生活"为主题的2020世界智能网联汽车大会在中国国际展览中心（新馆）成功举办，清华大学教授、国家智能网联汽车创新中心首席科学家李克强在大会上发布并解读了《智能网联汽车技术路线图2.0》，将中国智能网联汽车的发展时间目标延长到了2035年，从而形成2025年、2030年和2035年三个时间节点。不同时间段里，我国在智能网联汽车领域将实现不同目标，具体规划见表1-7。

表1-7 我国对智能驾驶汽车分阶段具体规划

时间	发展规划
2020—2025年	国产L2级、L3级自动驾驶智能网联汽车将占汽车总销量的50%，蜂窝车联网（C-V2X）终端新车装配率达到50%，高度自动驾驶汽车实现限定区域和特定场景的商业化应用
2025—2030年	国产L2级、L3级自动驾驶智能网联汽车将占汽车总销量的70%，L4级自动驾驶车型占比达到20%，C-V2X终端新车基本实现普及
2030—2035年	国产L5级自动驾驶智能网联汽车将开始应用

为促进智能汽车发展，从2017年开始，我国各部委、地方政府和机构出台了一系列政策，见表1-8。

表1-8 2017—2020年我国智能驾驶相关政策情况

发布时间	名称	内容剖析
2017-12-13	《促进新一代人工智能产业发展三年行动计划（2018—2020年）》	在自动驾驶领域以下技术方面，通过专项资金以及重大项目等措施给予支持：智能网联汽车、智能服务机器人、智能语音交互系统、智能传感器、神经网络芯片
2017-12-18	《北京市关于加快推进自动驾驶车辆道路测试有关工作的指导意见（试行）》	确定责任主体为申请测试境内法人，对测试车辆、驾驶人和测试主体制定要求标准。制定了自动驾驶测试的管理流程和事故责任认定原则
2017-12-26	《北京市加快科技创新培育新能源智能汽车产业的指导意见》	与人工智能、第五代移动通信技术（5G）紧密结合，重点研发环境感知、智能决策、集成控制等智能化技术，攻克智能网联驾驶技术，突破分布式底盘的构型设计与总体布置、仿真分析、线控操纵等关键技术
2017-12-26	《智能汽车关键技术产业化实施方案》	重点研发汽车与通信、电子、人工智能、交通等领域交叉融合的智能汽车技术，建立智能汽车基础技术体系与数据库
2017-12-29	《国家车联网产业标准体系建设指南（智能网联汽车）》	制定了一系列智能网联汽车标准，计划到2020年，初步建立能支撑驾驶辅助及低级别自动驾驶的智能网联汽车标准体系。到2025年，系统形成能支撑高级别自动驾驶的智能网联汽车标准体系

(续)

发布时间	名称	内容剖析
2018-1-5	《智能汽车创新发展战略（征求意见稿）》	提出到2020年我国智能汽车新车占比达到50%
2018-4-11	《智能网联汽车道路测试管理规范（试行）》	提出省、市政府相关主管部门可以根据当地实际情况，制定实施细则，具体组织开展智能网联汽车道路测试工作
2018-10-25	《车联网（智能网联汽车）直连通信使用5905-5925MHz频段管理规定（暂行）》	这是全球范围内首次针对基于LTE-V2X技术的车联网（智能网联汽车）直连通信的规定，规划出20MHz范围的专用频段对于自动驾驶汽车的推进具有重要意义
2018-12-27	《车联网（智能网联汽车）产业发展行动计划》	到2020年，车联网用户渗透率达到30%，新车驾驶辅助系统（L2）搭载率达到30%，联网车载信息服务终端的新车装配率达到60%，构建能支撑有条件自动驾驶（L3级）及以上的智能网联汽车技术体系
2019-5-15	《2019年智能网联汽车标准化工作要点》	提出制定乘用车和商用车自动紧急制动（AEB）、自动驾驶分级、汽车信息安全通用技术等一系列标准
2020-2-10	《智能汽车创新发展战略》	推进智能化道路基础设施规划建设、建设广泛覆盖的车用无线通信网络、建设覆盖全国的车用高精度时空基准服务能力、建设覆盖全国路网的道路交通地理信息系统和建设国家智能汽车大数据云控技术平台

1.4 长安汽车智能驾驶发展历程

1.4.1 早期探索

长安汽车从2009年开始组建智能驾驶团队，探索汽车主动安全和驾驶辅助等关键技术的开发。第一代车辆平台基于长安志翔平台，2011年实现了自适应巡航控制（ACC）、自动紧急制动（AEB）、车道偏离预警（LDW）等功能的原型开发，掌握了这些系统的基本原理和控制算法。

原型开发完成后，长安汽车在国内率先开展产业化应用，从标准解读、行业对标、验证体系建设三个方面展开量产设计和验证的准备工作。

当时，国内的相关信息还非常有限，团队收集了 ISO、NHTSA、Euro NCAP、ECE 等相关标准和技术文档，通过小组讨论会的方式，在很多技术概念和需求理解上形成了共识。

智能驾驶系统的测试验证与传统汽车技术的验证存在较大差异，除逻辑检查外，还需要关注车辆和环境的交互信息和动态变化，而且存在一定的安全风险。团队从无到有搭建了整个测试评价体系。最开始购买了英国 RACELOGIC 的 VBOX，记录车辆动态信息、车辆间相对信息、车辆相对车道线信息，开启 ACC 和 LDW 的测试，后来购买 EVT 假车开启 AEB 实车测试。另外，团队参考宝马和 TNO 的方案，快速搭建了国内首个车道偏离暗箱测试台架，并扩展建立自适应巡航控制测试台架。经过不断地摸索、行业交流、与 TNO 等供应商合作，到 2015 年，基本建成能面向 Euro NCAP 测试和量产验证的驾驶辅助系统测试验证体系。

1.4.2 高速发展

经过充分准备，长安汽车于 2015 年在国内首次发布了"654"智能化战略，全力打造六大体系平台、五大核心技术，分四个阶段逐步实现汽车从单一智能到全自动驾驶的目标，如图 1-1 所示。

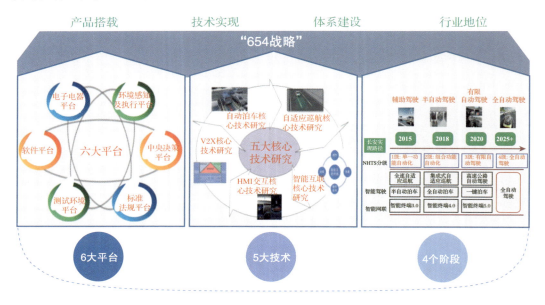

图 1-1 长安汽车 "654" 智能化战略

2016年4月，长安汽车在国内首次实现"重庆—北京"2000km远距离自动驾驶测试（图1-2）。在此次长距离测试中，融合多个毫米波雷达、摄像头、激光雷达、超声波传感器和地图的单车道自动驾驶和自动换道等自动驾驶功能在真实环境中得到了有效检验，为后续工程开发和性能匹配提供了宝贵实践经验。

图1-2 自动驾驶长距离测试

在V2X方面，长安汽车在2016年完成了交叉路口碰撞预警、碰撞预警、紧急制动预警、逆向超车碰撞预警、盲区预警、左转辅助、红绿灯信息提示、异常车辆提醒、弯道提醒等16大V2X典型场景的应用功能开发，与自动驾驶深度融合，达到国内领先水平。2016年，成为唯一完成美国MTC智能网联测试的国内车企，与福特和通用等汽车公司同场竞技，获得了国际同行的认可。

2016年，长安汽车在睿骋上实现ACC和LDW的量产。随后在多个车型上实现了AEB-C/I/P、FCW、APA 2.0、RCW、TSR、DVR、AVM和LCDA（并线辅助）等14项技术的首次量产开发。其中，LCDA、RCW、TSR、AVM和AEB-P等6项技术做到了国内品牌首发，各系统性能均达到国际一流水平。

2017年7月，长安汽车完成国内首次远程代客泊车系统展示，驾驶人只需通过手机App就可实现车辆自动寻找车位、自动停车、锁车及自动取车，也可通过手机或平板计算机远程控制寻找车位、自动锁车。

2018年3月20日，长安汽车在CS55上首次量产L2级集成式自适应巡航控制（IACC），可实现单车道自动辅助驾驶，并有交通拥堵辅助驾驶、车道保持辅助、自动减速过弯和智能限速辅助等功能，如图1-3所示。

图1-3 长安汽车IACC

2018年4月，长安汽车在CS75上首次量产L2级自动驾驶核心技术APA4.0代客泊车系统（图1-4）。该系统全程基本不需要驾驶人操控车辆，可实现全自动泊车、遥控进出车位等功能，适用于水平泊车、垂直泊车、斜列式泊车和水平泊出等场景。

图1-4　长安汽车APA4.0代客泊车系统

2019年7月，长安汽车在CS75-plus车型上首发量产APA5.0遥控代客泊车系统（图1-5），该系统由1个自动泊车控制器、12个自动泊车传感器和4个全景摄像头组成，可实现全场景融合泊车，且实现了行业首发的自搜索泊车和手机一键泊车功能。

图1-5　长安汽车APA5.0遥控代客泊车系统

2021年3月1日，长安汽车在"十平米发布会"上正式发布APA6.0远程智能泊车技术（图1-6）。这是全球首个打破用户和车辆距离限制的远程自动泊车技术，用户通过手机就能实现远程智能泊车和挪车功能。

图1-6　长安汽车APA6.0远程智能泊车系统

2018 年，在中国汽车技术研究中心发布的智能化指数中（图 1-7），长安汽车 CS75 在 ACC、AEB、BSD 和 APS 项目中均获得了"++++"级评价，总分 42.7 分，超越奔驰 C 级、宝马 3 系等，在 25 款受测车型中排名第一。

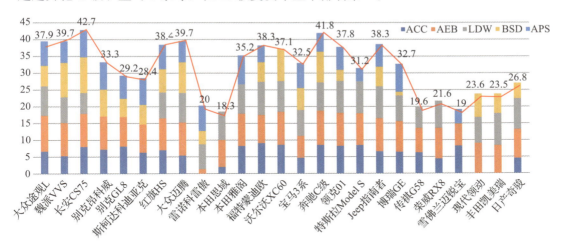

图 1-7 中国汽车技术研究中心智能化指数

1.4.3 面向未来

2018 年，长安汽车发布了"北斗天枢"智能化计划（图 1-8），以从传统的汽车制造企业向智能出行科技公司转型为核心，以"在你身边，相知相伴"为理念，基于客户体验，定制满足客户需求的"汽车平台"和服务。

图 1-8 长安汽车"北斗天枢"智能化计划

在 2018 年首届 i-VISTA 中国自动驾驶汽车挑战赛中，长安汽车获得 APS 自动泊车挑战赛和自动驾驶商业化进程挑战赛 2 项金牌、AEB 自动紧急制动系统挑战赛 1 项银牌，综合成绩排名第一（图 1-9）。

图1-9 首届i-VISTA中国自动驾驶汽车挑战赛长安汽车获奖情况

2018年1月，长安汽车通过感知定位和决策控制升级，在国内首次将自动驾驶、自动泊车、远程控制、V2X技术深度融合，完整实现网联式城区自动驾驶全功能。

2018年11月，55辆搭载长安自动驾驶技术的CS55以自动驾驶模式巡游3.2km，创下"最大规模的自动驾驶车巡游"吉尼斯世界纪录（图1-10）。

图1-10 长安汽车创造"最大规模的自动驾驶车巡游"吉尼斯世界纪录

2019年7月，长安汽车在仙桃数据谷启动公共道路Robotaxi无人驾驶网约车示范运营项目（图1-11），实现了手机随时随地约车、L4级自动驾驶、5G车路协同和无线充电等功能，实现了未来智能出行的典型场景。目前，共有1.2万人次乘坐和体验，总行驶里程达到10万km，收集了30万条数据。

图1-11 长安汽车Robotaxi无人驾驶网约车示范运营项目

2019年8月26—29日重庆智博会期间，长安汽车联合中国移动、中国联通实现了5G网联式远程驾驶，L4级自动驾驶、APA5.0、5G远程驾驶共接待6200余名观众上车体验。

2020年，长安汽车实车发布我国首个达到量产状态的L3级自动驾驶核心技术——交通拥堵自动驾驶（Traffic Jam Pilot，TJP），如图1-12所示。长安汽车完全自主开发的L3级自动驾驶系统，包括系统工程、感知融合、规划决策、控制执行、功能安全、人机交互、测试评价7大领域，对系统需求、设计、开发和验证相关文档、技术和代码拥有全部自主知识产权，系统、软件、管理和支持等所有过程达到ASPICE CL2水平。

图1-12 长安汽车L3级自动驾驶核心技术发布

长安汽车非常重视标准化工作，积极牵头和参与智能驾驶相关标准的制修订工作，为智能驾驶行业做出重要贡献。长安汽车是"全国汽车标准化技术委员会智能网联汽车分技术委员会"副主任委员单位，"全国智能运输系统标准化技术委员会"委员单位，直接参与国家智能网联汽车、智能交通领域标准体系和多项相关标准的建设和制定工作。

长安汽车牵头制定《汽车驾驶自动化分级》标准，这是全国自动驾驶领域的第一个纲领性标准，凝聚行业共识，为相关政策法规和后续标准制定提供了依据。另外，长安汽车还牵头制定了《智能网联汽车 术语及定义》《乘用车紧急转向辅助系统性能要求和试验方法》等国家标准，并参与《先进驾驶辅助系统（ADAS）术语和定义》《全速自适应巡航控制系统性能要求及试验方法》等20余项国家标准的制修订工作。

另外，长安汽车牵头完成了国家V2X应用层标准《合作式智能运输系统 车用通信系统 应用层及应用数据交互标准》的制定工作，该标准已经在各整车厂、各终端和芯片商实施。

2019—2020年，长安汽车持续构建跨界融合、共创共享的生态圈，打造全球合作开放的智能化公共平台，支撑长安汽车多品牌智能化产品的研发和应用。以国家创新平台为基石，与一汽、东风等整车企业共同推进战略合作，在前瞻共性技术创新、汽车全价值链运营等领域开展全方位合作；升级智能化产业生态圈——北斗天枢联盟，携手腾讯、华为、博世、百度和智行者等联盟成员，在自动驾驶、车联网等领域进行联合研发；深化产学研合作，融合清华大学、北京理工大学、重庆大学、中汽研等高校和科研院所，在自动驾驶、大数据等领域开展创新合作；建立面向自动驾驶的协同创新供应商体系，带动驾驶安全、传感器和线控底盘等传统领域供应商升级，共同推动中国汽车向智能化方向发展。

未来，在5G技术支持下，长安自动驾驶车辆在感知范围和精度、计算平台运算能力、决策规划控制性能等方面将实现大幅提升。2025年，长安将完成L4级自动驾驶量产开发，带来全新的智慧出行体验，包括全自动泊车、网约无人出租车等一系列全新技术和产品，打造智能汽车核心价值体系。同时，长安汽车将以更加开放的心态拥抱合作伙伴，以更加务实的态度推动跨界融合，在智能化领域积极与各方开展合作，实现价值共享，着力打造更加网联化、共享化的智慧出行生态圈，助力中国品牌坚定向上。

参考文献

[1] MATTHIAS A，OLAF，S，MARTIN B. Model-Based Probabilistic Collision Detection in Autonomous Driving［J］. IEEE transactions on intelligent transportation systems，2009，10（2）：299-310.

[2] 阿奇姆·伊斯坎达里安. 智能车辆手册：卷1［M］. 李克强，等译. 北京：机械工业出版社，2017.

[3] 熊璐，杨兴，卓桂荣，等. 无人驾驶车辆的运动控制发展现状综述［J］. 机械工程学报，2020，56（10）：127-143.

[4] WANG J，WU J，ZHENG X，et al. Driving Safety Field Theory Modeling and Its Application in Precollision Warning System［J］. Transportation Research Part C：Emerging Technologies，2016，72：306-324.

[5] 龚建伟，姜岩，徐威. 无人驾驶车辆模型预测控制［M］. 北京：北京理工大学出版社，2014.

[6] 郭王虎. 智能网联汽车技术路线图2.0发布［J］. 智能网联汽车，2020（6）：10-13.

Chapter 02

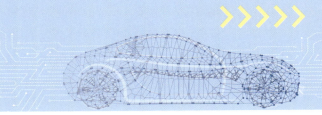

第 2 章
智能驾驶系统开发

2.1 总体系统设计

2.1.1 客户需求分析

客户需求也称利益相关方需求，客户需求挖掘的目标是在系统工程过程的整个生命周期内收集、处理和跟踪不断发展的利益相关方需求，从而建立需求基线，作为定义所需工作产品的基础。客户需求将被逐步分解为系统需求、子系统需求、硬件需求和软件需求。当各层级需求被完全实现并验证后，最终将对产品进行客户需求确认，以保证所产生的产品满足客户需求。

利益相关方指对正在设计和开发的系统有兴趣或关注的任何个人或实体。公司内部和外部都有许多利益相关方。一些利益相关方非常明显且易于识别，而某些利益相关方则不太明显，需要深度挖掘。例如，汽车在自动驾驶的情况下，驾驶人显然是利益相关方，而售后维修人员可能并不那么明显，但实际上也是自动驾驶汽车这一产品的重要利益相关方之一。由于各种利益相关方的需求可能存在冲突，需要在各利益相关方的需求之间进行适当的权衡。随着利益相关方需求识别时间的拖延，产品的设计和开发成本将呈指数级上升，因此在设计和开发的早期阶段识别出所有利益相关方显得非常重要。

对于现有系统，历史数据可以作为识别系统利益相关方的良好起点。对于新系统，制订一个全面的利益相关方名单可能具有一定挑战性。头脑风暴、故事线分析和用户调研等是识别利益相关方的基本方法。

以下是一些主要的内部和外部客户，可作为进行智能驾驶产品客户需求分析的参考。

1）外部客户：包括驾驶人、乘客、政府和供应商。

2）内部客户：包括项目管理人员、质量管理人员、成本管理人员、设计和开发人员、生产制造人员、经销商和售后服务方等。

2.1.2 系统需求分析

系统需求定义了系统的功能和能力，阐明了系统的边界范围。系统需求分析，应以客户需求为基线，将客户需求转换成系统工程语言，用于指导系统设计。

系统需求指将系统看作黑盒时，系统为达成客户需求所应具有的功能和能力。系统需求分析的目的是将已定义的客户需求转换成一组工程化的系统需求语言，以指导系统设计。

系统需求过程中应识别系统边界，即系统和运行环境中其他要素之间的接口和影响关系，图2-1是L3级自动驾驶系统边界图，表达了L3级系统与环境（道路、天气和交通等）、驾驶人和车辆其他系统的接口和影响关系。

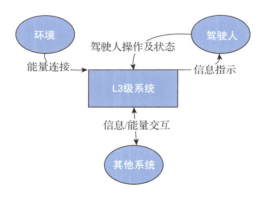

图2-1 L3级自动驾驶系统边界图

系统需求分析过程，主要通过历史数据分析、标准法规分析、对标分析、用例分析、系统需求工程化分析等步骤推导形成。

1. 历史数据分析

收集给定功能或类似功能系统需求的历史数据是系统需求分析的重要一步。对特定功能的历史数据进行研究有助于捕获先前定义的系统需求，且有助于收集尽可能多的可用信息，引导系统需求的挖掘。

对L3~L5级自动驾驶汽车这类处于研发阶段的前沿技术，并没有大量可用的历史数据，需利用市场上最接近的功能的历史数据，推导形成面向未来的系统要求。例如，L3级自动驾驶的系统需求，尚无法获得有关规格和要求的系统需求历史数据，可参考ACC规范文档，推导出L3级自动驾驶系统纵向控制方面的系统需求。

2. 标准法规分析

智能驾驶功能应满足行业内相关的技术标准，例如GB、GB/T、ISO等国内外技术标准要求，并应符合功能开发和销售的市场法规（例如中国法规）。

标准：审查和分析标准的过程与历史数据非常相似。从标准中提取适当的系统要求之前，必须对现有智能驾驶功能的所有相关标准进行彻底分析。对于仍在开发与制定中的智能驾驶功能相关标准，须利用已发布的最接近所需功能的智能驾驶功能相关标准进行系统需求分析。标准中的系统需求指标通常以通用形式编写，可在不违反标准所指定的最低要求的前提下进行调整和完善，形成功能的系统需求。

法规：法规在捕获智能驾驶功能的系统需求时起着重要作用，定义了与该特定应用功能相关的政府要求。在实施该功能之前，须检查该功能应遵循的既定法规。如果未定义针对该智能驾驶功能的法规，则应考虑将最接近功能的法规要求作为开发新功能的基准。在系统需求分析过程中，遵守政府法规至关重要。如果不遵守政府法规要求，将会严重影响项目实施，更会影响产品的整体销售并损坏公司声誉。

3. 对标分析

对标分析，是对产品、服务和过程进行对比衡量，了解自有产品、服务和过程与同类产品、服务和过程的差异情况。对标分析是一种观察和捕获来自不同竞争对手的特定功能的信息/数据的独特方法。对市场上领先的技术和功能进行对标分析时，首先须创建给定智能驾驶功能的对标分析列表，并以此进行功能和性能对标，收集特定功能的各层级系统需求和软硬件需求。表2-1是对标分析要点。

表2-1 对标分析要点

功能对标	功能定义及设计运行条件
	功能组成
性能对标	性能特性
体验对标	驾乘体验

4. 用例分析

用例分析在系统需求挖掘中起着关键作用，须考虑系统应遵循的所有可能条件和场景。用例分析是将来自不同来源的输入数据（例如客户需求、设计适用条件定义、对标数据和项目计划假设等），通过故事线和场景的形式进行系统需求的编译表达。用例可分为理想的用例、可能的用例、可预见的用例三种类型。

理想的用例：考虑理想场景下系统的行为表现。例如在所有道路上始终都有车道线，系统应理想工作的系统行为。

可能的用例：考虑了驾驶人通常可能遇到的场景下的系统行为表现。例如，车道线部分丢失或仅存在一个车道线时，智能驾驶系统在这种情况下应具有的系统行为。

可预见的用例：发生概率小，但在可预见的情况下会发生。这类用例定义了极端情况下的系统行为表现，是系统需求分析的关键部分。例如，两个车道线都缺失时，智能驾驶系统应具有的系统行为。

5. 系统需求工程化分析

系统需求工程化分析过程是将客户需求转化为工程语言的过程，可分解为功能性需求分析和非功能性需求分析。系统需求工程化分析是系统由概念阶段向工程阶段转换的过程，是进一步系统设计的基石。

2.1.3 系统架构

智能驾驶车辆的物理架构大体上由环境传感器平台、计算平台和智能底盘三个部分组成。

2.1.3.1 环境传感器平台

环境传感器是智能驾驶系统的"眼睛"，其主要任务是对智能驾驶车辆周围环境，例如其他车辆位置、车道线、交通信号和行人等进行感知，并将相关数据传输给计算平台，使智能驾驶系统能有效对周边环境进行实时感知。环境传感器主要包括毫米波雷达、激光雷达和相机等，以及导航定位和惯性导航传感器等。环境传感器的具体参数和比较将在本章后文中进行详细介绍。

2.1.3.2 计算平台

计算平台的主控制芯片是无人驾驶系统的"大脑"，是信息处理中心和决策制定者。计算平台本质上是一台移动的超级计算机，为丰富的智能化应用功能提供了强大的算力支撑和软件运行环境。其组成部分包括基于车载人工智能计算芯片的车载计算平台硬件和车载操作系统，可实现多种类型、多路传感器接入，完成360°环境感知、多传感器融合、三维环境建模、定位、预测及语义地图等功能。车载AI计算芯片是计算平台的核心，下面就车载AI计算芯片展开进一步分析。

1. AI芯片发展趋势分析

当前，算力不足已成为智能汽车发展的核心瓶颈。自动驾驶等级每增加一级，算力需求就有一个数量级的上升，业界已经在讨论车载计算的POPS（每秒1000万亿次运算）时代何时到来，这相当于把"天河一号"超级计算机（2010年建成，算力当时排名全球第一）装进一台汽车。硬件是由多种不同计算构架的芯片组成的异构计算平台，其中最核心的部分是AI计算，其对算力的需求远远超过逻辑计算2个数量级以上。可以说，在智能汽车时代，AI计算芯片就是智能汽车的"数字发动机"。

感知对算力的需求是惊人的，自动驾驶车辆需要对其周边360°范围内的环境进行感知，包括对移动物体的识别、跟踪、预测，以及对驾驶环境的语义分割、建模和定位，感知的范围非常广，还要在不同的天气情况、光照条件下可靠工作，这一切对感知算法的可靠性、准确性提出了极其苛刻的要求。这就要求计算平台提供充沛的算力，来支撑感知算法的需求。

为达到可靠性、准确性的目标，感知需要多种传感器进行融合，并在每一个维度上都进行冗余备份。随着各种传感器的性能持续提升，其需要处理的数据量也会呈几何级增大，例如使用最广的车载摄像头，其像素已经从100万上升到800万，并进一步向1200万发展。激光雷达和毫米波雷达也在向图像化方向发展。对自动驾驶处理器的算力需求也水涨船高。

目前，AI芯片的算力正在迅速提升，从几个TOPS（每秒10000亿次运算）的算力向上百个TOPS的算力发展（表2-2）。芯片制程也在从16nm向7nm演进，以确保功耗在可接受的范围内（图2-2）。

表2-2 主要车载AI芯片公司的芯片算力

	地平线		特斯拉	Mobileye		英伟达	
芯片	Journey 3	Journey 5	FSD	EyeQ4	EyeQ5H	Xavier	Orin
AI算力/TOPS	5	96	72	2.5	24	30	200
摄像头路数/个	6	16	9	8	16	8+	16
功耗/W	2.5	20	72	3	20	20	65
量产时间/年	2020	2021	2019	2018	2021	2020	2021

2. AI芯片架构发展趋势分析

目前，主流芯片架构主要分为GPU（图形处理单元）、FPGA（现场可编程门阵列）和ASIC（专用集成电路）等流派，国外AI芯片的典型产品主要有英伟达的Xavier、

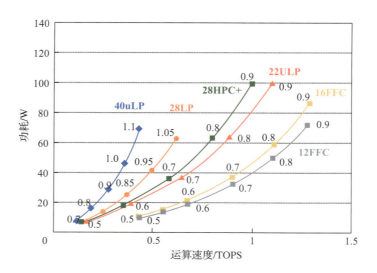

图 2-2 运算速度和功耗对比

Orin 以及 Mobileye 的 EyeQ5H 等，如图 2-3 和表 2-3 所示。国内企业，例如华为、地平线等也推出了 ASIC 架构的产品。

表 2-3 ASIC 架构的产品

计算平台	GPU	FPGA	ASIC
代表公司及产品	英伟达 Pegasus	英特尔 A10	Mobileye EyeQ5H
算力/TOPS	320	5	24
功耗/W	500	15	10
成本	高，>1000 美元	中等，200 美元	低，<100 美元
开发难度	低	中等	高

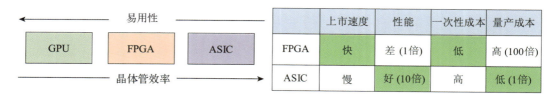

随着深度学习从研究走向产业化，处理器效能正成为自动驾驶落地的关键挑战。目前，英伟达的 GPU 平台（如 Pegasus）是自动驾驶领域最流行的计算平台，通用性极佳。但 GPU 作为一个通用计算构架，在应对深度学习的计算方面，表现不够高效，且有固有缺陷，包括内存带宽依然是瓶颈，缺乏足够的 On-Chip RAM，并行计算模式不够灵活，对串行化算法无法优化，双精度/ECC 对深度学习意义不大。

这些问题直接导致基于 GPU 的解决方案计算单元利用率较低，功耗较大，成本较高，难以满足自动驾驶系统量产的要求。另一方面，CNN 的卷积操作以及 CNN 的算法演进都要求有专用的处理器来提供高效的解决方案，如图 2-4 所示。

业界也在探索基于 FPGA 的解决方案，但 FPGA 成本依然偏高，且受限于内部资源及较低的运行主频，难以实现更高性能。相同工艺下，ASIC 加速器的速度通常比 FPGA 加速器快 5~10 倍，而且量产后 ASIC 的成本远低于 FPGA，因此 ASIC 是未来自动驾驶车载平台量产芯片的主流架构。

计算平台	程序库/操作系统	理论1K级图像数据集的传输速率	每秒浮点运算次数的峰值	有效每秒浮点运算次数	估计卷积神经网络的计算功率峰值	估计每毫瓦下，每秒百万次运算次数
CPU 至强E5-2450：16核，双接口，2.1GHz	Caffe+英特尔 MKL，Ubuntu 14.04.1系统	106张/s	0.54万亿次	0.148万亿次（27%）	~225W	~0.6
FPGA 英特尔Arria 10 GX1150	微软Windows Server 2012	369~880张/s	1.366万亿次	0.51万亿（38%）~1.2万亿次（89%）	~37W ~40W	~12.8 ~30.6
GPU 基于英伟达Titan X 的英特尔32位 Nervana神经网络处理器	基于Ubuntu14.0.4系统的英特尔 NervanaSys-32 神经网络处理器	412.9张/s	6.1万亿次	5.75万亿次（94%）	~250W	~23.0

图 2-3 不同架构芯片对比图

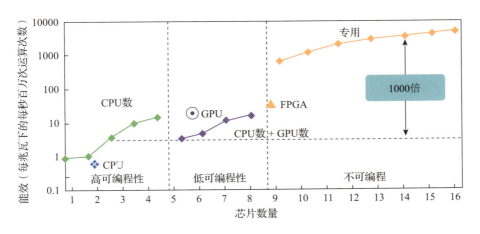

图 2-4 不同架构的处理器在卷积神经网络 CNN 计算方面的效率对比

例如，CNN 的卷积操作都需要大量中间结果的输入和输出，需要受操控的内部 RAM 来进行结果暂存，减少对外部 DDR 的带宽占用。GPU 的缓存太少，而且透明（不受控），专用 DL 构架所使用的 IRAM 要比 GPU 的密度高很多。

现在的 CNN 都是一张大网络，而未来 CNN 会更加精致、异构化，例如使用二值网络与高精度浮点网络的组合。从并发计算走向序列化计算，先进行一次预计算，然后选择更合适的模型进一步计算。

ASIC 是定制的专用 AI 芯片，可以满足特定的应用需求。它可以在硬件级别进行优化，具有体积小、功耗低、高性能和低成本的特点。随着人工智能算法和应用技术的发展，定制的人工智能芯片 ASIC 逐渐展现出优势，非常适合人工智能应用场景。

正如 CPU 改变了大型计算机一样，ASIC 芯片也将极大地改变 AI 硬件设备的面貌。AlphaGo 使用约 170 个图形处理单元和 1200 个中央处理单元（CPU）。这些设备需要计算机室、大功率空调和多个系统维护专家。如果使用专用芯片，则仅需一个普通存储盒的空间，且功耗也会大幅降低。

例如，英伟达的 Tesla V100 可以为深度学习相关的模型训练和推理应用提供高达 125 teraflops 的张量计算，其数据处理速度是 2014 年推出的 GPU 系列的 12 倍。谷歌的 TPU3.0 使用 8 位低精度计算可节省晶体管，速度最高可达 100 PFlops，并将硬件性能提高到按摩尔定律开发七年后的芯片水平。

由于 AI 算法的复杂性持续提升，且多种不同算法的融合成为发展趋势，单纯的 GPU 或 ASIC 都较难满足车载 AI 计算的需求，目前的车载 AI 芯片发展趋势是 SoC 化，集成异构计算 IP 组合来满足不同 AI 算法的需求，典型的异构计算组合是 CPU＋NPU＋GPU/DSP。其中，CPU 完成逻辑计算，NPU 完成 CNN 计算的加速，GPU/DSP 提供通用算力，可用于实现 NPU 无法实现的计算操作，例如特定的算子。

图 2-5 对比了特斯拉 FSD 芯片与英伟达 Xavier 芯片的架构。

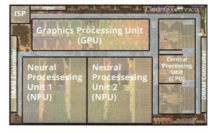

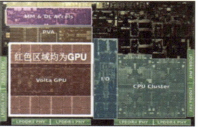

图 2-5　特斯拉 FSD 芯片与英伟达 Xavier 芯片的架构对比

图 2-6 展示了主流芯片的性能对比，反映出 AI 时代的一个重大趋势：AI 芯片设计不再由硬件公司主导，算法定义芯片的范式转移将带来更高的计算效率，引领视觉处理器向高性能、低功耗、低成本的方向发展。

图 2-6 主流车载 AI 芯片关键性能对比

3. AI 芯片典型架构分析

随着汽车智能化的迅速发展，国内芯片供应商，例如华为、地平线和芯驰等，抓住车企智能化转型的时代机遇，发挥自己的核心优势，在芯片算力、功耗等核心指标方面迎头赶上，不断推出新的芯片产品。其中，地平线于 2019 年 8 月成功推出国内首款车规级 AI 芯片征程 2，并在 2020 年 6 月长安汽车发布的新车型 UNI-T 上实现前装量产，迈出了国产车规级 AI 芯片产业化的第一步。

征程 2 能高效、灵活地实现多类 AI 任务处理，对多类目标进行实时检测和精准识别，可全面满足自动驾驶视觉感知、视觉建图定位和视觉 ADAS 等智能驾驶场景需求，以及语音识别、眼球跟踪和手势识别等智能人机交互功能需求，充分体现 BPU 架构强大的灵活性，全方位赋能汽车智能化。征程 2 芯片具备极高的算力利用率，每 TOPS AI 能力输出可达同等算力 GPU 的 10 倍以上。征程 2 还可提供高精度且低延迟的感知输出，满足典型场景对语义分割、目标检测和目标识别的类别和数量需求。该芯片总体架构如图 2-7 所示。

AI 处理器的核心是 CNN 计算处理单元，地平线的 CNN 计算处理单元称为 BPU，征程 2 属于该公司的伯努利架构 BPU，是一种异构多指令多数据（Heterogeneous Multiple Instruction Multiple Data）计算架构，如图 2-8 所示。

伯努利架构下的征程 2 处理器，在 28nm 工艺下可达 4 TOPS 的算力和 2W 的典型功耗。需要指出的是，BPU 是针对深度学习算法预测过程的数据流进行优化的，包括弹性张量核及异构多指令多数据架构设计。这使 BPU 在实际运行过程中，平均乘法器利用率（Utilization）超过 90%，明显优于目前已知的各类 AI 处理器。

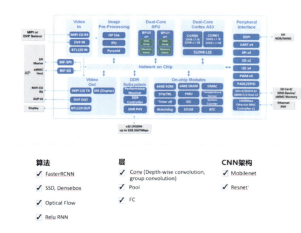

- **高性能**
  - 集成双核 Cortex A53 处理器 @1GHz
  - 等效算力 >4 TOPS
  - 支持 2 路 720P 或 1 路 1080P 图像的实时处理
- **低功耗**
  - TSMC 28HPC+ 工艺
  - 典型功耗 2W
- **车规级**
  - AEC-Q100 Grade 2 车规级认证

算法
- FasterRCNN
- SSD, Densebox
- Optical Flow
- Relu RNN

层
- Conv (Depth-wise convolution, group convolution)
- Pool
- FC

CNN架构
- Mobilenet
- Resnet

图 2-7 地平线征程 2 芯片的架构及性能

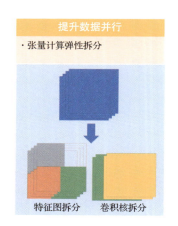
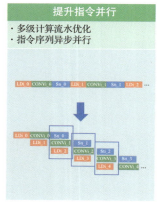
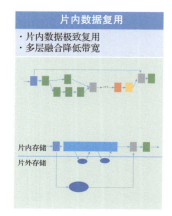

图 2-8 伯努利架构 BPU 架构示意图

伯努利架构 BPU 核心的运算器件之一是弹性张量核（Elastic Tensor Core），可根据所需处理的数据类型相应调整计算的模式，以最大化乘法器的利用效率。借助特殊设计的数据路由桥（Data Routing Bridge），BPU 可以将多种运算器件（ALU）同时与多个静态存储仓库（SRAM Bank）灵活地连接在一起，辅以编译器（Compiler）和运行时（Runtime）策略的优化，做到 DDR 数据的读取或写入和运算，以及不同类型运算之间的同时运行。BPU 需要设计一套指令集来支持各种深度学习算法。指令集是软硬件之间的接口，AI 算法经编译器翻译成可执行的指令，供 AI 处理器执行。

伯努利架构 BPU 的指令集支持 AI 运算中不同运算单元，包括卷积（Convolution）、池化（Pooling）、上采样（Upscale）和 Load/Store 等，这些运算单元可异步并行执行，以提高运算效率，减少计算时间和延时，并通过同步指令（Sync）

解决数据依赖和计算资源（包括运算单元和存储器）依赖的问题。这套指令集不仅支持主流深度学习网络，还支持最新的神经网络结构，例如 Resnet、MobileNet 和 Faster-RCNN，支持稀疏化网络结构、可变位宽数据和权重计算以及数据压缩存储等功能。该指令集的定义使 AI 处理器各运算单元之间并行度进一步提高，从而进一步提高了运算效率，并可高效地实现更加复杂和灵活的 AI 运算。

面向自动驾驶落地应用的实际需求，地平线将在算法领域的前沿探索转化为赋能产业的落地实践，深度融合具有创新性和前瞻性的高效感知算法和极致效能的车规级 AI 芯片，打造高效的智能驾驶感知解决方案，赋能客户，加速智能驾驶的应用落地。

地平线在 CES 2020 推出新一代自动驾驶计算平台——Matrix 2，如图 2-9 所示。该平台面向多层次、多场景的未来自动驾驶，搭载地平线征程二代车规级芯片，具备极致性能与高可靠性，可满足 L2～L4 级自动驾驶需求，为自动驾驶客户提供感知层的深度赋能。

图 2-9　地平线自动驾驶计算平台 Matrix 2

主要参数：
- 基于地平线征程二代处理器架构
- 支持 8 大类像素级语义分割，支持多类物体检测识别
- 视频输入：单路 1080P@60fps，4 路 1080P@15fps
- 等效算力：40 TOPS
- 低延时，系统级别每帧 60ms 延时
- 无需主动散热，功耗 20W

迭代后的 Matrix 2 具备更高性能、更低功耗，可满足不同场景下高级别自动驾驶运营车队以及无人低速小车的感知计算需求。Matrix 2 在性能方面有 16TOPS 的等效算力，而功耗仅为上一代的 2/3。

在感知层面，Matrix 2 可支持包括摄像头、激光雷达在内的多传感器感知和融合，实现高达 23 类语义分割以及 6 大类目标检测。值得一提的是，地平线在 Matrix 2 上实现的感知算法还能应对复杂环境，支持在特殊场景或极端天气情况下输出稳定的感知结果。

2.1.3.3 智能底盘

智能底盘平台主要包括智能汽车的执行器平台和车载总线。执行器主要指执行计算平台发出的控制指令的机械结构，由于现在的无人驾驶汽车大多由成熟的汽车平台改造而来，执行器的主要控制对象是加速踏板（速度控制）、制动踏板（制动控制）和转向盘（转向控制）。

1. 转向线控技术

线控转向系统取消了转向盘与转向器之间的机械联接，直接通过电信号控制转向电机驱动车轮转向，主要由转向盘总成、转向执行器和主控制器组成，如图 2-10 所示。

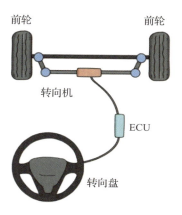

图 2-10 线控转向系统简图

转向盘总成由转向盘、转角传感器、转矩传感器和路感电机组成。转向盘转动时带动转角传感器的大齿轮转动，大齿轮带动装有磁体的两个小齿轮转动，产生变化的磁场，通过敏感电路检测磁场变化产生的转角信号，通过 CAN 总线将数据发送出去。转矩传感器的检测原理与之类似。路感电机用于将主控制器传来的回正信号转化为回正力矩，向驾驶人传递路感。转向执行器负责快速响应主控制器传来的转角信号，完成车辆的转向。主控制器的作用是采集各传感器发来的信息和数据，计算出合理的决策数据后发给各执行器。

2. 速度线控技术

线控加速踏板的工作原理是当驾驶人踩下加速踏板时，其操作意图被加速踏板位置传感器感知,转化为相应的电信号,输送给电子控制单元。电子控制单元得到信号后,结合当前发动机的状态,控制节气门的开度和位置,然后节气门位置传感器又把当前的节气门开度信息反馈给电子控制单元,进行闭环控制,这样就使发动机可以工作在最优状态。线控加速踏板系统除控制精度高、结构简单外,还可根据汽车的工况以及发动机的工作状态,结合加速踏板的位置,实时调节节气门的位置,减少不必要的喷油,提高发动机的工作效率。

3. 制动线控技术

线控制动将原有的制动踏板用一个模拟发生器替代,用以接收驾驶人的制动意图,产生、传递制动信号给控制和执行机构,并根据一定的算法模拟反馈给驾驶人(图2-11)。显而易见,这需要非常安全可靠的结构,以正常工作。

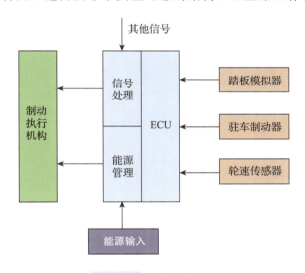

图2-11 线控制动原理

电子液压制动系统（Electro Hydraulic Braking,EHB）是在传统液压制动系统基础上发展而来的,两者的最大的区别在于：EHB用电子元件替代传统液压制动系统中的部分机械元件,即用综合制动模块取代助力器、压力调节器和ABS模块。典型EHB由踏板位移传感器、电子控制单元（Electronic Control Unit,ECU）、执行器机构等组成。正常工作时,制动踏板与制动器之间的液压连接断开,备用阀处于关闭状态。电子踏板配有踏板感觉模拟器和电子传感器,ECU可通过传感器信号判断驾驶人的制动意图,并通过电机驱动液压泵进行制动。电子系统发生故障时,备用阀打开,EHB变为传统液压系统。EHB具有冗余系统,安全性更具优势,且产品成熟度高,目前各大供应商都在推广相关产品。

4. 车载 CAN 总线

CAN 总线又称汽车总线，全称为"控制器局域网"（Controller Area Network），意为区域网络控制器，它将各单一控制单元以某种形式（多为星形）连接起来，形成一个完整系统。在该系统中，各控制单元都以相同的规则进行数据传输、交换和共享，这称为数据传输协议。CAN 总线最早是德国博世公司为解决现代汽车中众多 ECU 之间的数据交换问题而开发的一种串行通信协议。CAN 作为一种多主总线，支持分布式实时控制的通信网络，采用了许多新技术及独特设计，具有可靠性、实时性和灵活性。其特点如下：

1）CAN 为多主方式工作，网络上任一节点均可在任意时刻主动向网络上其他节点发送信息，不分主从，通信方式灵活。

2）CAN 网络上的节点信息分成不同优先级，可满足不同实时要求，高优先级的数据可在 134 μs 内得到传输。

3）CAN 只需通过帧滤波即可实现通过点对点、一点对多点及全局广播等方式传送/接收数据，无须专门"调度"。

4）CAN 的通信介质可为双绞线、同轴电缆或光纤，选择灵活。

5）CAN 节点在错误严重的情况下具有自动关闭输出功能，以使总线上其他节点的操作不受影响。

2.2 环境传感器系统

2.2.1 概述

感知系统以多种传感器捕获的数据及高清地图的信息为输入，经过一系列计算和处理，来预估车辆的状态并实现对车辆周围环境的精确感知，进而为下游决策系统模块提供丰富的信息。目前，自动驾驶系统在一些特殊或极端恶劣天气状况下工作是非常困难的。即使是人类驾驶员，这些情况也十分棘手。在下雪的条件下，无论是基于视觉的感知系统，还是基于雷达的感知系统，都存在识别感知的困难。相机会因为有雪附着镜头而不能正确识别道路标记，从而无法正确导航。雪会影响激光雷达光束的反射效果，干扰自动驾驶车辆对周围环境的正确判断。当激光光束穿过雨滴或雪花时，激光雷达可能会将其识别为道路障碍物，由于激光光束不可能在同一位置上探测到同一滴雨或一片雪花两次，运用算法，车辆就能将雨雪排除在道路障碍物之外。

自动驾驶的感知领域，行业内分成了立场鲜明的两派，即视觉派和激光雷达派。特斯拉是视觉派最坚定的守护者。埃隆·马斯克认识到视觉与激光雷达的优劣势，同时不断推动让视觉方案做到原本只能由激光雷达做到的事。从 2D 平面图像推断精确的 3D 立体实景实际上是非常困难的。以图 2-12 中这辆 MPV 为例,如果只看左侧的 2D 图像,似乎用视觉和激光雷达标注的形状都是准确的,但如果放在 3D 场景中,就会发现使用视觉方案标注的形状不仅偏长、偏窄,还缺少了汽车的侧面。

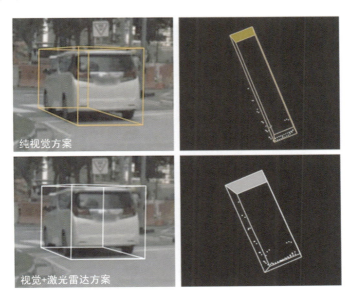

图 2-12 视觉方案和激光雷达方案对比

而这还仅仅是一个在高亮度环境下相对规则的物体,如果环境变暗,或加入更多遮蔽物、障碍物,情况就会变得更极端。例如在黑暗树荫中的自行车,纯视觉方案就很难分辨。因此,从根本算法上解决视觉信息的准确处理问题,是特斯拉自动驾驶体系的绝对核心技术。

谷歌旗下的自动驾驶公司 WAYMO 在感知层面除开发了传统的超声波传感器、激光雷达和摄像头等高性能传感器外,还使用音频检测系统,用于检测几百米外的警车或救护车,以便自动驾驶汽车提前重新进行路径规划,避让相关车辆。自动驾驶系统感知模块能像人一样分辨道路上的行人、骑行车、车辆、道路施工等,根据每种物体的属性建模、预测和理解其行驶意图。

图 2-13 所示的十字路口中,自动驾驶汽车除预测行驶轨迹外,还根据摆起左手的骑行者预测到其将要变换到左车道后进行左转弯。自动驾驶汽车会提前减速,预留充足的安全距离让骑行者通过,以防御性驾驶方式进行路径规划。行驶过程中,自动驾驶汽车能准确"预见"由其他驾驶人、行人、不良气候或路况引发的危险,并及时采取必要的、合理的、有效的措施防止事故发生,不行驶在其他驾驶人的视野盲区内。它甚至能识别人脸的方向,提前给难以准确预测轨迹的骑行者和行人预留充足的安全距离。

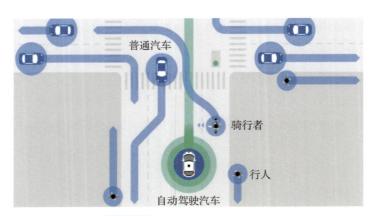

图 2-13 自动驾驶汽车轨迹预测

在研究目标上，选择感知系统而非预测系统的原因是，真正的自动驾驶汽车应该可以成为人类驾驶员更安全的选择。然而，自动驾驶仍然导致了一起死亡事件：一辆优步自动驾驶汽车因感知系统出现问题而致使一名行人被撞身亡。由此可见，感知问题对自动驾驶汽车而言不止是兴趣问题，更是生死攸关之事。

鉴于车辆感知问题的重要性，通过调查发现目前共有四种不同技术可帮助车辆感知周围物体，分别是超声波传感器、激光雷达、毫米波雷达和相机（图 2-14）。其中，激光雷达和相机是最重要的，超声波传感器主要用于近距离感知，而毫米波雷达和激光雷达用于长距离追踪。

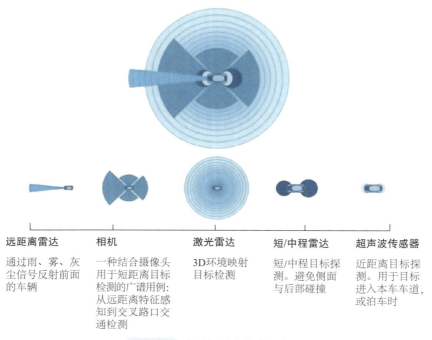

远距离雷达	相机	激光雷达	短/中程雷达	超声波传感器
通过雨、雾、灰尘信号反射前面的车辆	一种结合摄像头用于短距离目标检测的广谱用例：从远距离特征感知到交叉路口交通检测	3D环境映射目标检测	短/中程目标探测。避免侧面与后部碰撞	近距离目标探测。用于目标进入本车车道，或泊车时

图 2-14 自动驾驶多传感器布局

2.2.2 超声波传感器

超声波传感器也称声呐,通过发射并接收40kHz的超声波,根据时间差计算出障碍物距离,测量精度为1~3cm。在有源传感器中,声波的频率最低(波长最长),因此更容易被干扰,这意味着超声波传感器很容易受到不利环境条件的影响,例如下雨和灰尘。另外,其他声波也会影响超声波传感器的性能,需要通过使用多个传感器和依赖额外的传感器类型来缓解干扰。超声波传感器还易受到温度影响,近似关系为:

$$c = c_0 + 0.607T \qquad (2-1)$$

式中,c_0为0℃时的波速,取值为332m/s;T为温度(℃)。

2.2.3 毫米波雷达

毫米波雷达主要通过电磁波进行测距。毫米波雷达的工作原理是通过天线在30~300GHz频段,发射波长为1~10mm的电磁波,接收目标的反射信号,经过处理后计算出汽车与探测范围内目标的距离、相对速度和位移方向等数据。毫米波雷达信号容易被具有相当导电性的材料(例如金属物体)反射,且其他电磁波的干扰也会影响其性能,造成其无法对物体进行探测。在确定被探测目标的形状方面,毫米波雷达的能力不如激光雷达。德国大陆公司生产的ARS408毫米波雷达及其应用示意如图2-15所示。

图2-15 德国大陆公司生产的ARS408毫米波雷达及其应用示意图

毫米波的波长介于厘米波和光波之间,因此兼有微波制导和光电制导的优点。与厘米波导引头相比,毫米波导引头具有体积小、质量轻和空间分辨率高的特点。在实际的交通应用中,毫米波雷达的工作受环境变化影响较小。由于毫米波在短距离内穿透烟雾的能力较强,其在雨雪和雾霾等恶劣条件下也能正常工作。毫米波雷达具有全天候、全气象适应性的特点,因此广泛应用于ACC、盲区监测、主动制动等自动驾驶和辅助驾驶系统。相比激光雷达,毫米波雷达的角度有限。例如德国大陆公司生产的

ARS408毫米波雷达，其在0～20m距离内的探测角度为±60°，在0～70m距离内的探测角度为±45°，长距离（0～100m）的探测角度仅为±9°。因此一般在实际应用中，都需要采用多个毫米雷达进行组合使用，如图2-16所示。

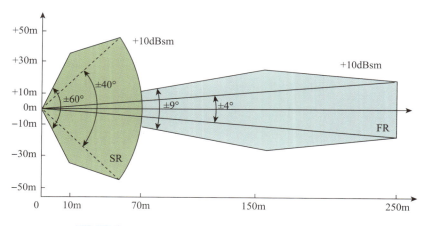

图2-16 ARS408雷达在不同距离下的探测角度范围

除角度有限的问题外，毫米波雷达还存在精度较低的问题。自动驾驶系统对车辆的环境感知要求有厘米级精度，而毫米波雷达中精度较高的ARS408雷达在0～20m距离上的测距精度为±0.05m，0～70m距离上的测距精度为±0.10m，0～100m距离上的测距精度仅为±0.40m。同时，由于毫米波雷达在工作时容易受到外界信号干扰，特别是对金属物体的反馈信号极易失真，其反馈的目标信息中包含大量杂波，在实际应用中，需要通过软件算法和其他传感器的信息融合滤除干扰信号后，才能获得较为精确的数据信息。

2.2.4 激光雷达

激光雷达是光学雷达的一种，其工作原理是向被探测目标发射一束激光，然后根据接收反射回来的激光时间差来计算探测目标的距离。激光雷达能以每秒50000～200000个脉冲的速度覆盖一个区域，并将返回信号编译成一个3D点云，通过比较连续感知的点云、物体的差异检测其运动，由此创建一个250m范围内的3D地图。与超声波雷达相比，其优势在于分辨率高、精度高，抗有源干扰能力强，获取信息丰富。但激光雷达也有明显的缺点：雨雪、雾霾天气精度降低；难以分辨交通标志的含义和交通信号灯颜色；接收的是光信号，容易受其他光源影响，且大气环流会使激光光束发生畸变；现阶段成本较高。

随着技术的发展，国内外生产激光雷达的厂商已经逐渐发展起来。例如威力登（Velodyne）推出了16线、32线、64线和128线激光雷达产品。高能技（Quanergy）

早期推出的 8 线激光雷达产品 M-8（固态激光雷达）。Ibeo 推出的主要是 4 线激光雷达产品，主要用于辅助驾驶。速腾聚创（RoboSense）推出的是 16 线、32 线、64 线和 128 线激光雷达产品（图 2-17）。速腾 128 线激光雷达参数见表 2-4。

表 2-4 速腾 128 线激光雷达参数

线数	128	水平视场角	360°
激光波长	905nm	垂直视场角	40°
激光安全等级	Class 1（人眼安全）	水平角分辨率	0.1°/0.2°/0.4°
测距能力	150（80m@10% NIST）	垂直角分辨率	≤0.1°
盲区	≤0.4m	帧数	5Hz/10Hz/20Hz
精度（典型值）	±3cm	转速	600/1200r/min（10/20Hz）

图 2-17 速腾聚创 128 线激光雷达

激光雷达的激光波长很短，集中在 600~1000nm 之间，而波长越短探测精度越高，因此激光雷达可用来测量物体的距离和形状尺寸等信息。以速腾聚创公司生产的 128 线激光雷达为例，其在 0~230m 距离上的探测精度高达 ±3cm，完全满足自动驾驶车辆对高精度定位和地图构建的需要。在实际工作中，激光雷达不像毫米波传感器一样只能向一个固定范围发射毫米波，而是能以稳定的角速度水平旋转，360°不停发射激光束，接收机也在不停地接收反射回来的目标信息，因此激光雷达可以对车辆周围所有的道路和目标信息进行不停检测。在激光雷达工作过程中，每一束激光反射回来的都是一个点的三维坐标信息，而雷达每旋转一周会收集到大量点的坐标信息，这些坐标点信息的集合，称为点云。点云的三维坐标信息以极坐标的形式组成，代表了激光雷达水平旋转的角度和距离量，为将点云转换为笛卡儿尔坐标系下的 x、y、z 坐标（图 2-18、图 2-19），需要进行坐标转换，转换公式为：

$$\begin{cases} x = r\cos\omega\sin(\alpha+\delta) \\ y = r\cos\omega\cos(\alpha+\delta) \\ z = r\sin\omega \end{cases} \quad (2-2)$$

式中，r 为激光雷达测量的目标距离；ω 为激光的垂直角度；α 为激光的水平旋转角度；δ 为通道的水平偏移角度；x、y、z 分别为极坐标投影到 X、Y、Z 轴上的坐标。

激光雷达最大的优点在于其高精度的地图构造能力，但其缺点同样非常明显，即价格高昂。前面提到的国产128线激光雷达售价高达50万元，已经超过了大多数小型汽车的售价，即使是性能较低的16线激光雷达，售价依然高达数万元。同时，激光雷达在使用中会产生海量的需处理的点云数据，例如128线激光雷达每秒需处理的点云数据高达800万个，这无疑对负责坐标转换工作的硬件处理设备提出了极高的要求。从经济角度讲，硬件有越强的处理能力，其售价必然越高，因此激光雷达处理数据的计算平台的成本也较高。较高的计算成本加之激光雷达高昂的售价，极大推高了整个自动驾驶系统的成本，不利于技术推广。

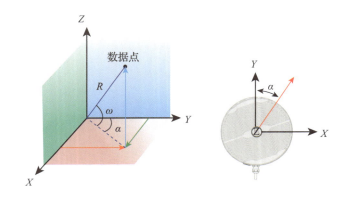

图 2-18　笛卡儿坐标系和激光雷达点云坐标系的转换

图 2-19　激光雷达通过坐标转换生成的点云地图

2.2.5　车载相机

车载相机的优势十分明显：技术成熟，成本低，采集信息十分丰富，包含最接近人类视觉的语义信息。其缺点主要是摄像头受光照、环境影响十分大，很难全天候工作,在黑夜、雨雪、大雾等能见度较低的情况下,其识别率会大幅降低。车载相机的另一个缺点是缺乏深度信息,三维立体空间感不足。车载相机是自动驾驶系统中一种非常重要的设备,它负责采集车辆周围的真实图像。在自动驾驶系统中,相机的工作原理是对采集到的图像进行模式识别,然后利用相关的算法对图像进行语义分割,最后利用多个相机对同一物体进行三角定位,这样就可以达到系统对车辆和其他物体进行识别和测距的目的。宝纳视公司生产的相机和镜头如图2-20所示。

图2-20 宝纳视公司生产的相机和镜头

一般情况下,车载相机须安装在车顶或车头部位,以确保相机视野清晰且广阔。相机的最大优势在于价格低廉,以宝纳视公司生产的ace2相机及其搭配的镜头为例,组合价格仅为数千元,与激光雷达等设备相比,价格非常便宜,这是相机在自动驾驶系统中得到广泛应用的重要原因之一。得益于相机技术的快速发展,现在的相机基本上都具备了在高速运动状态下稳定采集图像的能力。但相机的劣势也非常明显,首先是在实际使用过程中,受光线和气象等外界因素影响非常大。在隧道和雨雪等场景中,相机的性能表现差强人意,精度难以保证。其次,多相机测距算法所基于的三角测距法高度依赖于各相机的安装精度,因此对安装的机械结构要求非常高。同时,在相机工作时,相机每秒都在高速采集道路信息,而采集到的每张图像都要通过计算平台进行处理,这就对计算平台的硬件形成了严苛的考验。

目前,国内自动驾驶汽车采用的车载相机主要有Mobileye、索尼、Basler等公司生产的具有高精度的产品。Baslerace 2 GigE相机的参数见表2-5。

表2-5 Baslerace 2 GigE相机的参数

分辨率/像素	1936×1216(全分辨率),1920×1200(默认分辨率)
传感器类型	索尼IMX392LQR-C,逐行扫描CMOS,全局快门
靶面尺寸	1/2.3″
传感器有效对角线尺寸	7.9mm
像素尺寸(H×V)	3.45μm×3.45μm
帧速率(默认设置下)	51fps
图像数据接口	快速以太网(100Mbit/s),千兆以太网(1000Mbit/s)

各类传感器的比较见表2-6，考虑到视觉传感器成本低、信息丰富以及识别度高的特点，在各类L2级别以上的量产车上，基于视觉传感器的感知方法是目前的绝对主力。

表2-6 各类传感器参数比较

对比项目	相机	超声波传感器	激光雷达
最远距离	50m	200m	250m
精度	较高	较低	极高
功能	车道偏离预警、前向碰撞预警、交通标志识别、全景泊车、驾驶人注意力监测	倒车辅助、障碍探测、高速横向辅助	实时建立周围环境的三维模型
优势	成本低，信息丰富，可识别度高	超声波能量消耗较缓慢，防水、防尘	精度极高，扫描周围环境实时建立三维模型的功能，暂无完美代替方案
劣势	依赖光线，极端天气可能失效，难以精确测距	易受温度和其他传感器影响	易受恶劣天气影响，成本极高

2.3 车辆定位系统

2.3.1 概述

自动驾驶汽车导航功能实现的前提和基础是得到准确可靠的汽车位置和姿态（通常称为位姿）等定位信息。目前，车辆定位技术主要包括全球导航卫星系统、惯性测量单元以及高精度地图。

1. 全球导航卫星系统

四大全球导航卫星系统（Global Navigation Satellite System，GNSS）包括GPS、北斗（BDS）、格洛纳斯（GLONASS）和伽利略（GALILEO）。卫星定位通常需要四个卫星，其中三个用于定位，一个用于减少误差。因为光速很快，即使是少量的时间误差也会在计算过程中造成巨大误差，所以每个卫星都配备了高精度的原子钟。为进一步减小误差，还可以使用实时运动定位（Real-Time Kinematic，RTK）技术。

RTK需要在地面上建立几个基站，每个基站都知道自己的精确地面位置，同时每个基站都通过GPS测量自己的位置，GPS测量的位置和已知的精确地面位置之间的偏差是 GPS 测量结果中的误差，其他 GPS 接收器根据这一误差来调整自身的定位结果。在 RTK 的帮助下，GPS 可以将定位误差缩小至 10cm 以内，但在有建筑或其他障碍物阻挡 GPS 信号的情况下，定位效果也会变差或无法定位。此外，GPS 的更新频率很低，大约为 10Hz（每秒更新 10 次），而自动驾驶汽车在快速移动中会频繁地更新位置。

2. 惯性测量单元

惯性测量单元（Inertial Measurement Unit，IMU）是测量物体三轴姿态角（或角速率）及加速度的装置。根据汽车的初始位置、速度和行驶时长，可以算出汽车的当前位置。IMU 的主要组件是加速度传感器和陀螺仪。三轴加速度传感器可以精确测量加速度。陀螺仪测量值被转换成世界坐标系。三轴陀螺仪的三个外部平衡环一直在旋转，但旋转轴始终固定在世界坐标系中，汽车通过测量旋转轴和三个外部平衡环的相对位置来计算自身在坐标系中的位置。IMU 的优点是高频率更新，频率可达 1000Hz，因此可以提供接近实时的位置信息。其缺点是运动误差随时间增加而增加，只能在很短的时间范围内进行定位。汽车采用 GPS 和 IMU 结合定位方式，一方面，IMU 可弥补 GPS 更新频率较低的缺陷，另一方面，GPS 可纠正 IMU 的运动误差。

3. 高精度地图

高精度地图是相对普通地图精度更高、数据维度更多的电子地图，融合了激光雷达点云数据、GPS 信号和语义矢量地图等综合信息。高精地图格式化存储了交通场景中应有的交通要素，并提供厘米级精度的地图数据，相关信息可分为两类：第一类是道路数据，例如车道线位置、类型、宽度、坡度和曲率等车道信息；第二类是车道周边的固定对象信息，例如交通标志、交通信号灯等信息，车道限高、下水道口、障碍物及其他道路细节，还包括高架物体、防护栏、树木、道路边缘类型和路边地标等基础设施信息。高精度地图主要用于地图匹配，辅助环境感知和路径规划。

自动驾驶汽车领域对定位系统的准确性和可靠性都提出了极高要求，定位精度需要达到厘米级，而目前的卫星导航技术并不能满足自动驾驶汽车的高精度定位需求。因此，对自动驾驶汽车来说，仅依靠卫星导航定位是远远不够的，还需要通过其他定位技术来确定准确的位置，例如基于激光雷达点云数据的定位、基于 SLAM 技术的定位、基于高精度地图的定位以及基于 GPS + INS（Inertial Navigation System，惯性导航系统）信息的定位等。高精度的地理位置信息对保证自动驾驶系统安全稳定运行至关重要，只有高精度的地理位置信息才能配合激光雷达等设备为自动驾驶系统建立准确的地图，进而为车辆提供可靠的导航服务。

2.3.2 车载组合导航技术

INS 与 GPS 具有较好的互补特性,将二者集成可以得到比单一导航系统稳定性更好、精度更高的导航方案。INS+GPS 的组合导航系统可以输出高频率导航参数信息(位置、速度、姿态),并在长、短期的导航过程中均具备较高精度。采用基于卡尔曼滤波的最优估计方法,对 GPS 和 INS 定位导航信息进行融合,能得到可靠的导航解。GPS 能防止惯性数据漂移,INS 能在 GPS 信号中断时提供位置、速度、姿态信息。

北斗星通旗下的小型测量天线(图 2-21)采用多馈点设计方案,相位中心稳定性高,可接收 GPS、GLONASS、BDS 和 GALILEO 的卫星信号,同时支持 L-Band 星基差分信号。天线采用双重防水、防紫外线外壳设计,已通过美国 NGS 测试,现广泛应用于智能驾驶、测量测绘、驾考驾培、精准农业和数字化机械作业等领域。

图 2-21 小型测量天线

其特点如下:

1)天线部分采用多馈点设计方案,实现相位中心与几何中心的重合,将天线对测量误差的影响降到最低。

2)天线单元增益高,方向图波束宽,确保低仰角信号的接收效果,在一些遮挡较严重的场合仍能正常收星。

3)带有抗多径扼流板,有效降低多径对测量精度的影响。

4)防水、防紫外线外罩为天线长期在野外工作提供保障。

华测导航旗下高精度组合导航接收机(图 2-22)是采用多传感器数据融合技术,将卫星定位与惯性测量结合的一款能提供多种导航参数的组合导航产品。

该组合导航接收机针对卫星信号易受"城市峡谷"、"建筑山林"等遮挡以及多路径干扰的情况,陀螺仪与加速度传感器,支持外接里程计信息进行辅助,借助新一代多传感器数据融合技术,大幅提高了系统的可靠性、

图 2-22 组合导航接收机

精确性和动态性，实时提供高精度的载体位置、姿态、速度和传感器等信息，良好满足"城市峡谷"等复杂环境下长时间、高精度、高可靠性导航应用需求。

天硕导航旗下的 GNSS 辅助惯性导航系统 INS-T-306（图 2-23）是新一代 OEM 形式的 GNSS 接收机和 IMU 集成系统，内置三星双频（GPS/GLONASS/BDS）GNSS 导航系统和高性能 IMU，即使 GNSS 信号有遮挡，INS-T-306 也能输出高精度的位置、速度和姿态信息。

图 2-23 GNSS 辅助惯性导航系统 INS-T-306

INS-T-306 采用 GNSS 接收机、气压计、工作温度范围内自动校准的三轴磁力仪、先进的 MEM 陀螺仪和加速度传感器，利用天硕的新传感器融合滤波器及先进导航 & 制导算法，输出高精度的位置、速度、航向角、俯仰角和横滚角等信息。

其主要特点和功能如下：

1) 与激光雷达（Velodyne、RIEGL、FARO）兼容。

2) 最高 200Hz IMU PVA 输出，20Hz GNSS 定位/观测数据输出。

3) 基于高级、可扩展的嵌入式卡尔曼滤波器的传感器融合算法，可用于舰船、直升机、无人机、无人潜水器、无人地面车、无人搬运车、遥控潜水器、平衡架以及地面车辆的不同动态运动。

4) 零速修正、GNSS 航迹角功能。

5) 所有传感器在正常工作温度范围内自动校准，工业等级为 IP67。

2.4 自动驾驶软件

2.4.1 软件架构

1. 百度阿波罗自动驾驶架构

阿波罗（Apollo）是百度发布的面向汽车行业及自动驾驶领域合作伙伴提供的软件平台，发布时间是 2017 年 4 月 19 日，旨在向汽车行业及自动驾驶领域合作伙伴提供一个开放、完整、安全的软件平台,帮助他们结合车辆和硬件系统,快速搭建一套属于自己的完整的自动驾驶系统。Apollo 架构有以下三个特点:

1)开放能力:Apollo 是一个开放的、完整的、安全的平台,将帮助汽车行业及自动驾驶领域合作伙伴结合车辆和硬件系统,快速搭建一套属于自己的自动驾驶系统。

2)共享资源、加速创新:Apollo 开放平台,提供了技术领先、覆盖广、高自动化的高精地图服务;拥有海量数据的仿真引擎;基于深度学习自动驾驶算法端对端(End-to-End)。

3)持续共赢:利用 Apollo 能更快地研发、测试和部署自动驾驶车辆。与封闭的系统相比,Apollo 能以更快的速度成熟,让每个参与者都更多受益。

自动驾驶 Apollo3.0 核心软件架构如图 2-24 所示。Apollo 自动驾驶平台的架构主要包括四个层级:最底层的车辆平台,向上一层的传感器层,再向上一层的核心软件层以及最上层的云服务层。

图 2-24 自动驾驶 Apollo3.0 核心软件架构

底层车辆平台执行 Apollo 无人驾驶平台生成的车辆控制指令。为运行 Apollo 生成的指令,车辆必须是线控的,可接受一定的指令,例如换档、加减速和转向,完成对应的操作。在 Apollo3.0 之前,称之为车辆参考平台,即推荐的可运行 Apollo 的几个车型。在 Apollo3.0 之后,发布了 Apollo 对车辆条件的需求,例如需要哪些线控功能,对应的操作耗时等。只要对车辆进行改装,使其具备对应条件,就可以运行 Apollo,现在称为开放车辆认证平台。

传感器层主要是集成各种传感器对车辆周围环境进行感知,包括 GPS、IMU、相机、激光雷达、毫米波雷达和超声波传感器等。无人驾驶系统对算力的要求非常高,因此 Apollo 上安装了一台高性能工控机（IPC）。Apollo 中的 GPS/IMU 主要用于自定位。相机的功能主要是交通信号灯识别。主传感器激光雷达主要用来感知车辆周围环境。百度内部使用了 Velodyne 64 线激光雷达和国产禾赛 Pandora。Apollo3.0 开放了更多的激光雷达型号，例如 16 线速腾聚创、16 线镭神科技等。毫米波雷达主要用来做远距离的跟车、障碍物检测等。超声波传感器主要用来做 5m 范围内的障碍物检测；HMI 是对车辆发指令的一些设备，例如平板。Blackbox 是百度开放的一个商业化硬件，记录一些内部数据，例如关键时刻的执行操作，类似于飞机上的黑匣子。

核心软件层又可细分为三层：最下层是实时操作系统（RTOS），在 Apollo 中，使用打补丁的方式来实现实时效果；中间层是运行时间框架（Runtime Framework），这一层使用的是 ROS，主要是为上层的模块提供数据层支持；最上层是 Apollo 各个功能模块实现部分，包括地图引擎、定位、感知、规划、监管、控制、端到端以及 HMI。

最上层的云服务层提供了高精地图服务、模拟仿真、数据平台（Data Platform）、安全和更新以及持续系统（DuerOS）等。在我国，个人没有制定高精度地图的资质和能力，因为这些数据不能在网络上传播。因此，Apollo 直接将制作好的高精度地图以云服务的方式对外开放。仿真主要用来对自动驾驶的相关算法进行验证。Data Platform 开放了交通信号灯数据、一些典型的障碍物数据和像素级的标注数据。

2. Autoware 架构

Autoware 是世界上第一个用于自动驾驶技术的"All-in-One"开源软件。它的 ROS 操作系统，并在 Apache2.0 许可下使用，主要包括传感模块（Sensing）、计算模块（Computing）和执行器模块（Actuation）三大模块，如图 2-25 所示。

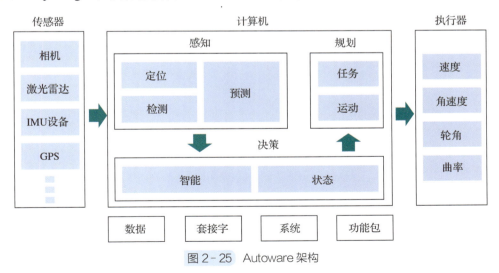

图 2-25 Autoware 架构

传感模块主要包含一些通用传感器的支持驱动，例如相机、激光雷达、惯性导航和 GPS 设备等。

计算模块（Computing）内又包含了感知过程（Perception）、规划过程（Planning）和决策过程（Decision）三大过程。Autoware 的感知过程包括定位（Localization）、检测（Detection）和预测（Prediction）三大功能。定位功能通过使用三维地图和 SLAM 算法来实现，辅以 GNSS 和 IMU 传感器。检测功能利用了相机和激光雷达，结合传感器融合算法和深度学习网络进行目标检测。预测模块利用定位和检测的结果预测跟踪目标。规划过程主要基于感知输出结果，进行全局路径规划和局部路径规划。全局路径规划在车辆启动或重启时确定，局部路径根据车辆的状态进行实时更新。例如，如果车辆在障碍物前或停止线前，则车辆状态变为"stop"，车辆速度规划为"0"。如果车辆遇到一个障碍物且状态为"avoid"，则局部跟踪路径会重新规划以绕过障碍物。

执行器模块已安装并通过许多有线车辆进行了测试。Autoware 的计算输出是一组速度、角速度、轮角和曲率信息。这些信息通过车辆接口作为命令发送给有线控制器。

2.4.2 感知过程

2.4.2.1 视觉感知算法

1. 概述

我国在视觉感知算法方面的技术水平已经达到国际先进水平，人才储备深厚。计算机视觉方面的权威会议 CVPR，2017 年发布的全部 783 篇论文中，华人学者参与并署名的论文有 356 篇，占比为 45.47%。

在自动驾驶感知技术中，基于计算机视觉的感知算法发展迅猛，涉及目标识别、3D 环境建模、基于视觉的 SLAM、运动估测、追踪、场景理解以及端到端学习等，内容浩繁，限于篇幅，这里仅对几项重点进展进行分析，这些进展对于自动驾驶产业化应用有直接影响。

2. 像素级语义分割及目标检测

随着高级驾驶辅助系统（ADAS）市场的爆发，面世的 ADAS 产品愈发丰富，对于关键交通目标的检测、识别与跟踪，例如车辆、行人、车道线和可行驶区域等，技术已经很成熟，但面向高等级自动驾驶场景，仅有关键目标的检测是远远不够的，还需要对场景中的每一个要素都进行非常准确的语义表达。

图 2-26 是 Cityscapes 数据库中的一个示例，包含了 19 个类别的语义表达，通过深度神经网络，可以监督学习，对每一个图像像素进行语义表达。

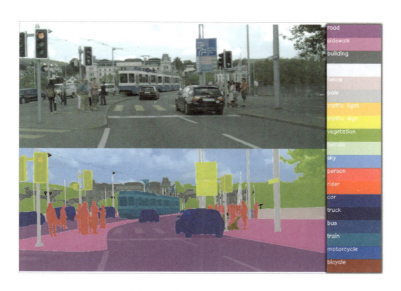

图 2-26 像素级语义分割

在 2018 年的国际消费类电子产品展览会（CES）中，地平线展出了基于深度学习的像素级语义分割感知平台，利用一个非常高效的单一神经网络，可以同时对超过 20 个类别的目标进行分类。与传统的检测框相比，像素级语义分割与目标识别的优势是决定性的，这表现在以下几个方面：

对目标识别的准确度提升：可以有效解决目标识别中遇到的遮挡、截断以及尺寸变化范围大等难题。

目标识别实时性提升：能大幅缩短目标识别时间，在移动出现的第一时刻就可以识别。图 2-27 展示了在识别实时性方面，像素级目标识别相比传统检测框有决定性优势。

图 2-27 目标像素级分割结果

提供丰富的低层语义：对全场景的语义分割使不同类别可以交叉验证，例如路肩、人行道对可行驶区域的判断有明确辅助验证作用，路侧的固定目标，例如交通标识牌、路灯等，对定位有很大帮助。

感知特征融合算法：跨越尺度，跨越时空。在感知特征的融合算法上，要考虑两方面因素：在大尺度范围内进行准确识别，在时间上进行可靠目标跟踪。

在单帧图像的维度内，通过 U 型网络适配不同尺度的目标检测。通过向下细粒度分割至 1/64 尺寸，在每一级上输出特征识别结果，再向上逐级进行特征融合。图 2-28 展示了一个典型的 U 型网络结构。

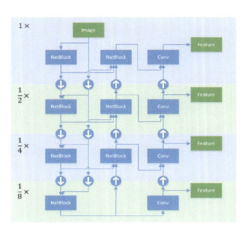

图 2-28　多维度像素融合 U 型网络

在时间维度上，通过多帧图像，在底层视觉特征上对像素建模，借助光流进行对齐后融合。在高层语义特征上对物体建模，用序列方法融合多帧信息。图 2-29 展示了在时空维度上的目标识别与跟踪算法。

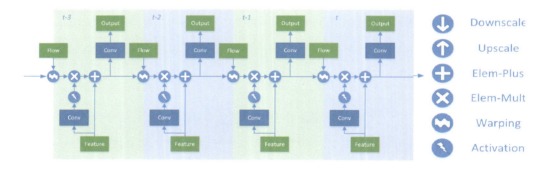

图 2-29　时空维度上的目标识别与跟踪算法

面向决策的全场景感知：当自动驾驶车辆在直行、换道、通过交叉路口时，需要对车辆周围 360°范围内的运动物体进行感知和运动跟踪。对自动驾驶系统来说，整个环境的 3D 建模和移动目标的运动估计至关重要。

需要将环境感知聚焦在以规划和决策为目的的环境建模上。因此，单有目标识别是不够的，还须确定目标运动方向，以及目标和车辆的相对拓扑关系。

自动驾驶决策系统需要从感知系统获得前方车辆的距离、速度、姿态和运动角度等信息。基于像素级语义分割，再结合物体3D结构，可获得整个场景的语义表达和对每一个移动目标的结构化表达，从而得到整个环境的语义结构模型，如图2-30所示。

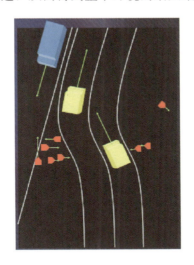

图2-30 基于Citescapes数据库的一个示例构建的移动目标结构化表达

地平线使用单一深度神经网络将目标的检测、3D结构的感知和预测放在一起，得到一个端到端的深度学习系统，充分共享检测和姿态估计的计算权重，使整个网络在一个较小的计算量下，同时获得物体检测和3D姿态估计结果，如图2-31所示。

图2-31 地平线基于单一深度神经网络的目标检测、3D结构感知结果

行人姿态估计：行人、非机动车驾驶人等缺乏安全保护的道路交通参与者称为弱势道路使用者（VRU），他们是感知预测中的核心难题，因为人的行为较车辆更难预测。

当前的自动驾驶系统往往只检测人的属性，并通过检测框来预测人的位置和距离，这种感知结果无法对人的运动进行精确估计。尤其是对城市环境的自动驾驶，需要非常精确的人的运动估计。因此对人的姿态估计和运动建模，成为视觉感知的一个非常重要的研究热点。

图 2-32 中，通过使用一个 17 点的人体外骨骼检测模型，对人的各个关节进行感知和建模，并同时学习各个关节之间的相互连接关系，可用于非常精确的人的姿态估计。

图 2-32　地平线基于深度学习的人体外骨骼检测模型

基于像素级语义分割及目标检测的感知技术，使我们能进行全场景感知，关键趋势总结为以下三点：从简单场景到复杂场景；从高频目标到一般目标；从 2D 感知到 3D 感知。

3. 视觉目标检测技术

在自动驾驶感知技术中，核心任务是对周围物体（移动物体如机动车、行人、自行车等，静止物体如交通标志牌等）的检测。通过深度学习方法，可以检测到这些物体在图像空间中的 2D、3D 位置，进而通过摄像头内参得到环境坐标系中的位置。同时，以激光雷达、毫米波雷达的输出为标签，深度学习模型也可以直接输出检测到物体的深度信息。

常见的物体检测方法可分为一阶段检测算法和二阶段检测算法。一阶段检测算法的代表有 Densebox、Yolo 和 SSD 等，二阶段检测算法的代表有 R-FCN、Fast-RCNN 和 Mask-RCNN 等。二阶段检测算法将一个检测任务划分成两步，第一步提取感兴趣区域（Region Of Interests，RoIs），第二步对这些感兴趣的区域进行分类（是否包含物体）及回归检测框（细化检测框的大小）。一阶段检测方法跳过了提取感兴趣区域，直接对潜在的锚框（Anchor boxes）做分类和回归。锚框就是预先定义在图像上的各种候选框（不同的宽高比、尺度）。近来，随着 EfficientDet 和 SpineNet 的出现，一阶段检测算法在检测精度和速度上都超越了二阶段检测算法。

一阶段检测算法大多基于锚框（Anchor-based）。锚框的存在给训练和推理都带来了困难。训练阶段因存在锚框而无法进行端到端训练，需要人为地通过 IoU（Intersection over Union）来设定判断正负样本的条件，进而在训练中设法平衡正负样本。自动驾驶场景数据量大、数据迭代快，训练中需要人工频繁调整大幅降低了效率。锚框的存在同时给推理带来了困难，模型推理输出需要复杂、耗时的后处理，非极大值抑制（Non-Maximum Suppression，NMS），增加了全流程物体检测的时延，减少了自动驾驶检测到物体之后的反应时间。

下面介绍一种主流物体检测算法——CenterNet。这是一种完全端到端的、可微的、不使用锚框（不需要复杂后处理）的算法，并且可以方便地扩展到 3D 检测、朝向估计以及深度估计。

假定输入为一张宽为 W、高为 H 的图像，对于 2D 物体检测问题，CenterNet 将输出一个宽为 W/R、高为 H/R 的通道数（Channels）为 C 的热力图（Heat Map）Y，每个通道属于一个特定的物体类别，共有 C 类，R 为下采样的步长，通常设为 4。输出一个通道数为 2 的表示图像偏移位置的特征图 O。输出一个通道数为 2 的表示物体尺寸的特征图 S。假定 $Y_{xyc}=1$，表示在原图坐标（$xR+O_{xy0}$, $yR+O_{xy1}$）处有宽度为 S_{xy0}、高度为 S_{xy1} 的属于 c 物体。

为使经训练的网络在上述各特征图输出合理结果，CenterNet 使用了如下损失函数，

$$L_{det} = L_k + \lambda_{size} L_{size} + \lambda_{off} L_{off} \qquad (2-3)$$

其中，

$$L_k = \frac{-1}{N} \sum_{xyc} \begin{cases} (1-\hat{Y}_{xyc})^\alpha \lg(\hat{Y}_{xyc}) & \text{if } Y_{xyc}=1 \\ (1-Y_{xyc})^\beta (\hat{Y}_{xyc})^\alpha & \\ \lg(1-\hat{Y}_{xyc}) & \text{otherwise} \end{cases} \qquad (2-4)$$

$$L_{off} = \frac{1}{N} \sum_p \left| \hat{O}_{\tilde{p}} - \left(\frac{p}{R} - \tilde{p}\right) \right| \qquad (2-5)$$

$$L_{size} = \frac{1}{N} \sum_{k=1}^{N} |\hat{S}_{p_k} - s_k| \qquad (2-6)$$

利用上述损失函数就可以训练 CenterNet，得到对 2D 物体的检测。原理如图 2-33 所示，左图显示 CenterNet 的通过步长为 R 的下采样，等同于将输入图像分割成一个个 $R \times R$ 像素的小格子，输出的关键点热力图（Keypoint Heatmap）就用来表示特定

小格子内是否有物体（即是否是物体的中心点）。中图显示了偏移位置特征图进一步标出在 R×R 小格子中的具体位置，使用两个坐标偏移量表示。右图显示了物体尺寸特征图使用两个数值表示物体的尺寸。至此，CenterNet 的三个输出特征图可以直接计算得到物体检测框的四个点坐标，完全不需要使用复杂耗时且涉及额外参数的非极大值抑制后处理流程。

图 2-33　CenterNet 2D 物体检测输出图示（括号中数字表示输出特征图通道数）

同样的，CenterNet 也能方便地应用于 3D 物体检测，如图 2-34 所示。

图 2-34　CenterNet 用于 3D 物体检测（同时获得物体深度、朝向信息）

总体上，CenterNet 摆脱了对锚框的依赖，避免了锚框依赖的超参数，根据交并比判断正例、负例，这一超参数往往对数据敏感。对于自动驾驶场景需要持续进行数据迭代优化长尾场景（Corner Case），如果物体检测算法中有对数据敏感、需要工程师调整的超参数，则会极大限制整个流程的迭代速度。

目前，CenterNet 还在使用相对传统的模型结构，例如 ResNet，如果后续与前一节所提到的高效率模型（EfficientNet）结合，则会在自动驾驶感知算法上发挥更大的作用。

4. 深度学习算法

深度学习这一次引发 AI 热潮的源头是 2012 年，Alex Krizhevsky 设计的卷积神经网络 AlexNet 在 ImageNet 比赛中以大幅领先第二名（错误率低于第二名 10%）的成绩夺冠。从 2013 年开始所有参赛方法都是卷积神经网络，物体识别错误率每年都显著降低，仅用 5 年时间便将 Top 5 错误率从 25%降低到 3%。ImageNet 竞赛直接产生了业界最重要的卷积神经网络，例如 AlexNet、VGG、Inception、ResNet 和 SENet 等。竞赛之外，ImageNet 还成为评价卷积神经网络效率的最重要任务。

下面简单分三个阶段来看 ImageNet 任务上卷积神经网络的效率演进。

第一阶段，2012—2016 年。这一阶段在 ImageNet 竞赛驱动下，各种模型精度不断推高，从 AlexNet 约 55%的 Top 1 准确率，一路提升到 Inception - v4 的 80%的 Top 1 准确率，如图 2-35 所示。同时，模型计算量也从 AlexNet 的单帧约 2.5GOPS 发展到 VGG19 的接近 40GOPS，相当于提高了 16 倍。此外，不同网络的计算效率（与同样准确率下计算量成反比）也显著不同，ResNet - 18 与 VGG19 精度大致相同，均在 70%左右，而 ResNet - 18 的计算量为单帧 3.6GOPS，仅为 VGG19 计算量的约 1/10。这一效率的提升，部分源于网络结构的变化，例如 ResNet - 18 中避免了 VGG19 中巨大的全连接层（Fully Connected Layer），使用残差链接（Residual Connection）在加深网络的同时避免卷积核数量增加过快。同时，也有部分精度提升源于采用了新参数初始化方案、批量归一化等与计算量无关的方法。

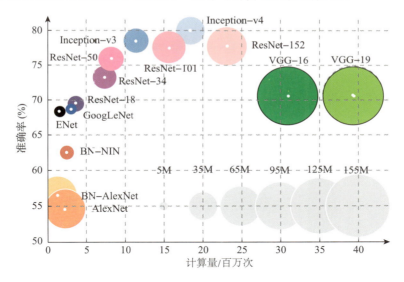

图 2-35　2012—2016 年典型卷积神经网络在 ImageNet 上的准确度和计算量

第二阶段，2016—2018 年。这一阶段 ImageNet 竞赛已经结束。业界的努力方向开始从提升准确率转向提升效率（使用更少的计算量获得同样甚至更高的准确度），如图 2-36 所示。具有代表性的包括：MobileNet v2 达到 72%的 Top 1 准确率，单帧计算量为 0.6GOPS，仅相当于 ResNet - 18 的 1/6。由于双方的优化方法相近，效率提升主要源于 MobileNet v2 采用了深度方向可分离卷积（Depthwise Separable Convolution），大幅减少了计算量；ResNeXt 采用了分组卷积（Group Convolution），从而在相近的计算量下显著降低了精度；结合 SENet 中的 SE 结构，SE－ResNeXt 取得了这一阶段最好的精度与计算量的平衡。

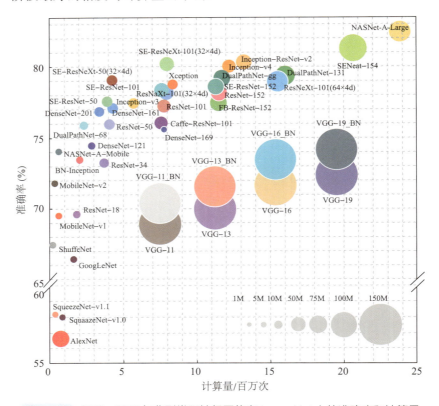

图 2－36　2012—2018 年典型卷积神经网络在 ImageNet 上的准确度和计算量

深度方向可分离卷积和分组卷积都是对卷积神经网络中最核心（卷积计算量通常占一个网络计算量的 95% 以上）的计算单元卷积做了改进，显著减少了计算量。分组卷积对网络结构的改变小，计算量减少也相对适中，往往可以直接替换传统模型中的卷积，在计算量减少的同时基本保持精度，从而得到了较快的应用。

第三阶段，2019 年至今。这一阶段的重大突破源于 EfficientNet 系列网络。EfficientNet 大量使用了 MobileNet v2 中的子结构，同时使用 AutoML 的方法，利用机器学习设计网络结构，从而取得了迄今为止单帧理论计算量和准确率的最佳平衡，如图 2－37 所示。

EfficientNet B0 在 ImageNet 上以 0.39GOPS 的单帧计算量得到了 76% 的 Top 1 准确率，而 2014 年的 VGG19 即使是采用了批量归一化，Top 1 准确率仍低于 75%，其单帧计算量为 40GOPS，是 EfficientNet B0 的 100 倍。

2014—2019 年，残差连接、深度方向可分离卷积、复合扩展（Compound Scaling）和机器学习模型设计等给 EfficientNet 带来了 100 倍的效率提升。

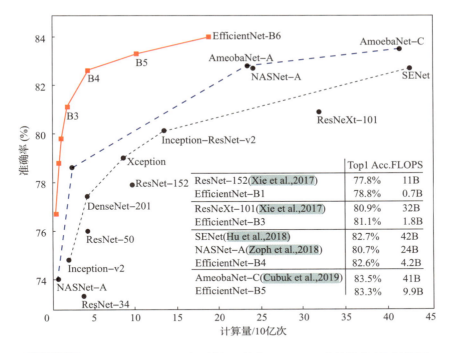

图 2-37 EfficientNet 与其他卷积神经网络在 ImageNet 上的准确度和计算量

5 年 100 倍，即每 9 个月翻 1 倍，远远超过了每 18 个月翻 1 倍的摩尔定律。5 年时间，摩尔定律只能带来 10 倍的性能提升。过去 5 年算法效率的提升达到了摩尔定律的 10 倍。

ImageNet 图像识别是机器数据最有代表性的任务，几乎所有经典模型架构都产生自这一任务。因此，在自动驾驶软硬件方案选型中，要充分考虑该任务下表现优秀的模型算法，同时考虑模型算法效率以及其在特定 AI 芯片的执行速度。

2.4.2.2 多传感器目标跟踪融合算法

1. 概述

多传感器数据融合的定义可概括为：充分利用不同时间与空间的多传感器数据资源，采用计算机技术对按时间序列获得的多传感器观测数据，在一定准则下进行分析、综合、支配和使用，获得对被测对象的一致性解释与描述，进而实现相应的决策和估计，使系统获得比其各组成部分更充分的信息。

传感器目标跟踪是对从传感器获得的目标量测信息进行处理，并对目标的运动状态（位置、速度等）进行估计的过程。目标的量测主要指利用传感器采集的与目标状态有关且含有噪声的观测信息，例如范围、方位角、俯仰角和距离，以及基于多普勒效应的信号发射频率和传感器采集时间差等。对跟踪系统来说，感兴趣的量测不是原始数据点，而是经过复杂信号处理和检测系统的输出信息。目标的状态包括运动状态，例如位置、速度和加速度，以及目标特征，例如辐射信号强度、雷达截面和目标分类等。

目标跟踪系统的基本原理如图2-38所示，主要由跟踪门、状态预测、数据关联和滤波等部分组成，跟踪门是目标跟踪区域的一块子区域，用于对来自一个或多个传感器的量测进行划分和筛选，从而获取可能源于目标的量测信息。若跟踪门内只有一个量测，则可直接用于状态更新。若有多个量测信息落入跟踪门内，则需要数据关联来确定用于滤波的正确量测。数据关联是将跟踪门内的多个量测信息与目标航迹进行比较，并通过相关数据关联算法找出与目标航迹匹配的量测。状态预测及滤波主要是对目标状态进行连续估计，避免跟踪丢失及错误跟踪等情况，从而进行跟踪维持。跟踪起始和跟踪终止用于对目标的航迹进行管理，跟踪起始指对新目标航迹的确定及初始化等，跟踪终止用于去除离开跟踪范围，即消失的目标。

通过对目标跟踪系统的基本原理分析可知，数据关联和滤波预测是目标跟踪中的核心，也是难点所在，由于杂波干扰，在多目标跟踪时，对于来自多个传感器的数据，通过跟踪门的筛选后仍有多个可能量测，因此系统计算量大且关系复杂，难以确保量测与目标航迹能正确关联及实时性要求。

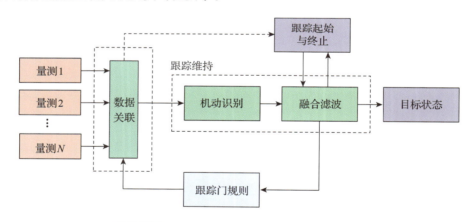

图2-38 多传感器融合目标跟踪基本原理框图

在智能车辆多目标跟踪过程中，对来自传感器的量测与目标航迹进行正确关联是目标跟踪中的重要环节。通过基于特定车路条件下的单目测距的准确性分析可知，在世界坐标系中，由单目相机获取的目标实际距离具有较大误差。因此，在笛卡儿坐标系下，利用基于位置的数据关联方法，会出现如图2-39所示的错误关联情况。

在图2-39中，红色车辆和黄色行人分别代表车辆和行人在当前时刻的实际位置，灰色车辆和行人分别代表来自单目相机的车辆和行人量测信息，白色车辆和行人分别代表下一时刻相应目标的状态预测信息。按照正确的数据关联方式，图2-39中灰色车辆表示的量测信息应与白色车辆表示的预测信息关联。但由于从单目相机得到的目标距离信息不准确，使用传统数据关联算法时，会导致图 2-39 中车辆量测信息与行人的状态预测关联，图 2-39 中蓝色椭圆即为错误关联情况。此外，还应降低数据关联算法的计算量，使目标跟踪系统满足嵌入式开发平台及智能车辆的实时性要求。

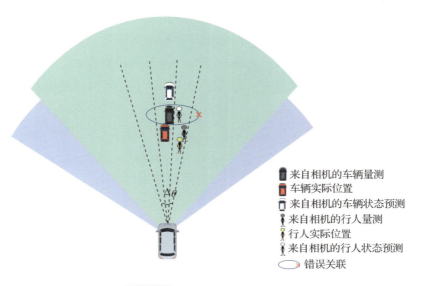

图 2-39　数据关联错误示意图

针对上述分析中存在的关联错误以及运算量较大的问题，基于全局最优分配思想，设计在极坐标下角度关联的数据关联方法。该方法在数据关联阶段，将目标的状态及传感器的量测信息转换到极坐标下，利用角度信息进行关联，解决在多个邻近目标的交通场景下，单目测距不准确造成的错误关联问题。此外，关联时的目标状态向量维度降低有利于提高系统的实时性。图 2-40 所示为数据关联及目标跟踪基本流程。

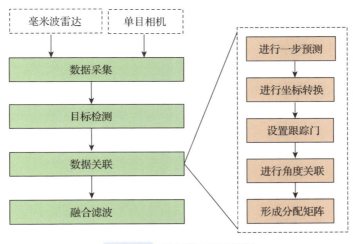

图 2-40　目标跟踪基本流程

在图2-40中，首先利用传感器进行数据采集和数据预处理，数据采集阶段利用毫米波雷达采集目标数据，利用单目相机采集图像序列。在目标检测阶段，利用基于车路条件约束的目标检测方法对毫米波雷达采集的目标数据进行处理，得到在笛卡儿坐标系下的有效目标检测结果，单目相机采集的图像序列经目标检测算法得到位于图像像素坐标下的目标位置。通过车路条件约束，结合相机标定参数，计算在世界坐标系中的目标距离。对毫米波雷达和单目相机进行联合标定，使毫米波雷达和单目相机的量测位于同一坐标系下。其次是数据关联阶段，对毫米波雷达和单目相机检测目标的状态，利用预测算法进行一步预测，将位于笛卡儿坐标系下的传感器量测和目标状态一步预测转化到极坐标系下。在极坐标系下建立扇形跟踪门，对毫米波雷达和单目相机量测值与状态预测值进行角度关联，并形成分配矩阵。最后是融合滤波阶段，将成功关联的量测转换到笛卡儿坐标下进行融合滤波，得到目标的状态及协方差估计。

2. 全局角度关联系统模型

目标跟踪是对目标运动状态进行最优估计。目前的研究中，目标跟踪问题通常基于一个或几个模型进行分析，因此，首先需要对运动目标建立模型。由于传感器的性能限制，毫米波雷达 ESR2.5 只能得到目标的位置、速度等状态信息，无法得到目标的形状信息。因此，本节将跟踪目标视为点目标进行建模，为更好地对本节提出的算法进行验证，采用匀速模型描述目标运动状态。用 $X = [x \ \dot{x} \ y \ \dot{y}]^T$ 表示目标的状态向量，$Z = [x \ y]^T$ 表示观测向量，在连续时间状态下，建立的目标空间模型如下：

$$X_{k+1} = \Phi X_k + \omega_{k+1} \quad (2-7)$$

$$Z_{k+1} = HX_{k+1} + \nu_{k+1} \quad (2-8)$$

式中，X_{k+1} 为 $k+1$ 时刻的目标状态向量；Φ 为状态转移矩阵；ω_k 为过程噪声，是零均值白噪声；Z_{k+1} 为 $k+1$ 时刻观测向量；H 为观测矩阵；ν_k 为观测噪声，假设为零均值白噪声。

在观测向量中，由单目相机获取的原始量测信息为 $Z_c = [u \ v]^T$，通过相机标定方法，计算得到在世界坐标系下的相机量测 $Z_c = [x_c \ y_c]^T$。来自毫米波雷达的原始观测为 $Z_r = [\rho_r \ \theta_r]^T$，通过坐标转换方法得到在世界坐标系下的雷达量测 $Z_r = [x_r \ y_r]^T$。

3. 基于角度关联的数据关联算法

最近邻关联算法、联合概率数据关联在多邻近目标存在的情况下，均会因单目相机提供的量测信息不准确而错误关联，从而导致对毫米波雷达检测的目标和单目相机检测的目标进行融合滤波时，产生错误的跟踪丢失和交叉。此外，计算量会随目标增多而呈指数级增长，这会带来数据运算量大的问题。在笛卡儿坐标系下，通过单目相机提供的距离信息，作为检测目标的位置信息用于数据关联，在多目标时，难以区分有效量测信息。然而，在极坐标系下，车辆目标的角度受距离误差的影响较小。因此，将传感器的量测信息转换到极坐标系下，利用角度信息进行数据关联，可以解决在传感器量测信息不准确，尤其是单目测距精度不高的情况下，造成的错误关联问题，从而实现毫米波雷达与单目相机融合的智能车辆目标跟踪。

本节提出的角度数据关联算法描述如下：首先对目标前一时刻的状态进行一步预测，得到当前时刻的目标状态预测值。用 $X = [x \quad y]^T$ 表示目标的状态向量，在 $k+1$ 时刻，利用式 2-9 和式 2-10，根据 k 时刻目标状态和协方差预测目标 $k+1$ 时刻状态 $\hat{X}_{k+1|k}$ 和一步预测协方差 $P_{k+1|k}$。

$$\hat{X}_{k+1|k} = \Phi \hat{X}_{k|k} \tag{2-9}$$

$$P_{k+1|k} = \Phi P_{k|k} \Phi^T + \Gamma Q \Gamma^T \tag{2-10}$$

其次进行坐标转换，将位于笛卡儿坐标系下的毫米波雷达和单目相机目标量测值及目标状态的一步预测值转换到极坐标系下。图 2-41 所示为极坐标系与笛卡儿坐标系转换原理示意。

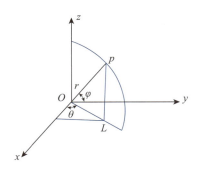

图 2-41 坐标系转换原理示意图

在智能车辆目标场景中，本节着重解决路面行驶车辆目标的跟踪问题，结合毫米波雷达和单目相机的检测数据特点，该方法仅考虑目标二维信息。因此，可利用坐标转换关系 $\rho = \sqrt{x^2 + y^2}$ 和 $\theta = \arctan(y/x)$，将毫米波雷达的 k 时刻量测 $z_k^r = [x_k^r \quad y_k^r]^T$ 及单目相机的 k 时刻量测 $z_k^c = [x_k^c \quad y_k^c]^T$ 转换到极坐标系下，得到位于极坐标系下的毫米波雷达量测 $z'^r_k = [\rho_k^r \quad \theta_k^r]^T$ 及单目相机量测 $z'^c_k = [\rho_k^c \quad \theta_k^c]^T$。目标状态的一步预测值由 $\hat{X}_{k+1} = [x_{k+1} \quad y_{k+1}]^T$ 转换为 $\hat{X}'_{k+1} = [\rho_{k+1} \quad \theta_{k+1}]^T$。

经过坐标转换后，毫米波雷达和相机在极坐标系下的目标量测集合为 $Z'^r_k = \{z'^r_k(1), z'^r_k(2), \cdots, z'^r_k(m_k)\}$，$Z'^c_k = \{z'^c_k(1), z'^c_k(2), \cdots, z'^c_k(n_k)\}$。由于量

测已经过扇形跟踪门的筛选,在极坐标系下只考虑角度因素。利用一维数据进行数据关联,即量测信息中只包含角度因素 $z'^r_k = \theta^r_k$,$z'^c_k = \theta^c_k$。根据传感器的性能及智能车辆目标跟踪精度要求,设置最小角度阈值为 φ。对落入扇形跟踪门的量测信息,利用式 2-11 计算量测值与预测航迹的角度差值。

$$Z'_k - \hat{X}'_{k+1} \leqslant \varphi \tag{2-11}$$

若计算的角度差值满足最小角度阈值,则认为关联成功,对于关联成功的量测形成分配矩阵。角度数据关联算法的伪代码描述见表 2-7。

表 2-7 角度数据关联算法的伪代码

算法 1: 角度数据关联
1. **function** AngularDataAssociation(TargetState,DetectionTargetList,φ)
2. TargetNum = DetectionTargetList.size();
3. CoordinateTransformation(TargetState,DetectionTargetList);
4. **for** i = 1 **to** TargetNum **do**
5. $Z'_k \leftarrow$ TrackingGate(DetectionTargetList)
6. **if** $Z'_k - \hat{X}'_{k+1} \leqslant \varphi$
7. FormingAssociationMatrix();
8. **else**
9. AssociationManagement();
10. **end if**
11. **end if**
12. **end function**

4. 毫米波雷达与相机目标航迹融合算法

为尽可能使用来自传感器的检测数据获取最优融合结果,本节对来自毫米波雷达和单目相机的目标检测数据使用基于卡尔曼的并行滤波算法进行目标状态估计。该方法在目标状态方程和观测方程的基础上,首先对观测方程进行扩维处理,即可得:

$$\begin{cases} Z_{k+1} = [(z^r_{k+1})^T, (z^c_{k+1})^T]^T \\ H_{k+1} = [(H^r_{k+1})^T, (H^c_{k+1})^T]^T \\ \nu_{k+1} = [(\nu^r_{k+1})^T, (\nu^c_{k+1})^T]^T \end{cases} \tag{2-12}$$

在融合中心,假设已知 k 时刻的目标运动状态的融合估计值 $\hat{X}_{k|k}$,以及相应的误差协方差 $P_{k|k}$。根据式 2-9 和式 2-10 所示的卡尔曼滤波器的表示形式,可得并行滤波下的表示形式为:

$$\begin{cases} \hat{x}_{k+1|k+1} = \hat{x}_{k+1|k} + K_{k+1}(Z_{k+1} - H_{k+1}\hat{x}_{k+1|k}) \\ K_{k+1} = P_{k+1|k+1} H_{k+1}^T R_{k+1}^{-1} \\ P_{k+1|k+1}^{-1} = P_{k+1|k}^{-1} + H_{k+1}^T R_{k+1}^{-1} H_{k+1} \end{cases} \quad (2-13)$$

式中，$R_{k+1}^{-1} = diag[(R_{k+1}^r)^{-1}, (R_{k+1}^c)^{-1}]$，计算可得滤波增益为：

$$K_{k+1} = P_{k+1\ k+1}[(H_{k+1}^r)^T (R_{k+1}^r)^{-1}, (H_{k+1}^c)^T (R_{k+1}^c)^{-1}] \quad (2-14)$$

进一步计算得到目标状态估计及误差协方差的逆阵为：

$$\hat{x}_{k+1|k+1} = \hat{x}_{k+1|k} + P_{k+1|k+1} \sum_{i=r,c} (H_{k+1}^i)^T (R_{k+1}^i)^{-1} (z_{k+1}^i - H_{k+1}^i \hat{x}_{k+1|k}) \quad (2-15)$$

$$P_{k+1|k+1} = P_{k+1|k} + \sum_{i=r,c} (H_{k+1}^i)^T (R_{k+1}^i)^{-1} H_{k+1}^i \quad (2-16)$$

2.4.2.3 语义地图与 SLAM 定位算法

1. 基于视觉的定位与语义地图

目前，自动驾驶领域的地图构建技术有两种路线：

精细高精地图（Granular High-Definition Maps）：这类高精地图的采集制作通常基于配置有激光雷达和摄像头的专业测绘车，通过对环境扫描生成高密度 3D 点云，之后对俯视图进行网格化，生成特征图。这类地图的体积一般较大，制作和更新都非常复杂。

语义地图（Semantic Maps）：这类高精地图的原始数据采集通常基于摄像头，仅生成关键道路特征物，例如车道线、路肩、交通标志、桥梁和路灯等固定目标物。由于这些目标物是固定的，可以预先确定其准确的 GPS 位置信息。前文提到的像素级语义分割技术，在经过语义信息结构化后，可以直接生成语义地图。典型的语义地图包含了大量道路固定特征物，如图 2-42 所示。

图 2-42 典型的语义地图包含了大量道路固定特征物

这种地图的体积一般只有每公里 10kB 的量级，但依然有极高的精度。在目标物较为密集的情况下，可为车辆提供足以媲美精细高精地图的定位信息，且制作和更新更方便，在车辆上部署也更加容易。这意味着语义地图的制作和更新能以众包的方式进行，这一点在商业上的重要性无须赘述。

一般来说，语义地图系统主要包括两个部分：一是对视频流中的物体进行检测和识别；二是将识别出的物体语义信息与 SLAM 生成的地图结合。

对物体的识别能力决定了语义 SLAM 的能力上限，因此，实现对物体的准确识别是构建语义地图的核心问题之一。其主要任务是从单张图像或连续的视频流中检测并定位出可识别目标的类别和位置。

例如，利用大量部署在车端的摄像头，对比基于摄像头建立的局部地图与全局地图，可仅将有差异的部分上传到云端，以维护一张实时的高精地图。在云端，基于大量的车端数据，可多批次对数据进行对齐优化、精度优化、缺失补充以及更新识别等工作。其维护效率高，且成本较低。

正因为语义地图具有上述优势，这一技术路线才逐渐成为面向量产的自动驾驶主流解决方案。

Mobileye 已经推出了 REM（Road Experience Management，路网采集与管理）系统，这是语义地图的典型代表。2017 年，该公司宣布和国内数字地图服务商四维图新达成战略合作，双方将基于国内道路信息，共同开发面向中国道路的 REM 系统。

博世推出了名为博世道路特征（Bosch Road Signature）的语义地图，与百度、高德及四维图新这三家中国地图供应商达成协议，共同开发 BRS 并用于自动驾驶定位服务。

博世 BRS 的生成基于摄像头和毫米波雷达，相比仅用摄像头采集数据的解决方案，毫米波雷达具有更高的鲁棒性，可用于大多数复杂及恶劣情况，例如雨雪天气、黑夜等，而不会影响高精定位图层的生成和定位（图 2-43）。

在基于视觉的定位方面，结合视觉感知与大致的局部位置可以获取一张局部地图，通过与一定范围内的全局高精地图比对，就可准确获得定位信息。

语义地图的发展，进一步加强了感知、定位与地图之间的关系。可以说，只有基于同样的特征提取算法和策略进行建图和感知，才能达到最好的定位效果，因为两者可以在语义上做到最优匹配。这就好比识别手写体文稿最到位的人一定是作者本人一样。从这个意义上讲，以视觉感知为核心技术的自动驾驶技术公司都需要建立自己的地图。

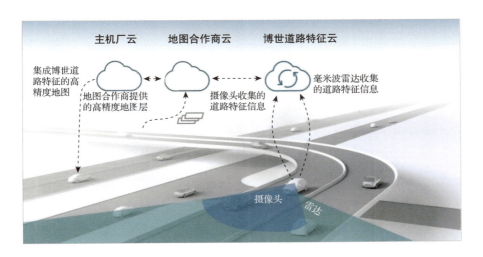

图 2-43 博世高精地图生态系统

事实上，基于视觉方式的定位和建图方式与人类大脑的运作方式有惊人的相似之处。长久以来，大脑是如何建立全景影像的问题一直困扰着科学界（类似于 3D 环境建模）。2016 年，哈佛大学神经科学家卡罗琳·罗伯逊取得突破性进展，找到了大脑中两个参与创造这些全景影像记忆的关键区域——压部后皮层（Retrosplenial Cortex，RSC）和枕叶位置区，它们可以把源于同一环境中的不同视角图片拼接在一起，形成无缝全景区域，并对周围影像进行加工（语义化），形成记忆（类似建图）存储起来。

这项研究表明，在人类对周围环境进行 3D 建模时，直接视觉信息只是一部分，在很大程度上，3D 环境建模是由我们看不到的记忆，结合视觉信息进行补充形成的。这两个区域可以对比视觉感知信息和对环境的记忆，整合在一起完成完整的环境建模。这就是为什么我们对熟悉的场所，例如卧室，即使只看到局部也能浮现出全景记忆的原因。

2. SLAM 算法

同时定位和地图创建（Simultaneous Localization and Mapping，SLAM）问题包含对自身位姿信息的确定和外部环境信息的获取与处理。在未知环境中移动时，使用自身配备的各种传感器计算自身位置信息并探测周围未知路标信息。

定位模块中共定义了三个坐标系，即 map、odom、base_link。这三个坐标系的定义分别对应定位模块的三个输入：地图、里程计、感知结果。正常情况下，有地图且已知车辆在地图中的初始位姿，就能根据里程计推算出车辆任何时刻在地图中的位姿。但车轮打滑和编码器测量误差等会导致里程计产生累计误差，且误差会随时间累加，导致定位不准。因此，定位的主要任务就是根据感知到的结果和地图中的标志物去匹配，以消除里程计的累计误差。总之，定位模块的输出是里程计的漂移，即 map 与

odom 之间的变换。

定位模块基本流程如图 2-44 所示。

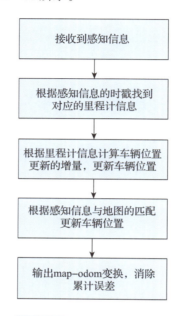

图 2-44 定位模块基本流程

定位模块与其他模块的连接关系如图 2-45 所示，它接收 VP_CAR 的地图数据、DR 里程计的数据和感知模块的周围标志物信息，并输出 map-odom 之间的变换信息。

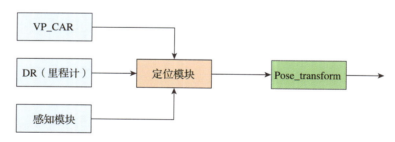

图 2-45 定位模块与其他模块的连接关系

构建地图方式得益于 SLAM 技术的成熟取得了巨大飞跃。移动机器人对自己所处的未知周围环境进行探索，构建一个连续的、包含物体位置信息的地图，从而实现精确定位。

这种传统意义上的地图构建方式多依赖于现实世界中的低等级几何特征，例如空间中的点、线、面等信息，无法提供周围环境中物体的语义信息，仅局限于定位和导航，在人机交互和对周围环境理解方面显得力不从心，而语义地图与 SLAM 相结合弥补了这一不足。语义地图融合了机器视觉、运动控制和自主决策等技术，为机器人系统的研究提供了良好的平台。

3. 应用案例

定位的输入模块包括：地图、视觉感知结果、DR 里程计模块（轮速脉冲和转向盘转角组成）、IMU、GPS。所有的定位模块在任意场景下都正常作用。定位的精度类似于粒子滤波，DR 里程计和 IMU 给出一个粒子范围（类似于一个倒梯形），由其他模块进行粒子过滤处理，给出更准确的位置。视觉和地图匹配，在地下停车场可以补偿 DR 里程计和 IMU 的累计误差，减少粒子范围，GPS 没有信号，不起作用。在空旷的地上停车场，GPS 给出准确的定位信息，也可以减小粒子范围。

定位方案以 IMU+DR 为主，DR 里程计信息主要包括：根据四轮的脉冲数、档位、转向盘信息推算出的车相对移动的 x、y 坐标、航向角 α 及当前车速信息等，如图 2-46 所示。

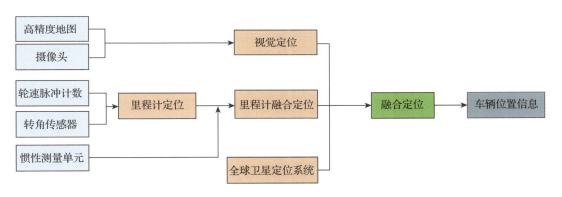

图 2-46 定位功能框图

以 IMU+DR 为主要策略，是因为它们对位置的推演不依赖外部条件，视觉定位与天气环境有关，基于 GPS 的绝对定位依赖于卫星信号的覆盖效果。IMU+DR 推算出车辆的移动距离和方向变化。AVP ECU 基于 HD Map 和摄像头进行视觉绝对定位，实时纠正车辆位置误差。GPS 为车辆提供绝对定位信息，但取决于信号强度。为实现定位方法的优势互补，形成了基于相对定位信息和绝对定位信息相结合的组合定位方法。让各种定位法互相纠正以达到更精准的效果。定位融合处理后，经过卡尔曼滤波将车身姿态等信息输出给路径规划模块。光照恶劣影响视觉定位，无法进行视觉匹配。没有网络导致车端与服务端通信断开，禁用 AVP。乱停车和杂物影响视觉和地图的定位匹配。系统实时采集车身周围环境数据，对环境数据进行处理，得出车辆的当前位置及姿态。

（1）HD Map

自动驾驶汽车对周边环境的理解需要高精地图、联合感知等技术进行定位，高精地图由测绘车提前采录好。停车场语义地图数据按块播发，切换一次发一次数据。内部处理机制是按块播发，每块大小由周围感知环境处理，正常道路可以处理车辆前方20m区域，如果前方有转弯，则距离会变短。一块区域行驶结束后，切换到下一块区域。地图数据主要信息包括：出入口、电梯口、楼梯口、车位空间信息和附加信息等。点云地图是一次性播发，视觉某一时刻采集到的特征点与点云数据包进行匹配，匹配度最高的位置就是车辆当前的位置，仅视觉特征点云匹配就能达到分米级定位精度。

（2）Camera

在车辆自动驾驶过程中，由视觉采集周边图像信息进行定位确认，视觉处理500ms（TBD）计算一次位置。视觉摄像头500ms进行一次比对，与地图数据进行匹配确认，之后将确认结果给到定位算法，进行融合处理。矢量地图和特征点地图都会进行定位匹配。视觉信息基于深度学习算法，通过语义分割进行语义地图匹配。语义特征包括车道线、停车位、减速带、地面箭头、斑马线、井盖、禁停区域（地面黄色X）和单黄线/双黄线。定位算法也会提取视觉信息特征点和地图点云进行车辆特征点定位。

语义匹配使用了环视的前、后、左、右四路摄像头进行语义匹配。在室内停车场，一直失效会导致定位误差无法纠偏，累计误差随时间增大，定位能力下降，误差协方差快速增长，进而造成定位失败。点云地图使用了环视的前后摄像头。在车辆刚起动时，失效会导致车辆无法初始化定位成功，定位失败。在室内停车场，一直失效会导致定位误差无法纠偏，此时若语义也无法给出定位结果，则定位累计误差会随时间增大，定位失败。

（3）WIC

轮速脉冲计数（Wheel Impulse Counter），输出数据为四个车轮的轮速脉冲计数。

（4）转向盘转角传感器（SAS）

转向盘转角传感器用于输出转向盘的转动方向和角度信息。

（5）IMU

IMU的全称是Inertial Measurement Unit，即惯性测量单元，它由三个单轴的加速度传感器和三个单轴陀螺仪组成，加速度传感器检测物体在载体坐标系独立三轴的加速度信号，而陀螺仪检测载体相对导航坐标系的角速度信号，对这些信号进行处理后，便可得自体运动轨迹。IMU提供相对定位信息，即相对上一时刻的位置的运动轨迹和姿态。

（6）GPS

GPS 可为车辆提供绝对定位信息，基于 GPS 的定位方法依赖于卫星信号的可获得性及信号质量。在室外空旷环境中，定位精度很高。融合定位中，一直有 GPS 模块参与，它在地上场景中权重高。在地下停车场中，GPS 没有信号，在定位融合中权重低。GPS 使用室外空旷停车场，要求 GPS 定位精度在 ±10cm 内。初始化后，点云匹配，语义匹配和 GPS 只要有一者正常工作，定位算法就正常。但部分场景需要 GPS 作初始化，如果 GPS 失效则应停止自动驾驶。

（7）Vehicle Pose

基于相对定位和绝对定位融合后，采用卡尔曼滤波输出车辆位姿。车辆位姿包括位置（X，Y，Z）、姿态（YAW，$ROLL$，$PITCH$）、速度、加速度和角速度。定位输出的坐标系是停车场建图时的 Map 坐标系。定位输出和轮速脉冲输出频率相同（约 20Hz）。

定位输出的数据列表：位置（三维）、姿态（四元数）、协方差（6×6 矩阵）。

定位精度取决于 HD 地图、GPS 和 IMU 等传感器性能，而纯视觉定位还会受环境光学条件影响，虽然影响程度因使用场景而异，但原则上会比点云匹配的效果更好。

2.4.3 规划过程

2.4.3.1 概述

智能车路径规划可分为全局路径规划与局部路径规划。其中，全局路径规划主要是路由寻径（Routing），局部路径规划主要是行为决策（Behavior Decision）和动作规划（Motion Planning）。下面对路由寻径、行为决策和动作规划这三部分进行简单介绍。

路由寻径模块作为整体智能车决策控制规划（Decision，Planning & Control）系统的最上游模块，输出严格依赖于智能车高精地图（HD‑Map）的绘制。在高精地图定义绘制的路网（Road Graph）的道路（Lane）划分基础上，以及一定的最优策略定义下，路由寻径模块需要解决的问题是计算出一个从起点到终点的最佳道路的行驶序列。

行为决策层在整个智能车决策规划控制软件系统中扮演着"副驾驶"的角色。这一层面汇集了所有重要的车辆周边信息，不仅包括智能车本身的当前位置、速度、朝向以及所处车道，还收集了智能车一定距离内所有重要的感知相关的障碍物信息以及预测轨迹。行为决策层需要解决的问题，是在知晓这些信息的基础上，决定智能车的行驶策略。智能车的行为决策模块，是要在上述所有信息的基础上，做出如何行驶的决策。可以看出，智能车的行为决策模块是一个信息汇聚的地方。由于需要考虑多种不同类型的信息，以及受到非常本地化的交规限制，行为决策问题往往很难用一个单纯的数学模型来解决。往往更适合行为决策模块的解决方法，相当于利用一些软件工程的先进观念来设计一些规则引擎系统。例如在 DARPA 无人车竞赛中，Stanford 的智能车系统"Junior"利用一系列 cost 设计和有限状态机（Finite State Machine）来设计智能车的轨迹和操控指令。在近来的智能车规划控制相关工作中，基于马尔可夫决策过程（Markov Decision Process）的模型也开始越来越多地应用到智能车行为层面的决策算法实现中。简言之，行为决策层面需要结合路由寻径的意图、周边物体和交通规则，输出宏观的行为层面决策指令供下游的动作规划模块去具体地执行。其具体的指令集合设计需要与下游的动作规划模块达成一致。

在行为决策层下游的模块是动作规划（Motion Planning）。其任务是具体将行为决策的宏观指令解释成一条带有时间信息的轨迹曲线，给最底层的反馈控制进行实际对车的操作。更具体而言，动作规划模块试图解决在一定约束条件下优化某个范围内的时空路径的问题。这里的"时空路径"指车在一定时间段行驶的轨迹。该轨迹不仅包括位置信息，还包括了整条轨迹的时间信息和车辆姿态：即到达每个位置的时间、速度以及相关运动变量，例如加速度、曲率和曲率的高阶导数等。动作规划可拆分成两个问题，即轨迹规划（Trajectory Planning）和速度规划（Speed Planning）问题来解决。其中，轨迹规划只解决二维平面问题，根据行为决策和综合地图信息定义的某种 Cost 函数下，优化轨迹的问题。而速度规划问题则是在选定了一个或若干个轨迹（Trajectory）后，解决用什么样的速度来行驶的问题。

2.4.3.2 全局路径规划

全局路径规划的任务是根据全局地图数据库信息，规划出自起始点至目标点的一条无碰撞、可通过的路径。全局路径规划主要有基于地图搜索的方法、基于随机采样的方法，以及曲线插值与数值优化等方法。本节主要对 Floyd 算法、A * 算法和 RRT 算法做进一步讲解。

Floyd 算法是一种经典的最短路径算法，用于计算任意两点间的最短路径。首先根据拓扑图将所有成对顶点的最短距离保存到邻接矩阵中，顶点到自身的距离为 0，不相连的顶点间的距离为∞。对于每一对顶点 u 和 v，反复检查是否存在一个顶点 k 使从 u 到 k、再到 v 比已知路径更短。如果存在，则将 k 作为途经顶点，再次查找，直到遍历所有顶点，得出全局最短路径。Floyd 算法与从一个起点出发的 Dijkstra 算法不同，它属于多源路径规划。该算法的时间复杂度较高，不适合计算大量数据。

A * 算法将 Dijkstra 算法与贪心算法主要特点结合，解决了 Dijkstra 算法搜索的盲目性。其中，最主要的是在算法里加入了估价函数，推测起始点与终点的距离，可以较快地搜索出最优路径。在 A * 算法中，维护 2 个有效列表，invalid 有效列表包含所有有效节点，因为计算无障碍单元代价的无效列表包含障碍物的单元路径中包含的单元。实现计算所有相邻单元到当前单元的代价，将它们添加到有效列表中，从有效列表中查找具有最低总代价的单元格，使其成为下一次迭代的父级，并使其无法用于下一次最低总代价比较。将其放入 invalid 列表中就不再访问，直到单元格与最低代价不是目标单元。A * 算法的代价函数：

$$f(n) = g(n) + h(n) \qquad (2-17)$$

式中，$g(n)$ 是开始状态到节点 n 的实际代价；$h(n)$ 是目标状态到节点 n 最优路径的估计代价。其估价的值小于或等于实际值，就可以搜索出一条最优路径，如果估价的值大于实际值，则有很大可能搜索不出最优路径。A * 算法过程如下。

1）把起点加入 open list。

2）重复如下过程：

a. 遍历 open list，查找 F 值最小的节点，把它当作当前要处理的节点，然后移到 close list 中。

b. 对当前方格的 8 个相邻方格一一进行检查，如果是不可抵达的或在 close list 中，则忽略。否则做如下操作：如果不在 open list 中，则把它加入 open list，并把当前方格设置为其父节点。如果已经在 open list 中，则检查这条路径（即由当前方格到达它那里）是否更近。如果更近，则把其父节点设置为当前方格，并重新计算其 G 和 F 值。如果 open list 按 F 值排序，则改变后可能需要重新排序。

c. 遇到下面情况停止搜索：把终点加入到 open list 中，此时路径已经找到，或查找终点失败，且 open list 是空，此时没有路径。

3）从终点开始，每个方格沿父节点移动至起点，形成路径。

RRT 算法包括随机树构建阶段和路径产生阶段。基本 RRT 随机树构建过程如图 2-47 所示。随机树构建阶段从起始点 X_{init} 开始，然后在目标环境空间内构建随机树 T。在搜索空间中先随机选择一个点 X_{rand}，随后搜索已有的整个随机树 T，在已有的

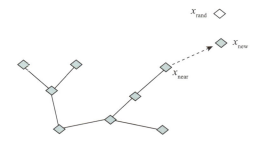

图 2-47 基本 RRT 随机树构建过程

随机树 T 上找到距离点 X_{rand} 最近的节点 X_{near}。然后，X_{near} 开始向 X_{rand} 前进，设定步长生成新的节点 X_{new}。如果 X_{near} 与 X_{new} 之间没有发生碰撞，则将它们之间的连线添加到随机树 T 中。反之，如果发生碰撞，则放弃新节点 X_{new}，随机树不发生变化。不断重复以上过程，直至搜索到目标点，则随机树构建阶段结束，如图 2-48 所示。

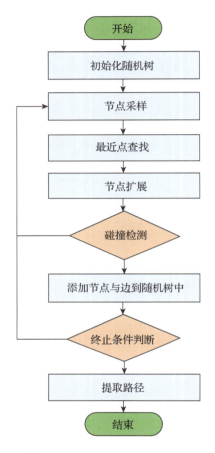

图 2-48 基本 RRT 算法流程图

路径产生阶段从目标点出发，按构建的随机树去找父节点。按顺序进行，直至到达起始点。这样就规划出了一条从起始点到目标点的完整路径。但在构建随机树的阶段中没有充分考虑智能车的动力学约束，因此 RRT 算法规划出的路径转折点较多，路径较长且曲率较大，不能直接在智能车上使用。

2.4.3.3 局部路径规划

智能车进行局部路径规划（也可称实时路径规划），一般指在有障碍物的环境中，利用自身传感器感知周边环境，并寻找一条从当前点到目标点的局部行驶路径，使其在相应任务中能安全、快速地到达目标位置。主要有基于离散优化的局部路径规划方法和基于威胁评估的局部路径规划方法。

局部路径规划方法主要包括以下两个关键部分：

1) 建立环境模型，即将智能车所处现实世界抽象后，建立计算机可认知的环境模型。

2) 搜索无碰路径，即在某个模型的空间中，在多种约束条件下，选择合乎条件的路径搜索算法。根据不同行驶环境的特点，智能车局部路径规划中的侧重点和难点都会有所差异：

a：在高速公路上，行车环境较简单但车速较快，此时对智能车控制精度要求很高，算法难点主要在于环境信息获取的位置精度和路径搜索的速度。

b：在城市半结构化道路中，道路环境特征性较明显但交通环境较复杂，周边障碍物较多，这对智能车识别道路特征和障碍物的可靠性有较高要求，路径规划的难点主要在于车辆周边环境建模和避障行驶的路径搜索，特别是对动态障碍物方向和速度的预测。

c：在越野环境的非结构化道路中，智能车所处的环境没有明显的道路边界，路面起伏不平，可能有大坑或土堆，这就对智能车识别周围环境，特别是地形地势有较高要求，路径规划的难点主要在于对车辆可通行区域的识别。

1. 基于离散优化的局部路径规划方法

基于离散优化的局部路径规划算法，即采用代价函数分别评估离散生成的候选路径的安全性、平滑性等，再根据各代价函数加权计算获得局部最佳路径。基于离散优化的局部路径规划算法包含全局路径基准线的拟合、候选路径的生成、坐标转换、最优路径的选择四个部分。下面分别进行介绍。

1) 全局路径基准线的拟合：全局路径是由一系列离散的点序列组成的，作为局部路径规划的基准线。然后可以用三次样条曲线对全局路径进行拟合。

2) 候选路径的生成：候选路径为以汽车当前位置为起点，路径的末端与基准线切向角相同的一系列路径。

3) 坐标转换：候选路径基于 $s-\rho$ 坐标系计算，而路径跟随控制基于笛卡儿坐标系，因此必须将候选路径从 $s-\rho$ 坐标系转换到笛卡儿坐标系。

4) 最优路径的选择：最优路径为候选路径中在满足安全性的前提下平滑性较高的路径。可以加权多目标代价函数去评价候选路径，归一化处理各代价函数后进行加权求和计算，通过选择代价函数最小的路径来选取最优路径。

基于离散优化的局部路径规划方法具有计算量小、实时性好等优点，但无法适应多目标复杂环境。

2. 基于威胁评估的局部路径规划方法

为避免搜索路径时陷入局部最优，以及威胁因素考虑不充分的问题，可以借鉴人工势场法生成势场这一思想对环境威胁能力进行改进，以提高威胁评估的准确性。

影响车辆安全的因素有很多，这些因素包括静态和动态两大类。为满足实时性和准确性要求，通常选取与行车安全密切相关的因素构建威胁评估模型。静态因素主要指气候因素、道路因素和目标特征，气候因素包括温度、湿度、能见度和气压等。道路因素包括路面湿滑度、凹凸程度、道路曲率、路面宽度和交叉口特性等。目标特征指目标车辆的类型和身份信息等。动态因素主要指目标运动学因素和目标驾驶人因素。其中，目标运动学因素包括目标速度、加速度等。目标车辆驾驶人因素包括心理状态、反应时间和驾驶意图等。

综上，选择的影响因素包括目标特征因素、道路环境因素和运动学因素。其中，目标特征指目标的类型，目标类型越大，对智能车的威胁越大。道路环境包括路面湿滑度和能见度。在同一个区域内，路面湿滑度和能见度通常变化很小或不变，因此短时间内对智能车的威胁变化不大。若路面湿滑、能见度低，则智能车更容易发生交通事故。运动学因素包括目标速度和智能车自身速度，两者的差值越大，距离越近，则目标的威胁越大，因此系统规划的路径会远离该目标。

因为威胁评估是针对外界环境的威胁能力进行分析和计算的，所以只需构建外部环境的威胁势场，不考虑终点的影响。

与传统人工势场法只考虑距离因素进行势场建模不同，改进的势场模型从多角度考虑了环境的威胁因素，通过高斯模型实现对目标威胁的充分评估。图2-49所示为目标静态势场的威胁因素集，包括目标特征（Characteristics of Vehicle，VC）、道路环境（Environment of Road，RE）和目标与智能车的距离。其中，目标特征的子因素只包括目标类型，而道路环境的子因素包括路面湿滑度和能见度。由于目标类型需要量化，且路面湿滑度和能见度的数据不便于综合表达道路环境状况，需要对路面湿滑度、能见度和目标类型这三个变量做进一步处理。

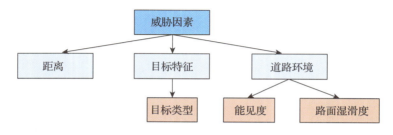

图2-49 静态势场的威胁因素

3. 具有安全性约束的路径规划方法

传统的路径规划方法在规划最短路径时，虽然能使路径的长度最短，但并不能保证车辆的安全。传统方法通常根据起点、终点以及各目标的位置关系进行规划，只要车辆与目标不发生碰撞，就认为该路径是可行驶路径。因此，路径可能出现离目标很近的情况。图 2-50 所示的位置 A、C 为直线上两点，B 和 D 为红色曲线上两点。为保证车辆安全，行驶至 A、C 位置时必须降低速度，这反而增加了通行时间。

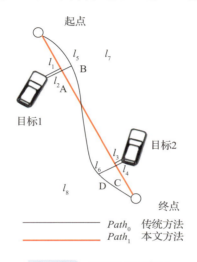

图 2-50 路径规划示意图

在图 2-50 中，假设 $Path_0$ 的长度为 l_{path0}，$Path_1$ 的长度为 l_{path1}，且 l_{path1} 大于 l_{path0}；目标 1 距离 $Path_0$ 的最近点 A 的距离为 l_1，与 $Path_1$ 的 B 点距离为 l_2，且 $l_1 < l_2$；目标 2 距离 $Path_0$ 的最近点 C 的距离为 l_3，与 $Path_1$ 的 D 点距离为 l_4，且 $l_3 < l_4$。若按 $Path_0$ 路径正常行驶的速度为 v，当行驶到 A 附近时，主车速度需大幅降至 v_1，若以速度 v_1 行驶 l_5 后远离了 A 区域，则主车速度恢复到 v；行驶到 C 附近时，速度降至 v_2，行驶 l_6 后远离了 C 区域，则主车速度恢复到 v，直至行驶到终点；总通行时间为 $\frac{l_5}{v_1} + \frac{l_6}{v_2} + \frac{l_{path0} - l_5 - l_6}{v}$，该值大于 $\frac{l_{path0}}{v}$。采用本节方法规划的路径距离目标较远，因此全程能以较高速度行驶。若按 $Path_1$ 路径正常行驶的速度为 v，当行驶到 B 附近时，由于离目标远，可快速通过，此时主车加速到 v_3，行驶 l_7 后远离了 B 区域，则继续以速度 v 行驶；行驶到 D 附近时，主车可加速到 v_4，行驶 l_8 后远离了 D 区域，则主车恢复到 v，直至行驶到终点，总通行时间为 $\frac{l_7}{v_3} + \frac{l_8}{v_4} + \frac{l_{path1} - l_7 - l_8}{v}$。对 $Path_0$ 和 $Path_1$ 这两条路径在整个场景中所受的威胁程度、安全性和行驶效率进行对比分析，见表 2-8。

表 2-8 两条路径在场景中的对比

对比项	Path$_0$	Path$_1$
威胁程度	大	小
安全性	低	高
行驶效率	低	高

综上可知，因为 $v_3 > v_1$，$v_4 > v_2$，$l_7 > l_5$，$l_8 > l_6$，所以存在 $\frac{l_5}{v_1} + \frac{l_6}{v_2} + \frac{l_{path0} - l_5 - l_6}{v} > \frac{l_7}{v_3} + \frac{l_8}{v_4} + \frac{l_{path1} - l_7 - l_8}{v}$ 的情况，后者规划的路径既保证了行车的安全性，又保证了总通行时间短且效率高，因此本节的目的是研究这样一种可规划出安全且行驶效率高的路径的方法。

4. 应用案例

接下来以车辆换道为例来简述横向路径规划算法的实现（图 2-51）。由于基于高精度地图的路径规划方法系统复杂，成本较高，目前尚不适于大规模量产，因此选用基于车道线定位的横向路径规划算法。

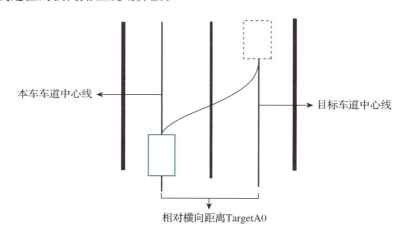

图 2-51 横向换道示意图

基于车道线定位的横向路径规划算法的实现，具体包含如下步骤：

第一步，信息处理。通过局部路径规划算法中带有安全性约束的路径规划模型的输出信号，来判断是否进行变道。若是，则获取感知系统实时输出的本车车道中心线、目标车道中心线、本车速度 HV_Speed_Mps；若不是则不进行换道操作。

第二步，自动变道参数计算。根据目标车道中心线（以三次曲线拟合表示，自变量为纵向距离，因变量为横向距离）和本车车道中心线，计算出两条中心线的相对横向距离 TargetA0，并结合变道快慢的标定量 $Desired\_rate\_g$，得出自动变道横向规

划的时间参数 T：

$$T = 2\sqrt{\frac{TargetA0}{Desired\_rate\_g9.8}} \quad (2-18)$$

$$T_{current} = T_{last} + SampleTime \quad (2-19)$$

$$T_{last} = T_{current} \quad (2-20)$$

$$LaneChangeRestTime = T - T_{current} \quad (2-21)$$

式中，T_{last} 为上一时刻的时间；$T_{current}$ 为当前时刻的时间；$SampleTime$ 为系统采样时间；$LaneChangeRestTime$ 为正常换道剩余时间。计算出在 $T_{current}$ 时刻的期望横向距离 S_{target}、期望横向速度 V_{target}、期望横向加速度 A_{target}：

$$S_{target} = N_0 + N_1 T_{current} + N_2 T_{current}^2 + N_3 T_{current}^3 + N_4 T_{current}^4 + N_5 T_{current}^5 \quad (2-22)$$

$$V_{target} = N_1 + 2 N_2 T_{current} + 3 N_3 T_{current}^2 + 4 N_4 T_{current}^3 + 5 N_5 T_{current}^4 \quad (2-23)$$

$$A_{target} = 2 N_2 + 6 N_3 T_{current} + 12 N_4 T_{current}^2 + 20 N_5 T_{current}^3 \quad (2-24)$$

第三步，利用期望横向距离 S_{target}、横向速度 V_{target} 和横向加速度 A_{target}，计算出用于横向控制的轨迹三次曲线方程参数 $A0$，$A1$，$A2$，$A3$：

$$A0 = S_{target} \quad (2-25)$$

$$A1 = V_{target} / HV\_Speed\_Mps \quad (2-26)$$

$$A2 = A_{target} / (2 HV\_Speed\_Mps^2) \quad (2-27)$$

$$A3 = A'_{target} / (6 HV\_Speed\_Mps^3) \quad (2-28)$$

将横向控制的轨迹三次曲线方程参数输出到横向控制器，用于对自动变道进行横向控制。

最后判定是否完成自动变道。判断条件有二：一是换道经过的时间大于自动横向规划的时间参数 T；二是用于横向控制的轨迹三次曲线方程参数 $A0$ 小于阈值 $A0_{Comp}$，且持续时间小于阈值 T_{Comp}。同时满足这两个条件，换道完成并停止计算自动变道的规划五次曲线和横向控制指令。

本例所用的方法基于可靠成熟的车道线定位方案，具有较强的抗干扰能力，兼容车道对中功能，降低成本，有利于大规模量产。同时，该方法具有较高的计算效率，满足车载计算的性能要求。另一方面，五次曲线规划的方法可以生成横向加加速度最小路径，能代表实际换道时的横向运动特性。而最小的横向加加速度轨迹使换道的晃动最小化，同时也最平顺。

拥堵情况下，本车启动时，要在避免碰撞并使规划路径可控的情况下，使规划出的路径车能以最优方式实现，不可能规划出一个瞬间导致制动的速度。因为在极短的时间内给车发出一个极大的减速度信号，会导致驾驶人的极大不舒适感。前车跟车目标消失，当前车目标与本车实际距离不大于 3m 时，本车不予制动。因为目标前车速度与加速度不稳定，随时会发生变化，为保持驾驶的平稳性以及驾驶的舒适性，当跟车距离大于 3m 时，保证足够的安全距离起动本车。在拥堵情况下的纵向规划中，加速度的导数越小越好，这样可以最大限度地提高人们在驾驶车辆时获得的体验舒适感。

紧急停车情况下，根据本车车速信号、安全停车请求信号，计算安全停车过程中的目标加速度，计算出前车目标的威胁势场以及保持最小安全距离情况下所需的制动减速度。这时会跳转跟车状态，从非过渡跟车状态到过渡跟车状态，当目标距离大于 0 且小于 3m 时，目标加速度不能大于 0。其余情况下，根据本车车速查表值作为目标加速度上限，目标减速度乘以 0.5 作为目标加速度的下限，基于本车车速的查表值作为目标加速度的下限。根据上述约束条件限制之后的输出值，即为目标减速度输出值。这时会产生一个新的过渡的跟车距离，前车的减速度反馈会使本车有一个目标减速度过渡带，保证减速度平滑平稳，并进一步保证驾驶的舒适性。

有跟车目标的纵向速度规划：

假如与前车有足够大的实际距离，且本车车速小于前车车速，则规划的最终目的就是本车车速与前车车速保持一致，与前车的安全距离通过安全势场函数计算得出。例如，本车与前车最小安全距离为 20m，现在本车与前车实际距离为 30m，本车车速小于前车车速，因此本车需要加速到前车的车速。本车通过实际距离、前车车速以及目标速度需要，算出本车加速到前车车速的加速度。

假如与前车没有足够大的实际距离，即实际距离小于安全距离，且本车车速大于前车车速。例如本车与前车安全距离为 20m，现在实际距离为 15m，本车车速大于前车车速，这时本车需要减速，当距离很近且前车车速较低时，目标车速强制置零，避免近距离频繁起停，影响用户体验，这时减速度的变化不应该频繁，速度变化应尽量平滑。

2.4.4 运动控制过程

2.4.4.1 概述

自动驾驶技术是信息技术与车辆技术的深度结合，是未来的发展方向。自动驾驶汽车作为一个复杂的软硬件结合系统，其安全、可靠的运行需要车载硬件、传感器集成、感知、预测以及规划控制等多个模块的协同工作。而车辆控制是智能车辆技术架构的重要组成部分，横纵向协同控制是智能车辆控制中的关键技术。

自动驾驶汽车作为一个高度非线性的非完整运动的约束系统，由于模型和所处外界环境条件不确定，实现精确运动控制有一定难度。横向控制是在获取车辆和道路相关信息的基础上，通过某种控制策略，对智能车辆的前轮转角进行控制。横向控制主要为控制航向，通过改变转向盘转矩或角度的大小，使车辆按预要的航向行驶。建立自动驾驶汽车横向控制协同，需要搭建汽车动力学模型。根据预瞄原理与模型设计控制器，以汽车纵向速度、道路路径以及车辆底盘信息为输入，预瞄距离与速度成正比，设置合适的预瞄距离，以转向盘的转角为控制器的输出，再经过协议实现对汽车的横向控制。

纵向控制主要是速度控制，通过控制制动、加速等实现对车速的控制。对自动档汽车来说，控制对象就是制动和加速踏板。纵向控制作为自动驾驶汽车运动控制的重要组成部分，也是自动驾驶领域研究的核心难题之一。自动驾驶汽车的纵向控制原理基于加速踏板与制动踏板的控制与协调切换。其决策出的目标加速度都需要底层加速度跟随控制模块来控制车辆执行机构，实现对目标加速度的跟随控制。

独立的横向控制系统或纵向控制系统并不能体现车辆实际运行时的特性，且不能满足各种道路工况需求。车辆纵向行驶过程中，同时涉及横纵向控制系统。在实际行车过程中，横、纵向运动控制是不可分割的。整车横纵向综合控制系统容易受横、纵向控制的相互影响，因此综合控制并不等于横向控制与纵向控制的简单相加。为实现横纵向控制器在实际情况下的控制效果，需要将横向控制和纵向控制协同起来并优化控制参数，以构建自动驾驶横纵向协调控制。

2.4.4.2 横纵向协调控制方法

1. 汽车运动学模型

汽车运动学模型与动力学模型的建立基于汽车运动的规划与控制考虑。自动驾驶场景下，汽车大多数情况下按规划轨迹行驶，控制模块的作用是控制汽车尽可能精准地按规划轨迹行驶。这就要求规划轨迹尽可能贴近实际情况。也就是说，轨迹规划过程中要尽可能考虑汽车运动学与动力学约束，使运动控制的性能更好。

智能车模型的建立采用 Ackerman 模型和车辆运动学模型。这种情况下，很多复杂的路径跟随问题可以转换为几何问题进行求解，使控制问题得到简化。图 2-52 所示为 Ackerman 模型和车辆运动学等效模型。

根据一般车辆的行驶特性，本节只考虑前后四轮常规车辆的控制，假设车辆的前轴在车辆运行时起导向作用，车辆后轴固定跟随。Ackerman 转向模型假设车辆不受空气动力学干扰。假设车辆轮胎为刚体，忽略车辆运行中轮胎压力变化的影响，忽略轮胎在转弯时的侧滑影响，假设无论何时轮胎的测向加速度恒为零。该模型假设车辆没有垂直方向运动，没有俯仰和侧倾运动。假设车辆运行在水平地面上。该模型还忽略车辆悬架的影响。此时，车辆的车轮转向角与转弯半径之间存在简单明确的几何关系。

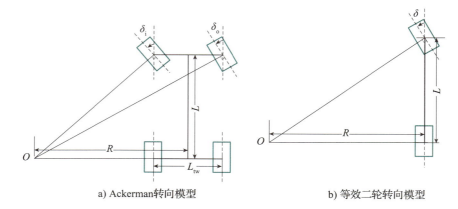

a) Ackerman转向模型　　　　　　b) 等效二轮转向模型

图 2-52　车辆转向几何模型

车辆内、外侧前轮转向角关系见式 2-29。其中，δ_o 为车辆前外侧车轮转角，δ_i 为车辆前内侧车轮转角，L 为车辆轴距，L_{tw} 为车辆轮距。此处假设前后轮轮距相等，O 为车辆转弯时前后轮中心线垂线的交点，R 为车辆后轴中点到 O 点的轨迹圆半径。

$$\cos\delta_o - \cos\delta_i = \frac{L_{tw}}{L} \tag{2-29}$$

为便于数据处理，通常在具体计算时会对上述模型进行简化处理，将车辆的前后轮组等效为一个车轮，可得如图 2-52 所示的等效二轮转向几何车辆模型，这种模型又称自行车模型。该模型的几何参数之间的关系如式 2-30、式 2-31 所示。其中，δ 为等效前轮转角，通常情况下取车辆内外侧车轮转角的均值，R 为后轴中点到 O 点的轨迹圆半径。需要注意的是，采用简化自行车模型计算转向角的结果不能直接用于车辆的横向控制。因为此处的 δ 为车辆简化模型所求的值，而对车辆控制来说，转向盘转角与车辆内侧车轮的转角 δ_i 是成比例的，因此需要将 δ 转换到 δ_i，再对车辆进行控制值求解。

$$\delta = \frac{\delta_o + \delta_i}{2} \tag{2-30}$$

$$\tan\delta = \frac{L}{R} \tag{2-31}$$

车辆运动学模型如图 2-53 所示。其中，M 为车辆的质心，v 为车辆当前时刻的速度矢量，θ 是车辆当前状态下的航向角，β 为车辆当前速度方向与车辆航向角的夹角，也可称车辆质心偏转角。

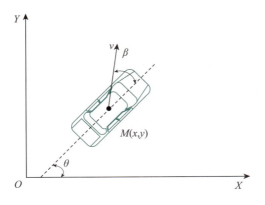

图 2-53 车辆运动学模型

由图 2-53 可得车辆运动学方程：

$$\begin{cases} \dfrac{d_x}{d_t} = v\cos(\beta + \theta) \\ \dfrac{d_y}{d_t} = v\sin(\beta + \theta) \end{cases} \quad (2-32)$$

一般情况下，车辆在直线运动过程中，速度方向与车辆运行方向可看成是一致的。车辆在低速转弯过程中，由于速度较低，侧向加速度很小，此时可认为轮胎没有产生强烈的侧向形变，且轮胎与地面之间没有产生侧滑。在此条件下，车辆转弯过程中的瞬时转向中心始终在车辆的后轴延长线上。对车辆后轴各点的速度变化来说，各点速度的方向总是与后轴垂直，这时车辆的质心偏转角可始终看成零，即车速与车辆航向一致。这时车辆符合 Ackerman 转向模型。

Ackerman 转向模型与运动学模型进行结合之后的模型如图 2-54 所示。此时，将车辆速度和前轮转向角作为整个模型的输入，将车辆位置和航向角作为车辆模型的状态

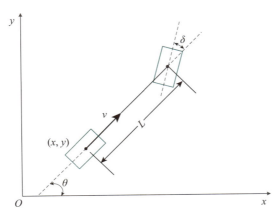

图 2-54 Ackerman 转向模型与运动学模型结合模型

变量，可得车辆输入变量与状态变量之间的描述方程，可很方便地对车辆路径跟随算法进行研究。图 2-54 中，在等效二轮 Ackerman 转向模型基础上，忽略车辆行驶过程中的质心偏移，将车辆后轴中点作为车辆的参考点，结合式 2-30、式 2-31 可得 Ackerman 转向模型与车辆运动学模型结合所得模型的状态方程，如式 2-33 所示。其中，x 和 y 表示车辆的全局坐标值，θ 表示车辆航向角，这些是车辆的状态值。v 为车辆速度，δ 为车辆前轮转角，这两个变量是模型输入量。

$$\begin{cases} \dot{x} = v\cos\theta \\ \dot{y} = v\sin\theta \\ \dot{\theta} = v\tan\dfrac{\delta}{L} \end{cases} \quad (2-33)$$

2. 路径模型

路径模型是对智能车运行过程中所跟随的局部路径的描述，智能车要实现路径跟随，选取合适的路径模型非常关键。对智能车来说，路径规划模块进行路径规划时一般不希望存在车辆约束条件。对路径跟随控制来说，一般希望路径符合车辆运动学约束，便于求取车辆路径跟随过程中的控制参数。因此，路径模型需要兼顾路径规划模块与路径跟随模块，对两个模块同时提供支持并将两者的功能结合起来。

本节采用分段线性离散路径模型，如图 2-55 所示。该路径模型将真实连续的路径轨迹用一组有序离散的路径点来表示。路径点截取的疏密程度不同，离散路径与真实路径之间的接近程度也不同。通过这种形式的路径表示方式，可以对连续路径进行离散化处理。如果路径点分布足够密集，则可通过离散路径点来等价连续路径。对路径规划模块所规划的任意形式的路径来说，都可通过调节离散路径点的疏密程度，对不同的控制器进行匹配。对路径跟随模块来说，分段线性离散路径模型可将复杂的智能车路径跟随问题转换为几何问题来解决，大幅方便了路径跟随控制问题的求解。

在图 2-55a 中，从 P_i 到 P_{i+7} 之间存在一条连续路径，经过分段线性离散化处理后，连续路径被各个路径点划分为六段离散路径。两个路径点之间的路段以前一个路径点标识作为路段标志，即将节点 i 与节点 $i+1$ 之间的路径定义为路段 i，i 从 0 开始编号。相邻的两个路段之间会出现如图 2-55b 所示的路段关系。当相邻两段路径之间为平直路段时，两个路段之间相互平行。当相邻两路段之间为不平直路段时，规定相邻路段之间存在死区和重叠区。在完成路径编号后，根据车辆当前位置与路段之间的关系可以唯一确定一段车辆当前的参考路段。如图 2-55a 所示，车辆 a 的参考路段明显为路段 i，而对位于路段死区或重叠区的车辆，对参考路段的选取会出现二义性。例如车辆 b 就位于路段 i 与路段 $i+1$ 之间的死区内，车辆 c 位于路段 $i+1$ 与路段 $i+2$ 之间的重叠区内。此时，车辆参考路段的选取会在下一节的具体算法中作详细介绍。

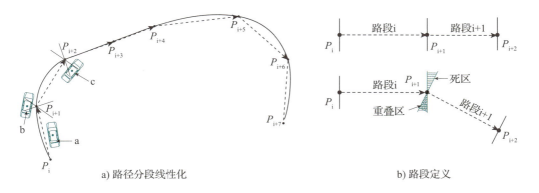

a) 路径分段线性化　　　　　　　　b) 路段定义

图 2-55　路径模型示意图

3. 路径跟随算法

路径跟随算法要根据车辆当前的位姿信息和路径信息之间的关系，计算出当前时刻车辆的横向控制值和纵向控制值，确保车辆能快速、安全、准确地对当前规划的路径进行跟随。针对分段线性路径进行路径跟随控制，首先要进行参考路段的选取，在参考路段确定的基础上，才能根据车辆与路径之间的几何关系求取控制值。参考路段根据车辆锚定点与参考路径之间的角度关系选取，车辆与参考路径的角度关系如图 2-56 所示，$\overrightarrow{Q_1}$ 表示路径点 P_i 指向车辆锚定点 M 的向量，$\overrightarrow{Q_2}$ 表示车辆锚定点 M 指向路径点 P_{i+1} 的向量，α_1 表示向量 $\overrightarrow{Q_1}$ 到向量 $\overrightarrow{P_iP_{i+1}}$ 的夹角，α_2 表示向量 $\overrightarrow{Q_2}$ 到向量 $\overrightarrow{P_iP_{i+1}}$ 的夹角，β 表示向量 $\overrightarrow{P_{i+1}P_i}$ 到向量 $\overrightarrow{P_{i+1}P_{i+2}}$ 夹角的平分角。

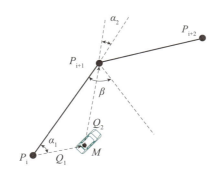

图 2-56　车辆与参考路段角度关系示意图

通过上述角度关系，可确定车辆当前的参考路径，具体判断逻辑如图 2-57 所示。参考路段的选取通过不断循环的方式实现，由当前路段的初始路段开始，不断更新车辆位姿信息的同时，对车辆所处参考路段进行检测。每次车辆位姿信息更新后，都会对车辆参考路段进行重新选取。根据当前车辆位姿和路径信息求取角度关系，然后通过逻辑判断确定当前计算的路段是否为参考路段。如果是则给出参考路段标号，如果不是则顺序对下一路段进行判断，直到成功确定参考路段为止。

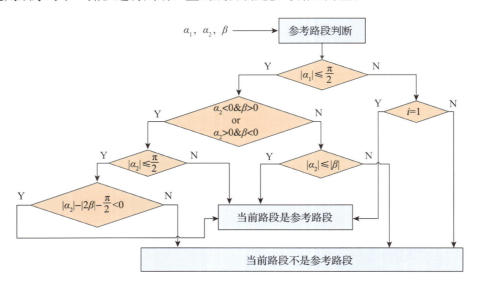

图 2-57　参考路段判断逻辑

完成上述参考路段选取之后，便可在此基础上进行车辆纵向和横向决策的计算。

纵向决策即车辆当前的速度决策，通过车辆所处的当前路段和车辆当前时刻的速度值进行控制决策。如图 2-58 所示，当前车辆参考路段为 i，车辆的实时速度为 v_{ibeg}。设两个路段交汇点的速度既是上一路段的结束速度，也是下一路段的起始速度。P_i 点的速度为路段 $i-1$ 的结束速度 v_{i-1end}，i 也是路段的起始速度 v_{ibeg}。设路段 i 的最大速度限制为 v_{imax}，路段 i 的总长度为 D，设车辆的预设减速度为 a_{dec}，车辆的预设加速度为 a_{acc}。当前路段初始速度 v_{ibeg} 小于当前路段最大允许速度 v_{imax} 时，车辆需要进行加速控制，所能加到的最大速度为 v_{imax}。此时，就有可能出现车辆加速到最大速度之前所行驶的距离超出当前路段的最大距离 D 的情况。因此，需要对车辆行驶距离进行判断。如果预计行驶距离小于或等于 D，则可以进行先加速再匀速的控制方式，最终车辆的速度等于 v_{imax}。如果预计行驶距离大于 D，则车辆在该路段一直进行加速操作，车辆最终速度小于 v_{imax}。其他情况采用相同的方式进行速度决策。车辆的速度决策判断逻辑见表 2-9。

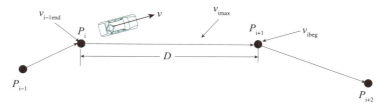

图 2-58　车速控制决策示意图

表 2-9 速度决策控制表

初始条件	距离判断	控制方式	结果
$v_{ibeg} < v_{imax}$	$\dfrac{v_{imax}^2 - v_{ibeg}^2}{2a_{acc}} \leqslant D$	先加速再匀速	$v_{iend} = v_{imax}$
	$\dfrac{v_{imax}^2 - v_{ibeg}^2}{2a_{acc}} > D$	加速	$v_{iend} < v_{imax}$
$v_{ibeg} > v_{imax}$	$\dfrac{v_{ibeg}^2 - v_{imax}^2}{2a_{dec}} \leqslant D$	先减速再匀速	$v_{iend} = v_{imax}$
	$\dfrac{v_{ibeg}^2 - v_{imax}^2}{2a_{dec}} > D$	减速	$v_{iend} < v_{imax}$
$v_{ibeg} = v_{imax}$	$v_{ibeg} t = v_{imax} t = D$	匀速	$v_{iend} = v_{imax}$

通过上述纵向控制逻辑判断可以完成车辆的纵向控制决策，车辆的横向控制对路径跟随系统来说更为关键，直接决定了跟踪效果的好坏。

横向控制决策通过 Pure–Pursuit 模型进行求取，经典 Pure–Pursuit 模型示意如图 2-59 所示。L 为车辆轴距，R 为车辆转向过程中后轴中心的转弯半径，L_{tr} 为车辆参考点到车辆后轴中心点的距离，L_a 表示预瞄圆半径，G 为车辆当前时刻预瞄圆与参考路径的交点，η 表示车辆参考点 O 指向 G 的向量与车辆航向向量之间的夹角，该夹角逆时针方向为正。

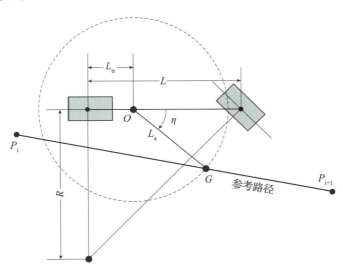

图 2-59 经典 Pure-Pursuit 模型示意图

以车辆后轴中心点作为车辆参考点时，Pure–Pursuit 模型的控制规律如式 2-34 所示。该公式中有一个参数可以调节，即预瞄距离 L_a。预瞄距离 L_a 的大小与车辆路径跟随的稳定性有关，通过对 Pure–Pursuit 模型的稳定性分析可得该模型的稳定条件，稳定条件如式 2-35 所示，其中，v 为实时车速，τ 为控制周期。

$$\delta = \tan^{-1}\left(\frac{2L\sin(\eta)}{L_a}\right) \tag{2-34}$$

$$L_a > v\tau - L_{tr} \tag{2-35}$$

上述方法是在等效二轮转向模型的基础上，对车辆当前的车轮转角进行求取的，而在实际控制中，车辆方向控制是以车辆转向时内侧车轮转角为基准的。因此，所求的上述转角 δ 直接用于车辆控制是不合适的，应在此基础上求出 δ 对应的车辆内侧车轮转角。如图 2-60 所示，中间虚线表示的两个车轮为二轮转向模型，对应求出的车轮转向角为 δ。对应的 Ackerman 转向模型中的转弯内侧车轮转向角为 δ_i。δ_i 与 δ 之间的关系可通过图 2-60 中的几何关系求取，具体关系如式 2-36 所示。此处求出的内侧车轮转向角在车辆实际控制中与车辆转向盘转角成比例。因此，可在此基础上通过比例转换得到转向盘转角，进而控制车辆方向。此处假设转向盘转角与转向内侧车轮转角成线性关系，两者之间的关系如式 2-37 所示。其中 δ_w 为车辆转向盘转角，K_{steer} 为车辆转向盘转角与内侧车轮转角的比值。

$$\delta_i = \tan^{-1}\frac{L\tan\delta}{L - \frac{L_{tw}}{2}|\tan\delta|} \tag{2-36}$$

$$\delta_w = K_{steer}\delta_i \tag{2-37}$$

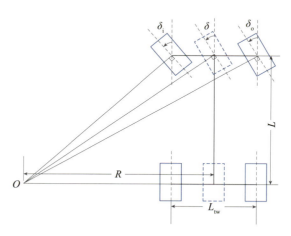

图 2-60 二轮转向模型与 Ackerman 模型对比

4. 应用案例

横向控制主要通过控制转向盘来适应路面的曲率，实现自动驾驶汽车的路径跟踪；纵向控制是在汽车行驶方向上控制汽车的加速和制动，让汽车按期望的车速行驶，以保持前后车距、紧急避障等。理论上，车辆的纵向运动和横向运动是相互耦合的，但在实际的量产项目中不涉及极端工况，因此通常将纵向运动与横向运动分解，设计两个独立互补关系的控制器，分别进行控制。

(1) 执行机构控制状态切换

根据目标减速度、纵向控制激活状态、本车车速、坡道减速度和实际档位系统输入信息，进行综合逻辑判断，输出当前本车执行机构动作使能切换状态，包含两个状态：制动使能和转矩使能，分别对应两种不同的控制方式。

首先通过本车车速得到阈值增益，通过坡道减速度得到切换阈值，则加速踏板使能切换初始条件计算逻辑如下：若期望角速度小于阈值增益和切换阈值的积，则转矩切换初始条件为 0；若期望角速度大于或等于阈值增益和切换阈值的积，则转矩切换初始条件为 1。若同时满足：①期望减速度大于或等于 -0.1；②减速度误差大于或等于 0.4；3) 本车车速大于或等于 50，则转矩使能切换限制条件等于 1，否则等于 0。若转矩切换初始条件等于 1 或转矩使能切换限制条件等于 1，则转矩切换限制条件状态为 1，否则转矩切换限制条件状态为 0。坡道部分阈值的取值分两种情形：①车速大于 10km/h，坡道部分阈值等于坡道加速度；②本车车速小于或等于 10km/h，坡道部分阈值等于 -f2（R），f2（R）根据坡道加速度信号查表得到。车速为 0 时，坡道部分阈值为 0。档位倒拖减速度在不同档位下查表得到。制动使能切换状态计算逻辑如下：若期望减速度小于或等于综合阻力减速度，则制动使能切换状态为 1；若期望减速度大于综合阻力减速度，则制动使能切换状态为 0。为防止倒拖减速不准导致制动延时，若同时满足以下条件：①期望减速度大于或等于 -0.5；②减速度误差小于或等于 -0.3，则制动使能切换限制条件状态为 1，否则为 0。若制动使能切换初始条件为 1，或制动使能切换限制条件状态为 1，则制动使能切换综合条件为 1，否则为 0。当纵向激活状态为 0 时，转矩使能为 0 且制动使能为 0；当纵向激活状态为 1 且制动切换初始条件为 1 时，转矩使能为 0 且制动使能为 1；当纵向激活状态为 1 且转矩切换限制条件状态为 1 时，转矩使能为 1 且制动使能为 0。

(2) 转矩计算

根据发动机摩擦转矩、转矩基准值、最大指示转矩和最小指示转矩、本车车速和本车实际减速度、纵向激活状态、期望加速度、发动机使能、实际档位、发动机转速系统输入信息，综合计算目标转矩。转矩计算主要包括：基于 PID 控制算法得到的控制转矩、基于坡道算法得到的坡道补偿转矩、基于本车车速及期望加速度得到的前馈转矩、根据发动机状态信息得到的基础补偿转矩。

加速度响应误差等于期望减速度与实际响应的减速度之差。基于 PID 控制算法计算控制转矩。为保证舒适性，对转矩比例项、积分项、微分项的变化率也要依据本车车速做适当限制。坡道补偿转矩变化率范围设定为[-50,50]，并由坡道减速度查表得到。最大和最小指示转矩等于百分比转矩乘转矩常量再除100。基础转矩补偿根据车辆维持本身能耗所需的基础转矩值得到，目标转矩应以该转矩值为基础做转矩控制，取实时摩擦转矩和发动机最小指示转矩的较大值。期望加速度斜率根据公式计算，为使加速度斜率输出更为平滑，分别对期望加速度及输出的加速度斜率进行20个周期的"滑窗滤波"。期望加速度斜率前馈转矩可由期望加速度变化率查表得到。期望加速度前馈转矩、本车车速前馈转矩、发动机补偿转矩、前馈转矩综合、期望综合转矩、期望百分比转矩可根据已有的公式计算，所涉参数可查表得到。当纵向功能关闭或转矩使能关闭时，前馈转矩置0。若同时满足以下条件：本车车速小于或等于1；转矩使能打开，则起步请求信号置1，否则置0。车辆纵向控制模块可用状态默认置1。

(3) 制动减速度计算

根据纵向规划出的本车车速、目标减速度、坡道减速度及纵向功能激活状态信息，对车辆目标减速度做综合处理，包括制动停车减速度处理、坡道减速度补偿信号、减速度闭环控制、停止请求信号和纵向功能关闭状态处理。若满足如下任一条件：本车静止；转矩使能打开；纵向功能关闭；期望加速度大于或等于0，则闭环控制置0，使能置1，否则均置0。当减速度闭环补偿量清理使能为0时，通过计数器对其延时输出100个周期。设计减速度闭环控制逻辑，并对减速度闭环控制量进行输出处理。对坡道减速度、制动停车减速度进行补偿。

(4) 低速自动紧急制动（AEB）计算

AEB期望减速度等于期望减速度。当危险目标存在时，AEB触发使能置1，否则置0。然后选择AEB控制类型。最后是AEB保压：危险目标存在时，车辆静止后，AEB保压控制请求使能为1，否则为0。

(5) 横向控制

在有限自动驾驶中（L2/L3级），转弯是一个十分危险的驾驶状况。因此，在实际工程应用的控制算法中会做很多安全措施限制，例如转向盘的转角限制、角速度限制和力矩限制等。换道激活会检测当前道路有效性和横向激活标志位。采取这些措施都是为了最大限度保证换道的安全性。

长安某车型使用了前馈加反馈控制，并结合经典PID控制算法控制转弯。汽车转弯通过当前车速和计算曲率计算出Ackerman转向角和动力学转向不足角度，两者相加得出汽车前馈控制角。其中，横向加速度通过查前馈系数表得到，前馈系数会根据汽车的特性变化，由标定得到。仅有前馈控制不能很好地完成预定的控制效果，控制算法中还采用了横摆角速度误差和横向位置的反馈控制。采用了P控制来控制横摆角速度的误差。汽车横向位置误差的控制采用了PI控制。综合汽车横向位置误差反馈角度、汽车前馈角和汽车横向位置误差反馈角度，得到汽车请求角度。为避免转向盘的突然转动导致驾驶体验不好，对请求角度进行一个最小 jerk 轨迹的五阶平滑，并进行斜率限制和幅值限值，以得到最终输出角度。

2.5 人机交互

2.5.1 概述

在智能驾驶时，好的人机界面（HMI）设计不仅能让用户安全、便捷地使用系统，还能让用户在向"乘客"这一角色转变时，享受驾乘舒适感，满足个性化的深层次情感诉求，这与"马斯洛需求金字塔"是完全契合的。智能驾驶 HMI 的体验目标如图 2-61 所示。

图 2-61　智能驾驶 HMI 的体验目标

HMI 设计流程可分为三个部分：用研与概念设计、设计细化与开发、测评与跟踪。

（1）用研与概念设计

用研阶段运用人种学知识进行研究，获取有关产品的真正用户和潜在用户数据，帮助设计人员理解用户，以及用户使用产品的目标和动机，回答什么是"设计需求"。

设计需求定义了设计中的"什么"问题：人物模型需要哪些信息和能力来完成什么样的目标。进入实际设计工作之前，阐明交互中需要"什么"并达成一致意见很关键：产品有什么样的体验特征，有什么样的信息要表达，用户如何操作，感觉如何。这项工作的目标是让设计师、利益相关者等就产品目标达成一致，方便后续的沟通和决策。

在目标导向设计中，不应直接跳入细节设计，而应先站在一个高层次上关注用户界面和相关行为的整体结构，这一阶段叫作概念设计，也称设计框架。

设计框架定义了用户体验的整个结构，包括底层组织原则、屏幕上功能元素的排列、工作流程、传统信息的视觉和形式语言等。设计框架包括交互框架和视觉框架。交互框架是交互设计师利用场景和需求创建的屏幕和行为草图，视觉框架是视觉设计师使用视觉语言表达的视觉特征，通常表现为单张的高保真原型。

（2）设计细化与开发

在进行详细设计时，需要定义一些设计原则，帮助解决行为、形式和内容方面的设计问题。设计原则贯穿设计全过程，帮助将情景中的任务和需求转化为界面的形式结构和行为。

交互设计需要关注用户活动的行为及模式，并基于这种行为及模式构建结构，串联元素，花时间雕琢界面的行为和内容的呈现，帮助用户达到目标。而视觉设计师的重点则是进行视觉美化，同时清晰准确地表达信息，应努力以易于理解和使用的方式呈现行为和信息。

总的来说，设计的目的是让用户能感受到"科学上的精确和简洁"，以及"形式上的优美和婉约"。交互设计与视觉设计，实现了二者的完美契合。

2.5.2 设计理论基础

在驾驶人进行功能操作或任务执行时，通常分为四个阶段实施：①从各种感知（视觉、听觉、触觉、嗅觉和味觉）中获得信息；②通过处理所获信息做出决策；③执行动作；④得到反馈，判断自己本次操作是否成功。这四个阶段可归纳为感知-决策-执行-反馈（P-D-E-F），如图2-62所示。

图2-62 P-D-E-F示意图

2.5.2.1 感知（P）

在人机系统中，人需要通过感知系统从外界接受各种形式的信息，如图2-63所示。其中，由视觉器官获得的信息量最大，占80%以上，其余大部分是听觉信息，大概比例如下：

视觉通道：听觉通道：其他通道 =80%：14%：6%

除特殊作业外，人的信息大部分都是通过视觉和听觉通道来获取。

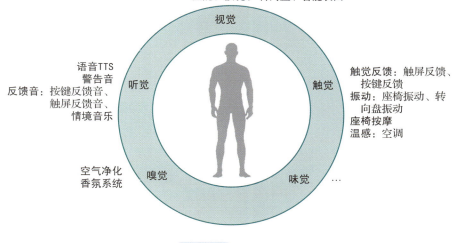

图 2-63 人的感知通道

2.5.2.2 决策（D）

获取信息后，用户需要做出决策并处理信息，以达到目的。

用户思考的过程，一般称为用户的"心智模型"，心智模式是用户根据多项外部信息，结合自己的内部信息后生成的对"用户认为产品是怎样工作"问题的思考。

在实际设计中，通过设计来让用户认为产品是怎样工作的，称为呈现模型。开发表达产品是怎样工作的，称为实现模型。

呈现模型越接近心智模型，用户就越容易了解产品功能，容易与之交互。相反，呈现模型越接近实现模型，用户越难理解产品，产品越难使用。

实现模型、呈现模型和心智模型如图 2-64 所示。

图 2-64 实现模型、呈现模型和心智模型

2.5.2.3 执行（E）

需要向机器输入指令时，人通过控制系统与车载 HMI 进行交互。车载 HMI 系统中，主要的控制系统服务于人的手和嘴，能让人在驾驶时，通过手指进行触、按操作，通过嘴进行语音指令操作。除此之外，手势和眼控也被引进成为 HMI 控制能力之一。人的运动通道如图 2-65 所示。

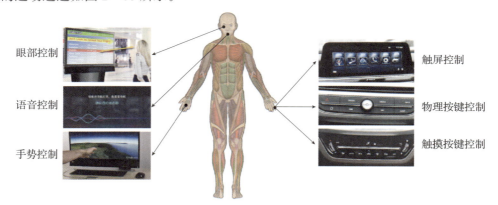

图 2-65 人的运动通道

2.5.2.4 反馈（F）

驾驶人通过车载 HMI 向车辆输入执行指令后，需要通过车辆的反馈信息，知道自己的执行是否成功。

反馈方式与用户感知通道是一样的，即通过人的五感获取信息。需要注意的是，信息可以通过多通道反馈，但至少应该存在与执行过程一致的通道。例如，用户通过触摸方式进行交互，反馈信息在触摸屏上显示是最好的。这样能让用户的行为路径最小化，提高交互效率。

2.5.3 基于 P-D-E-F 阶段的 HMI 设计指南

在进行智能驾驶 HMI 设计时，可参考以下指南开展具体工作。

1. 便于用户快速感知（P）的设计指南

影响感知的相关因素见表 2-10。

表 2-10 影响感知的相关因素

强度过低	信号/显示/控制很难被感知（低对比度、低强度、微小的文本或图形），因此在某种意义上是不确定的
强度过高	信号太强（惊人）或太大，导致传感器过载，使某些信息元素过大，可能迫使其他元素过小
时机不对	信息持续时间太短或太长

1）听觉警告的声音必须足够大，这样才能很容易被听到。文本和图形要足够大，并有足够的对比度，以便很容易地看到。振动的强度必须足够大，才能容易感觉到。

2）对于视觉、听觉和触觉模式，闪光、"哔哔"声和脉冲之间的间隔要足够长，才能被感知，但又不能太长，否则序列需要很长时间才能完成，会延迟驾驶人的反应。

3）保持闪光、音调和振动的序列较短。在许多情况下，驾驶人等待响应直到序列完成，增加了对用作警告的序列的响应时间。因此，如果出现一个模式，就会有一个短暂的延迟，然后重复出现相同的警告，驾驶人可能会延迟响应，直到两个表示都完成为止。一再提出警告的目的是确保驾乘者意识到并认为这是紧急警告，但在某些情况下不希望重复。

2. 帮助用户快速决策(D)的设计指南

影响决策的信息相关特征见表 2-11。

表 2-11 影响决策的信息相关特征

信息不确定	用户不知道信息是否正确
信息不完整	没有提供做出决策所需的所有信息（例如，缺少开关位置标签，忘记来自内存的信息）
信息错误	信息是错误的
格式错误	信息的格式不适合相应任务（例如，用使用者不知道的语言提供信息）
意思不确定	信号/图像/标签不确定，缺少颜色或其他编码

1）提供所需的所有信息。

2）最常见的情况是，对于任务交互所在的显示区域内，需要用户操作的控件显示不明确，或控件和信息显示的位置不明确。

3）信息形式应与用户需要做出的决策相匹配，不需要形式上的转换。例如，如果驾驶人想知道到前方路口的距离，则应显示距离数值（以 km 或 m 为单位），而不应仅显示一个进度条。

4）信息应以对用户有意义的形式显示。例如，警告用户某个系统出现故障时，如果只是使该系统对应的图标闪烁，则显示是没有意义的，因为用户很难清楚其具体含义。

影响决策过程相关的特征见表 2-12。

表 2-12 影响决策过程相关的特征

有误的分组	提供了用户所需要的信息，但没有组合在一起，一些不相干的信息却放在了一起，成为一个组合
过程不确定	用户不知道如何决定，有时系统说的是哪里出了问题，而不是该做什么
过程是错误的	用户误解了如何决定
任务太复杂	该任务要求用户做的比他们知道、记得或能处理的更多

1）为帮助用户做出决策，应将与该决策相关的信息组合在一起，例如用户需要寻找加油站或充电桩时。剩余量程的显示应与附近加油站或加气站的地图的显示尽量接近。

2）界面应清楚地传达如何执行任务。例如，需要明确提示用户是点击还是滑动某一个控件。

3）尽量减少完成任务所需的步骤和时间。

3. 帮助用户高效执行（E）的设计指南

1）控件的设计需要让用户明确如何进行操作。

2）控件应足够大，以易于掌握。

3）控件的操作方式应与其外观一致。

4）具有不同目的的控件不应看起来相同。例如，按键应与滑动开关不同，短按操作的按键应与长按操作的按键不同。

5）控件的操作和显示的移动应符合用户的心智模型。

6）控件的操作不应产生意想不到的后果。

7）执行控制的部分不应过分干涉预定行动，但也不应过低，以致可能发生无意义的行动。

8）提供控制已被操作的反馈。

4. 保持驾驶人控制

基于汽车专业知识和软件开发技能，用户能从人机界面开发服务中获得最大价值。汽车人机界面解决方案帮助驾驶人控制汽车的一系列功能，使汽车对人类的互动更加敏感。

整体人机界面设计的结果，是鼓励驾驶人调整驾驶习惯，以获得更好性能、燃油经济性和安全性的车载反馈系统。人机界面能对快速变化的道路条件做出反应，并提供远程诊断，这有助于防止车辆发生故障并降低事故风险。

5. 考虑自动驾驶汽车

智能化趋势在诸多产品中都有体现，汽车也不例外，智能汽车已经成为众多品牌的发展方向。简单来说，智能汽车就是在现有汽车的基础上，加入计算机等研究成果，使汽车智能化，具备以下能力：感应能力、分析能力、自适应能力、行为决策能力。智能化的驾驶室人机交互也会随之变得更加智能、方便，能有效分担驾驶人的认知负荷，帮助其降低犯错误的可能性，从而增加安全性并提高效率。正在进行的汽车人机界面设计旨在让驾驶人做好将控制权移交给汽车的准备。人机界面就像驾驶人的导航员，帮助他们在关键情况下做出正确决定。

人机界面的核心是人机工程学，为驾驶人提供了与外部设备交互的机会，并提高了安全性。人机界面具有多种自动化功能，可帮助驾驶人停车、避开障碍，甚至防止产生轻微睡意。人机界面帮助驾驶人在操作自动驾驶汽车时更灵活、更有安全感。

6. 提高车载用户体验

汽车人机界面方案允许驾驶人与触控屏、多点触控仪表板、内置屏幕、控制面板、按键和传统键盘进行交互。由于汽车是一个由相互关联的部件组成的完整生态系统，高质量的人机界面软件对汽车工业至关重要。

利用最新的技术，汽车人机界面软件使下一代汽车更具适应性和个性化。现代消费者需要无缝体验，人机界面解决方案可满足其与汽车顺畅互动的需求。通过智能系统和嵌入式传感器，人机界面确保车辆对驾驶人的意图和偏好做出反应。

交互设计中，情感化设计是必不可少的元素。汽车的人机交互中，本能水平的要求就是汽车的造型设计易懂且具有吸引力；行为水平则要求汽车的操作符合人机工学，保证可用性与易用性；反思水平比较复杂，不同的品牌效应、文化背景等，从不同角度满足人们的情感需求，构建一个更加轻松的驾驶环境，有助于集中注意力，避免事故发生。

2.5.4 HMI 设计测评

HMI 设计的好坏会极大影响效率和易用性，好的设计会促进人、机两者之间的协调连接。在设计过程中，需要分阶段组织用户（被试者）进行测评，对产品进行跟踪，发现体验问题并进行优化，确保 HMI 的良好体验。

测评通常基于 HMI 的体验维度，结合人与车的客观、主观数据来反映用户的使用情况，见表 2-13。

表 2-13 智能驾驶体验测评维度及数据

维度		数据			
一级维度	二级维度	人的客观数据		人的主观数据	车辆的数据
		生理数据	行为数据		
安全	驾驶安全、认知负荷（情绪、压力、注意力）	√	√	—	√
可用性	易学、易用、效率高、容错、满意度	—	√	√	—
情感	舒适、美感、科技感、趣味性	√	√	√	—

由于智能驾驶使用场景的特殊性，针对智能驾驶 HMI 方案的体验测评，要基于智能驾驶台架车及驾驶仿真场景，让用户在模拟真实驾驶时完成一系列任务，以获得更加真实的使用反馈。下文以"交通拥堵自动驾驶"功能的 HMI 设计测评为例，介绍 HMI 体验测评流程。

1. 实验环境搭建

实验环境主体包含以下部分：

1）智能驾驶台架车：实现用户模拟驾驶（转向/加速/制动控制），以及 HMI 设计载体（仪表显示屏、灯带等）。

2）仿真场景：模拟真实道路，以及基于测试任务模拟的不同交通场景。

3）眼动仪：采集用户眼动数据，用于分析用户所关注的信息。

2. 用户招募

主要通过以下要素对用户进行筛选：性别比例、年龄分布、家庭情况（例如未婚/已婚，无小孩/已婚有小孩）、驾驶经验、对被测功能的熟悉程度（低/中/高）、对被测功能的态度（保守/中立/强烈）。

共招募了 10 名用户参与测试。

3. 测试任务

测试任务共有 34 项（表 2-14），任务的设计主要基于以下方面考量：

1）激活成功/失败率。

2）界面的可用性和吸引力。

3）向驾驶人提供信息的有效性。

4）驾驶人对系统的信任感。

表 2-14　测试任务

序号	任务描述
1	开始手动驾驶
2	激活系统（激活条件不满足）
3	激活条件满足
4	激活系统（激活条件满足）
5	前车以不同速度行驶
……	……

每一项任务都会有针对性的 HMI 页面和一些动作，引导员引导被试者获取信息或进行操作，以此检视 HMI 设计的好坏。

4. 主要问题分析

智能驾驶 HMI 用户测试，主要分析以下问题：参与用户统计、L2 级自动驾驶的使用经验、交通拥堵自动驾驶（TJP）激活、驾驶人干预（信任）、接管原因、未能成功激活的原因、从 TJP 状态转移到集成式自适应巡航（IACC）、停用的原因（驾驶人超越）、信息传递、扫视分析（总体信息、兴趣区、扫视顺序、关键信息、重要信息、消息信息、TJP 图标、场景重构、数字车速）、扫视频率、测试后问卷。

针对每一项内容进行分析时，须结合用户的主、客观数据，用户的开发性意见，以及观察者观察到的用户行为、神情等。

问题分析如图 2‑66 所示。

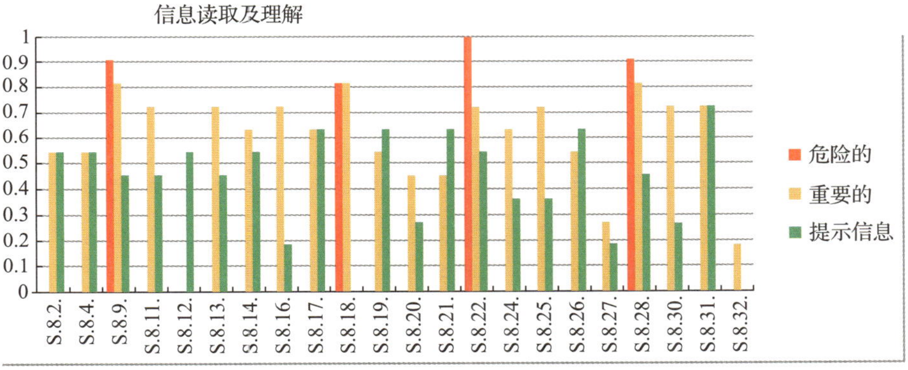

- 关键信息已经成功传递。但某些情况下，在相关级别（例如，超越或激活TJP时），重要信息会被忽略
- 尽管驾驶人反应总体是合理的，但重要信息的传递成功率较低表明需要改进传输方式，建议尝试增加语音提示传递重要信息
- 消息信息经常被忽略。但由于驾驶人反应是准确的，不考虑过多关注，结论部分讨论了一些例外情况

图 2‑66　问题分析

2.5.5　控制权切换关键技术

1. 控制权切换

面向 L3 级自动驾驶时，涉及较为重要的一个环节，即机器－人控制权切换问题。L3 级自动驾驶人机共驾环境下的控制权切换更多指由系统到人的切换。其涉及的场景非常多，对驾乘人状态、接管能力也要求较高，是控制权切换的难点。切换通常指系统将全部控制权移交给人的全过程，而接管则通常指人获得车辆控制权，同时系统释放控制权这一时刻的动作，如图 2‑67 所示。

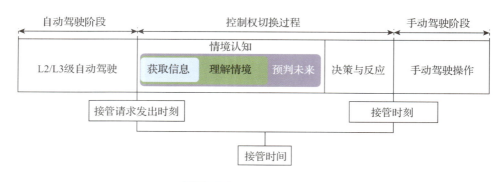

图 2-67 控制权切换过程

人机共驾环境下，驾驶人的认知特性主要表现为注意力水平偏低、注视缺乏，且在控制权切换前没有充足时间，驾驶人的信息获取有限，并导致情景理解速度滞后。问卷调查显示，感知和认知的信任度和感知安全性会影响智能汽车驾驶人的行为，这也是影响自动驾驶汽车使用的因素。

2. 控制权切换过程平稳过渡

在驾驶人认知机理模型中，将驾驶人的情境认知分为 3 个阶段：获取信息、理解情境、预判未来。获取信息是对驾驶环境中的多种对象的状态进行感知，包括大小、颜色、位置和速度等；理解情境是根据前一阶段获取的信息，理解其中的意义和内在联系；预判未来是在前两阶段的基础上，对未来环境的状态和条件进行预测。其中，获取信息是认知的前提，直接关系到任务的绩效，且需要一定的时间和空间。在控制权切换过程中通过人机交互增强驾驶人对所处环境的理解，有助于缩短认知过程，提高接管绩效，使控制权切换平稳过渡。

控制权切换研究的重点主要集中在人因影响、切换时机以及切换控制方法等。介于自动驾驶模式和人工驾驶模式之间的人机共驾控制权共享模式，可以实现控制权的平稳过渡，引入该方法后，转向角速度的不稳定性可以得到明显改善。

3. 驾驶人精神负荷评价

精神负荷是驾驶人在操作行驶车辆时，其周边的交通环境以及道路限制条件等对驾驶人施加的需要处理的额外工作任务，以及随频率而产生的大脑的信息处理能力，这种能力因不同的精神压力而产生不同的功效。当驾驶人处在较高的精神负荷水平时，极易出现紧张感和压迫感，并在感知和决策方面出现分心或失误，进而引发交通事故。而在低精神负荷水平下，驾驶人容易出现困倦或注意力分散等不利于正常驾驶的状态。

目前，解决驾驶任务的变化所涉及的安全问题主要有以下两种途径：①自适应的车内信息管理系统。根据驾驶人当前所处的交通环境信息和驾驶状态信息，通过管理车内信息系统来控制流向驾驶人的信息量,对驾驶任务和非驾驶任务进行合理分配;②考虑驾驶人状态的辅助驾驶系统设计。在进行辅助驾驶系统关键参数设计时,充分考虑驾驶人的生理和心理局限性及适应性,能根据驾驶人的体力或精神负荷水平调整辅助驾驶系统的工作状态,例如调整预警系统的预警时间或预警形式,调整自适应巡航系统的车间距等。对驾驶人精神负荷的评价正是以上两种途径实现的前提条件。

驾驶人精神负荷的评价方法可归纳为三类:主观打分评价方法、操纵绩效评价方法和生理参数评价方法。精神负荷的主观评价主要通过主观打分的方式进行,是描述和解释被试者主观感受的心理学方法,在情感、疲劳和接受性评价等方面应用非常广泛。操纵绩效的指标通常包括操纵精度、反应时间和操作误差等,对驾驶汽车而言,这些指标包括转向盘转角、加速踏板、制动踏板开度以及其他直接由驾驶人的操作影响的车辆运动状态参数等。研究表明,当承受的负荷超过操作人员的应对能力时,操纵绩效低于理想的或基准水平。因此,操纵绩效是人因工程领域评价操作人员工作负荷的常用方法,也是汽车工程领域研究人员评价驾驶状态的有效途径。基于生理信号的评价是根据脑电、心电、眼电、眼球运动、皮电、肌电和呼吸等生理数据进行的评价。生理信号测量精神负荷最大的优点是可以采用较高的时间解析度连续记录驾驶人的生理信号变化,同样能保证评价结果具有较高的客观性。

4. 驾驶人接管绩效评价及优化

自动驾驶接管性能通过接管绩效评价,包括接管时间和接管质量两部分。接管时间通常定义为从接管请求(或无声故障的事件呈现),到制动或转向输入之间的时间。可证明的输入通常由第一次超出阈值的控制输入来定义。最常见的转向阈值为2°,制动阈值为10%。接管时间的评价指标主要有:注视反应时间、手握转向盘反应时间、脚踩踏板反应时间、接管反应时间和自动驾驶停用时间等。接管质量的评价指标主要有:横向加速度、纵向加速度、合加速度、碰撞时间、换道时间、车头时距、车头间距、车道位置和碰撞率等。

自动驾驶接管的研究目的是提升自动驾驶接管绩效,保证自动驾驶接管转换为手动驾驶的过程安全高效。对于自动驾驶接管绩效的优化主要从以下方面入手。

①驾驶人方面:通过干预驾驶人状态,达到减少驾驶人疲劳、保持驾驶人兴奋水平和提升自动驾驶接管绩效的目的,对驾驶人进行接管决策和执行的理论和实践培训,提升驾驶人的接管能力。

②技术方面:通过对人机共驾控制权分配、控制权切换方式、切换请求干预策略等技术的研究,提升驾驶人的接管绩效;

③接管绩效提升方面:未来的研究应以驾驶人能力训练与智能座舱技术革新为重点,依据心理学培训理论基础,建立科学的干预和培训体系,综合接管过程中多项信

息参数的计算结果，确定行之有效且易于推广的干预和培训方法。

2.5.6 人机交互关键技术

1. 语音技术

语音识别是模式识别的一个分支，又从属于信号处理科学领域，同时与语音学、语言学、数理统计及神经生物学等学科有非常密切的关系。语音识别的目的是让机器"听懂"人类口述的语言，包括两方面的含义：其一是逐字逐句听懂未转化成书面语言的文字；其二是对口述语言中所包含的要求或询问加以理解，做出正确响应，而不局限于对所有词的正确转换。

语音技术的广泛普及需要更好、更方便的应用和主要使用语音的生活场景。移动互联网的勃兴正好满足了上述条件：第一，智能终端屏幕较小，手指输入的准确率和速度都要低于PC，这是移动互联网必须要面对的物理局限；第二，移动互联网终端有众多传感器，为人机交互和生活化应用创造了条件；第三，移动互联网使语音识别公司采集海量语料成为可能，通过应用可以让交互更频繁，加快机器学习速度，改进用户体验。百度语音开放平台的研究结果显示，相比于传统的键盘输入，语音输入方式在速度及准确率方面更具优势。利用语音输入英语和普通话的速度分别是传统输入方式的3.24倍和3.21倍。此外，加入纠错功能后，语音输入英语及普通话的准确率会进一步提高，分别达到96.43%和92.35%，输入速度则为传统方式的3倍和2.8倍。语音交互对非文字使用场景友好，为老人、孩子以及一些不方便使用文字的人群提供了便利，也在一些不方便使用文字或手势的场景下，例如驾驶、玩游戏时，为使用者提供了便利。语音交互严格来说是已经出现但未成形的人机交互方式，由于涉及的技术原理和技术点太过庞杂，目前语音交互技术的发展只能满足一般场景下的人机交互。

2. 手势识别

手势识别可以针对来自人的身体各部位的运动，但一般指脸部和手的运动。用户可以使用简单的手势来控制或与设备交互，让计算机理解人类的行为。核心技术手势辨认是计算机迷信和言语技术中的一个主题，目的是通过数学算法来辨认人类手势。用户可以运用复杂的手势来控制设备或与设备交互，而无需接触它们。姿态、步态和人类行为的辨认也是手势辨认技术的主题。可以将手势辨认视为计算机了解人体言语的方式，从而在机器与人之间搭建比原始文本用户界面甚至GUI（图形用户界面）更宽阔的桥梁。

手势辨认使人们可以与机器停止通信，且无须任何机器设备即可自然交互。运用手势辨认的概念，可以将手指指向计算机屏幕，使光标相应地移动。这能使惯例输出设备（例如鼠标、键盘甚至触摸屏）变得冗余，如图 2-68 所示。目前，大多数研究者均将注意力集中在手势的最终辨认方面，通常会将手势背景简化，并在单一背景下应用所研究的算法将手势停止联系，然后采用常用的辨认办法将手势表达的含义零碎剖析出来。但在理想使用中，手势通常处于复杂环境下，例如光线过亮或过暗，有较多手势存在，手势距采集设备间隔不同等复杂背景要素。这些方面的难题目前尚未处理。

图 2-68 人机手势交互

3. 眼动追踪

眼动追踪系统记录了用户的目光焦点和眼动轨迹，如图 2-69 所示。该系统使用红外光照亮人眼，利用摄像传感器记录人眼反应，而软件则用于确定瞳孔位置和目光方向。人类主要通过视觉来感知周围环境，因此眼睛可以显示出用户正在思考的内容。设备通过眼睛可以判别用户正在关注的焦点以及他们的反应。具有眼动追踪功能的智能手机和平板计算机已成功问世。对一些应用来说，快速响应非常关键，感官交互加入了用户体验，在游戏、虚拟现实（VR）、增强现实（AR）的体验中，最能体现眼动追踪技术的优势。

图 2-69 眼动追踪

4. 人体监测

人工驾驶时，车辆和道路是 HMI 系统的关键要素。而在智能驾驶 HMI 系统中，人是必不可少的一环。如何根据人的状态提供适合的自动驾驶服务，是保证安全、舒适的重要议题。当前，很多车厂已经将人体监控能力与智能驾驶能力进行了强绑定，构建出"人－车－环境"的完整人机交互系统。多模态自然人机交互是下一代人机交互的发展趋势。融合视觉、听觉、触觉、嗅觉甚至味觉的多模态交互方式，其表达效率和表达的信息都优于单一的视觉或听觉模式。多模态自然人机交互主要分为 3 个模块，分别是信息多模态交互信息输入、多模态交互信息融合和处理、多模态交互信息反馈。其中，信息输入模块主要接收来自人的"视听触嗅味"五感信息，然后借助多模态信息融合和理解模块，形成"感"觉和认知，并根据专家知识库系统和检索技术形成对用户的信息反馈，构建出多模态自然人机交互系统。

5. AR 导航

目前的导航虽然综合体验已经达到了一定的高度，但在一些特定场景，例如环路多岔路的复杂路况、前方多路口的拐弯场景等，用户仍需更长时间的理解和思考成本，这些时间成本很可能导致错过关键路口。相信不少用户都有过在高速上错过路口，迫不得已绕行十几甚至几十公里调头的尴尬。车载 AR 导航解决了这一问题。在 AR 技术的支撑下，导航的指引体验变得更加直观，悬浮于路面上的"大箭头"，将虚拟与现实结合，直观地告诉用户下一秒该干什么，往哪里变道、向哪里转弯，用户不会再因为思考反应时间而走错道，大幅降低了对传统 2D 或 3D 电子地图的读图成本，如图 2-70 所示。

图 2-70 车载 AR 导航

2.5.7 发展趋势

1. 人机介入式控制

未来汽车人机交互设计在人机控制上的趋势是智能汽车系统的控制权会根据驾驶

情境的需要在人与智能汽车之间转换，实现任务的接管与移交，即人机介入式控制。人机介入式控制的设计可以提供更安全的驾乘控制，补偿"逐步失去"的控制权，且情境多样化的介入式控制可以在不同的情境中为用户提供最合适的交互控制方式，控制切换的设计也会成为未来人机介入控制设计的一个重要方向。

2. 系统协助

丰田的 Guardian 系统试图通过区分人为控制和自动控制来提升行车安全性。它不是完全接管驾驶任务，而只是在驾驶人的技术可能不足以避免碰撞的时候提供帮助。Guardian 系统使用了许多与自动驾驶相同的技术，但与后者也有所不同。例如，在一次险些发生碰撞的事故中，Guardian 系统成为了一名"副驾驶"，协助操纵汽车，但并没有完全从驾驶人手中夺过操控权。如果没有这一点援助，驾驶人可能就无法从潜在的事故中脱险。

3. 直觉式自动驾驶

本田在 2020 CES 发布了一款自动驾驶汽车，该车可以在全自动驾驶和半自动驾驶模式之间自由切换，其特殊的转向盘可看作是一个"一体式控制器"，用户可通过拍转向盘起动汽车、前后触摸转向盘加减速。根据本田的说法，不同于重视效率的一般自动驾驶系统，他们所提出的增强驾驶概念（Augmented Driving Concept）着重于使用者在移动过程中的想法与意向，目标是创造出直觉式自动驾驶体验。

4. 虚拟现实无缝衔接

保罗·波布里安（Paul Berberian）在 Blur 大会上展示了一款名为《Sharky the Beaver》的新游戏。在这款游戏中，用户通过蓝牙设备控制一个球形机器人，在屏幕上这个机器人显示为小海狸 Sharky 的形象。用户会看到 Sharky 在自己身边跳来跳去，还可以喂它蛋糕吃。通过创造两个数据流，用户可以无缝穿梭于真实和虚拟世界，如图 2-71 所示。

图 2-71 道路与环境虚拟现实

5. 脑电波与 AR 结合

脑电波记录可以反映用户的实时状态，例如可以记录用户在工作时的压力水平变化。此外，这种技术也使计算系统在情景感知方面做得更好，在提供内容和增强信息时，不仅将地点和视觉输入考虑在内，还照顾到用户自身的状态。例如当用户感到困倦，想要查找周边酒店信息时，会发现系统显示的信息都十分有用。AR 系统中的脑电波还可接收实时的神经反馈，让用户了解自己的大脑状态，从而调整到最适宜的状态。

6. 体验个人化界面简洁化

未来 AR 技术的发展应着眼于日常的切实有用的应用，而不是花哨的效果，只吸引一时的目光。在做 AR 实景方面的设计时，可以考虑将界面最小化，而不是考虑让它多么美观夺目。谷歌的界面就简洁至极，但成功地令数据以一种方便交互的形式呈现出来。

7. 人工智能（AI）助手

使汽车"智能化"的关键因素是一个将汽车的人机界面与车辆传感器充分集成的 AI 平台，一整套虚拟助手和云内容，并适应环境，了解用户的个人偏好和习惯，将此整合到车辆 HMI 中。车载 AI 还能针对汽车环境进行优化，了解车辆状态，或根据行驶的轨迹提供周边的信息服务等。AI 的初始功能向 HMI 提供有关驾驶人、车辆和周围环境的信息，有助于将 HMI 转变为具有前瞻性的指挥控制中心。

2.6 车路协同

2.6.1 概述

车路协同是采用先进的无线通信和新一代互联网等技术，通过车与车、车与路、车与人、车与服务平台全方位的信息数据交互，实施车辆自动安全控制和道路协同管理，实现人、车、路的协同，保证交通安全，改善通行效率，形成智能化的道路交通系统。简单来说，车路协同系统是以路侧系统和车载系统为基础进行构建，通过无线通信设备实现车、路信息数据交互和共享的智能交通系统。它提供综合信息服务，形成各相关行业深度融合的新型产业体系，有利于推动智能交通发展，促进自动驾驶技术创新和应用，提高交通效率，减少环境污染，为我国实施创新驱动发展、推进供给侧结构性改革、建设制造强国、网络强国和交通强国提供了强大的驱动力。

第一代车路协同，车与路之间的信息数据交互很少，道路智能化程度很低。部分特殊管控的车辆会通过通信技术向中心平台上传自身的位置和当前状态，以便接受管控。由于缺乏信息通知技术，只能提供准静态信息。在这一阶段，车路协同系统只能进行低精度感知和初级预测，数据交互缺少融合，信息采集、处理和传输的时延明显。

随着感知、计算、通信技术的发展，车路协同发展到第二代。摄像头、雷达和磁感线圈等传感器的大范围部署，以及图像识别、交通流量统计技术的发展，使越来越多的道路交通状况可以在路侧进行实时检测。而蜂窝车联网（C-V2X）技术为车辆和路侧基础设施提供了一种信息交互的快速通道，其通信时延可以控制在几十毫秒内，道路状态通知的实时性大幅增加，因此可用来指导车辆的短时决策。随着 C-V2X 技术的引入，道路信息对车辆的价值逐渐增加。在这一阶段，车路协同系统具备复杂传感和深度预测功能，通过与车辆系统之间的双向数据实时共享，可以支持较高时间和空间解析度的驾驶辅助和交通管理功能。

未来，随着路侧融合感知、边缘计算、C-V2X 技术的进一步发展，车路协同将发展到第三代。随着 C-V2X 引入更大的传输带宽，车辆和路侧设施之间可以进行感知协同。车辆可以把自身的原始数据发送到路侧，利用边缘计算方法实现更加精确的计算。随着 C-V2X 引入单播传输机制，路侧设备可以向车辆提供有针对性的道路全息感知结果，甚至可以利用强大的边缘计算能力为车辆直接规划行驶路径。在 C-V2X 通信技术的支持下，感知能力和计算能力可以在车辆和道路之间进行动态分配，实现综合成本、效率的优化。在边缘计算技术的帮助下，各微观交通节点可以实现局部通行效率的优化。在这一阶段，车路协同系统可以为自动驾驶车辆提供全场景下的感知、预测、决策、控制和通信服务，并优化整个交通基础设施网络及车辆的部署和运行。

2.6.1.1 专用短程通信（DSRC）技术发展历史

美国交通局（USDOT）根据 2004—2008 年交通事故数据分析得出结论：使用车联网（V2X）系统可以降低 450 万起碰撞事故（占多车碰撞事故总数的 81%）。为此，USDOT 要求 OEM 厂商在 2019 年底及以后生产的汽车上安装 DSRC 设备，支持车车通信（V2V）和车路通信（V2I）。至今，美国 DSRC 技术已经经过 10 余年的大量测试，发展到相对成熟的阶段。

1950—1980 年，美国各州大量兴建州际公路、高速公路，随之出现了新的问题：城市中心交通拥堵、高速交通事故造成众多人员伤亡，同时增加了汽车油耗，降低了空气质量。到 1986 年，来自科研机构、交通局等的专家在讨论未来交通法规时认为，未来的交通系统必须要同时保证安全、解决交通拥堵问题且保护自然环境。1990 年，在得克萨斯州达拉斯市，针对这一问题的探讨达到顶峰，与会者提出智能车辆高速系统（IVHS）概念。这一概念后来发展成为智能交通系统（ITS）。1991 年，ITS 概念成为《联合运输效率法案》（Intermodal Surface Transportation Efficiency Act，ISTEA）

的一部分。ISTEA 出资 66 亿美元用于未来 6 年的 ITS 系统研究及测试。1992 年，USDOT 在 ITS 的研究中启动了自动高速系统（Automated Highway System）项目，目的是解放驾驶人的手脚，车辆需要在专设磁钉的道路上行驶，这是历史上第一次实现车辆与高速公路的互联。在自动高速系统试验后，1997 年，USDOT 启动了智能车辆计划（Intelligent Vehicle Initiative），目的是加快防碰撞系统的部署。在智能车辆计划的基础上，USDOT 对改善交通拥堵状况和改进电子通信技术提出了新的要求。2003 年 12 月，在马德里召开的第十届 ITS 世界大会上，USDOT 宣布在 5.9GHz 分配 75MHz 频谱进行 DSRC 研究，同时提出 VII 项目，目标是使 V2V 和 V2I 技术在小范围内应用测试。2006 年 12 月，USDOT 与五大汽车厂商联合测试 V2V 和 V2I 在防碰撞系统中的应用，并确立以通信为基础的新型安全设施，主要包含路边网络（Roadside Network）和车载设备（On-Board Vehicle Equipment）。

只有在道路上有足够多的车辆支持 V2V 通信的情况下，V2V 的作用才能得到充分体现。为此，2014 年 8 月，美国高速公路安全管理局（NHTSA）和 USDOT 联合提出 FMVSS No.150 法案，强制要求新生产的轻型汽车（载客和轻货）支持 V2V 通信功能。2015 年 6 月 25 日，美国众议院就此事举行听证会，NHTSA 及其他利益相关方再次就 V2X 案件进行辩护。DSRC 技术的产生基于三套标准：第一个是 IEEE 1609，标题为"车载环境无线接入标准系列（WAVE）"，定义了网络的架构和流程；第二个是 SAE J2735 和 SAE J2945，定义了消息包中携带的信息。该数据将包括来自汽车上的传感器信息，例如位置、行进方向、速度和制动信息；第三个是 IEEE 802.11p，定义了汽车相关的"专用短距离通信"（DSRC）的物理标准。

DSRC 顶层协议栈是基于 IEEE 1609 标准开发的，V2V 信息交互使用轻量 WSMP（WAVE Short Message Protocol）而不是 Wi-Fi 使用的 TCP/IP 协议，TCP/IP 协议用于 V2I 和车与互联网通信（V2N）信息交互。DSRC 底层、物理层和无线链路控制基于 IEEE 802.11p。使用 IEEE 802.11 系列标准的初衷是利用 Wi-Fi 的生态系统，但 Wi-Fi 最初设计用于固定通信设备，制定 IEEE 802.11p 标准后才支持移动通信设备。

2.6.1.2 C-V2X 发展历史

C-V2X 是由 3GPP（3rd Generation Partnership Project）定义的基于蜂窝通信的车联网（V2X）技术，包含基于 LTE 及未来 5G 的 V2X 系统。它借助已存在的 LTE 网络设施实现 V2V、V2N、V2I 的信息交互。这项技术最吸引人的地方是能紧跟变革，适应更复杂的安全应用场景，满足低延迟、高可靠性和带宽要求。2015 年，3GPP 正式启动基于 C-V2X 的技术需求和标准化研究，3GPP 需求工作组开展了 C-V2X 需求研究，于 2016 年 3 月完成结项。2016 年，3GPP 架构工作组启动 C-V2X 架构研究，并于当年年底完成标准化。在 C-V2X 研究方面，3GPP 无线技术工作组于 2015 年 7 月启动 SI 立项，并于 2016 年 6 月完成结项。2015 年 12 月，针对车车直连的 V2X 标准项目"基于 LTE PC5 接口的 V2V"启动立项，并于 2016 年 9 月完成标准化。2016 年 6 月，针对车路/车人等 V2X 标准的项目"基于 LTE 的 V2X 业务"启动立项，并于 2017 年 3 月顺利完成项目研究。2016 年 9 月，在 LTE 标准化机构 3GPP 第 73 次会议上，C-V2X 的 V2V 标准在 Release14 中正式冻结，这标志着 3GPP 完成了 LTE-V 第一阶段的标准，即基于终端直通（D2D）模式的车车通信（V2V）标准化，通过深入研究引入了更优化的物理层解调参考信号、资源调度和干扰协调等技术。另外，2017 年 4 月，在法国巴黎举行的 ISO TC 204 第 49 次全会上，我国提出的 C-V2X 标准立项申请获得通过，确定 C-V2X 成为 ISO ITS 系统的候选技术。2017 年 9 月完成第二阶段 C-V2X 标准发布，包括基于蜂窝网的 V2V、V2I 和车人通信（V2P）等。

当前，随着 5G 的商用，面向 5G 演进的 C-V2X 通信技术能为车与车、车与路、车与人、车与网的全方位连接实现关键支撑，具备广阔的商业化运营前景。运营商、设备厂商和汽车厂商等车联网产业相关方积极布局应用和产品研发，国内众多城市已将车联网产业作为重点发展产业。

2.6.1.3 国外标准推进情况

1. 欧洲

2002 年，欧盟委托欧洲电子通信委员会（Electronic Communications Committee，ECC）将 5.795～5.805GHz 分配给初始的 V2I 系统，且各国可将频段扩展至 5.815GHz。2008 年，ECC 为安全类相关的 ITS 应用分配 30MHz 带宽（5875～5905MHz），并建议将 5.905～5.925GHz 作为安全类相关的 ITS 应用的扩展频段。另外，ECC 还建议为非安全类相关的 ITS 应用分配 20MHz 带宽（5855～5875 MHz）。除 5.9GHz 频段外，63～64GHz 频段也分配给 ITS 应用，以应对高级应用的容量需求。但由于传播特性差，迄今为止尚无使用该频段的技术或系统。此外，ITS-G5 标准可采用 5470～5725MHz 免许可频段，与无线接入系统（RLAN）共享频谱。

欧洲车联网通信标准由欧洲电信标准协会（European Telecommunications Standards Institute，ETSI）制定，包括地理位置路由协议（Geo Networking）和用于支持 5.9 GHz 频段进行车车通信的接入层协议，即 ITS-G5。ITS-G5 包括物理层和数据链路层。数据链路层分为两个子层：介质访问控制和逻辑链路控制。物理层和介质访问控制子层由 IEEE 802.11 演进而来。逻辑链路控制子层由 IEEE 802.2 演进而来。ITS-G5 还引入了分散式拥塞控制（Distributed Congestion Control，DCC），以避免网络过载。

2. 美国

在频率分配方面，1999年，美国联邦通信委员会（FCC）率先为基于 IEEE 802.11p 的 ITS 业务在 5.9 GHz 频段划分了 5.850～5.925GHz，共计 75MHz 频率，7个信道（每个信道 10MHz）。其中，172 号信道（5855～5865MHz）指定为提供安全应用的车车通信专用信道，178 号信道（5885～5895MHz）为控制信道。美国还考虑在 176 号信道上开展一些提供 V2P 应用及其他业务的试验。自 21 世纪初开始，美国便开展了车联网标准的研究和制定工作。标准体系由 IEEE 和 SAE 共同完成，包括 IEEE 802.11p、IEEE 1609 和 SAE J2735、SAE J2945 等。

为推动 C-V2X 发展，2017 年，SAE 专门成立了 C-V2X 技术委员会，计划针对 C-V2X 制定类似 J2945.1 的车载 V2V 安全通信技术要求标准（SAE J3161）。

3. 日本和韩国

日本总务省在 20 世纪 90 年代末将 5770～5850MHz 划分为 DSRC 信道，用于车辆信息和通信系统。2012 年 2 月，日本无线工业及商贸联合会发布规范 ARBI STD-T109，将 755.5～764.5MHz 频段划给 ITS 的道路安全应用，带宽为 9MHz，中心频率为 760MHz。目前，在 5800MHz 频段中除去电子收费系统占用的频谱，仍存在潜在频谱供更多的 ITS 技术使用。

韩国在 2016 年分配了 5855～5925MHz，共 70MHz 用于支持车辆安全相关应用的 V2V 和 V2I 通信。以 10M 为粒度划分为 7 个独立信道，其中 5895～5905MHz 用于控制信道，其余均用于数据信道。另外，韩国电信技术协会（Telecommunication Technology Association，TTA）制定了 4 项车辆无线通信标准。随着 5G 标准化的推进和完善，韩国也在考虑利用其高速率和低时延的优势进一步提高车辆通信性能。

2.6.1.4　DSRC 与 C-V2X 技术比较

C-V2X 是 3GPP Release 14、15、16 和未来基于 LTE/NR 的 V2X 技术的总称。表 2-15 比较了两类技术的工作模式。总体来说，802.11p 与 C-V2X 相当，区别主要如下。

1) 从传输时延来看，802.11p 可满足 100ms 内完成传输的要求，但没有准确的数据。Release 14 的传输时延（PC5）是 4ms，而 Release 16 的设计目标是小于或等于 1ms。

2) 在网络通信能力方面，由于 C-V2X 是与成熟的 3GPP 接入网通信，能力远强于 802.11p 协议中的 RSU。

3) 演进路线方面，802.11p 暂时没有下一步的技术演进路线，即没有性能增强计划。而 3GPP 已制定 Release 16 面向自动驾驶的 V2X 技术，并正在规划 Release 17。

表 2-15 工作模式比较

无线技术	802.11p	C-V2X R14/15	C-V2X R16
协议是否完成	已完成	已完成	已完成
是否支持低时延传输	是	是（R14 可低至 4ms）	是（≤1ms）
是否支持网络通信	有限支持，通过 AP 可与网络连接	是	是
是否可不依赖网络通信	是	是	是
是否可在 ITS 5.9GHz 频段工作	是	是	是
是否可不使用 SIM 卡	是	是	是
在 V2V/V2I/V2P 链路是否具备信息安全和隐私保护功能	使用 IEEE 和欧洲 ITS-G5 或相关协议	使用 IEEE 和欧洲 ITS-G5 或相关协议	使用 IEEE 和欧洲 ITS-G5 或相关协议
在 V2N 链路是否具备安全和隐私保护功能	否	是	是
是否在 5.9 GHz ITS 频段共存	是，可与 C-V2X 技术在相邻信道共存	是，可与 802.11p 技术在相邻信道共存	是，可与 802.11p、LTE-V2X 和未来的 Wi-Fi 技术在相邻信道共存
是否有演进计划	不清晰	是	是，且与 R14/15 的 LTE-V2X 技术兼容

无线技术比较见表 2-16，802.11p 和 C-V2X 设计区别较大，主要因为 802.11p 基于 802.11 进行了时延优化，而 C-V2X 基于 LTE 和 NR 空口技术进行了优化。主要区别如下。

1）802.11p 是非同步系统，而 C-V2X 是同步系统。同步设计可以让 C-V2X 系统减小干扰，便于不同用户甚至 C-V2X 用户与蜂窝用户共存。

2）C-V2X 的用户可以支持 FDM 和 TDM，而 802.11p 只支持 TDM。

3）信道编码不同，Release 16 的 V2X 技术将采用 NR 的 LDPC 设计，相比 Turbo 码的解码时延和复杂度更低，性能也更优，与 802.11p 的卷积码比较，性能优势更加明显。

4）波形方面，Release 14/15 采用了覆盖更好的 SC-FDM 技术，Release 16 采用适用于 MIMO 的 OFDM 技术，以支持更大的数据速率，而 802.11p 也采用了 OFDM 技术。

5）资源分配方面，802.11p 采用了 CSMA-CA 技术，而 Release 14/15 增加了基于 SPS 的信道预测，性能优于纯竞争式资源分配，Release 16 目前还无法预测。

6）多天线支持方面，802.11p 没有规范相关内容，由终端自由实现。Release 14/15 规范了接收分集（强制）和发送分集（可选），Release 16 采用多天线的收发技术。

表 2-16 无线技术比较

无线技术	802.11p	C-V2X R14/15	C-V2X R16
是否同步	异步	同步	同步
信道带宽	10/20mHz	R14-10/20mHz	10/20mHz 和宽带（Wideband）（40/60/80/100/…MHz）
资源复用方式	TDM	TDM 和 FDM	TDM 和 FDM
数据信道编码	Convolutional	Turbo	LDPC
HARQ	不支持	支持	支持
波形	OFDM	SC-FDM	OFDM
资源选择方式	CSMA-CA	半静态传输结合 LBT	
MIMO	标准不支持	接收：强制要求 2 天线分集 发送：支持 2 天线发送分集	支持更多天线发送、接收分集
调制	最高 64QAM	最高 64QAM	最高 256QAM
典型业务传输频率	10~20 Hz	最高可达 50 Hz	超过 100 Hz

2.6.2 车路协同场景

随着以 C-V2X 为主体的通信技术的发展，近年来在智能交通和智能汽车领域，为提升驾驶安全性、交通效率以及用户体验，汽车与汽车、汽车与行人、汽车与交通设施均互相连接，形成车、行人以及基础设施互联的应用场景。以汽车行驶安全、交通效率提升和信息服务为主要应用场景的智能网联汽车以及智能车路协同系统成为发展焦点。

基于 C-V2X 的应用场景可划分为三大类：交通安全类（Safety）、交通效率类（TrafficEfficiency）以及信息服务类（Infotainment/Telematics）。表 2-17 给出了典型的车路协同应用场景。

表 2-17 典型的车路协同应用场景

应用场景	优先级 基本	优先级 扩展	实现方式
前向碰撞预警	√		V2V
跟车过近提醒（区别于 FCW，发生在 FCW 之前）		√	V2V
RSU 提醒碰撞（V2V 不可能的情况下）		√	V2I
碰撞不可避免警告		√	V2V/V2I
左转辅助/警告	√		V2V
汇入主路辅助/碰撞警告		√	V2V
交叉路口碰撞警告（有信号灯/无信号灯/非视距等，存在路边单元）	√		V2I
交叉路口碰撞警告（有信号灯/无信号灯/非视距等，不存在路边单元）	√		V2V
超车辅助/逆向超车提醒/借道超车	√		V2V
盲区警告/换道辅助	√		V2V
紧急制动预警（紧急电子制动灯）	√		V2V
车辆安全功能失控警告	√		V2V
异常车辆警告（包含前方静止/慢速车辆）	√		V2V
静止车辆提醒（交通意外、车辆故障等造成）	√		V2V
摩托车靠近警告		√	V2V/V2P
慢速车辆预警（拖拉机、货车等）		√	V2V
非机动车（电动车、自行车等）靠近预警		√	V2P
非机动车（电动车、自行车等）横穿预警/行人横穿预警	√		V2P
紧急车辆提示	√		V2V/V2I/V2N
大车靠近预警		√	V2I
逆向行驶提醒（提醒本车及其他车）		√	V2V
前方拥堵/排队提醒		√	V2I/V2V/V2N
道路施工提醒		√	V2I
前方事故提醒		√	V2I
道路湿滑/危险路段提醒（大风、大雾、结冰等）	√		V2I
协作信息分享（危险路段、道路湿滑、大风、大雾、前方事故等）		√	V2I
闯红灯（黄灯）警告	√		V2I
自适应近/远光灯（例如会车灯光自动切换）		√	V2V
火车靠近/道口提醒		√	V2I/V2P
限高/限重/限宽提醒		√	V2I

（交通安全）

(续)

应用场景		优先级		实现方式
		基本	扩展	
交通安全	疲劳驾驶提醒		✓	V2V
	注意力分散提醒		✓	V2V
	超载警告/超员警告		✓	V2N/V2P
交通效率	减速区/限速提醒（隧道限速、普通限速，弯道限速等）	✓		V2I/V2N/V2V
	减速/停车标志提醒（倒三角/"停"）		✓	V2I
	减速/停车标志违反警告		✓	V2X
	车速引导	✓		V2I/V2V/V2N
	交通信息及建议路径（路边单元提醒）		✓	V2I/V2N
	增强导航（接入互联网）		✓	V2N/V2I
	商用车导航		✓	V2N
	十字路口通行辅助		✓	V2V/V2I/V2N
	专用道动态使用（普通车动态借用专用车道）/专用车道分时使用（分时专用车道）/潮汐车道/紧急车道		✓	V2I
	禁入及绕道提示（道路封闭、临时交通管制等）		✓	V2I
	车内标牌	✓		V2I
	电子不停车收费（ETC）	✓		V2I
	货车/大车车道错误提醒（高速长期占用最左侧车道）		✓	V2I
	自适应巡航（后车有驾驶人）		✓	V2V
	自适应车队（后车无驾驶人）		✓	V2V
信息服务	兴趣点提醒		✓	V2I/V2V
	近场支付	✓		V2I/V2V
	自动停车引导及控制	✓		V2I/V2V
	充电站目的地引导（有线/无线电站）		✓	V2I/V2V
	电动汽车自动泊车及无线充电		✓	V2I/V2V
	本地电子商务		✓	V2I/V2V
	汽车租赁/分享		✓	V2I/V2V
	电动汽车分时租用		✓	V2I/V2V
	媒体下载		✓	V2I/V2V
	地图管理，下载/更新		✓	V2I/V2V

(续)

应用场景		优先级		实现方式
		基本	扩展	
信息服务	经济/节能驾驶		√	V2X
	即时消息		√	V2V
	个人数据同步		√	V2I/V2N
	SOS/eCall 业务	√		V2I/V2N
	车辆被盗/损坏（包括整车和部件）警告	√		V2I/V2N
	车辆远程诊断，维修保养提示	√		V2I/V2N
	车辆关系管理（接入互联网）		√	V2I/V2N
	车辆生命周期管理数据收集		√	V2I/V2N
	按需保险业务（即开即交保等）		√	V2I/V2N
	车辆软件数据推送和更新		√	V2I/V2N
	卸货区管理		√	V2I/V2N
	车辆和 RSU 数据校准		√	V2I
	电子号牌		√	V2I

从车路协同数据参与车辆控制的程度角度，可将车路协同应用场景分为以下三类：车路协同感知、车路协同决策和车路协同控制，具体定义见表 2-18。

表 2-18 车路协同应用场景分类

车路协同场景分类	场景类型定义	典型协同交互信息	通信需求	典型场景	车辆控制主体
协同感知类	基于车-车、车-路、车-人、车-后台通信，获取车辆周边交通环境信息，实现车辆与道路的信息交互和共享	地图、交通流量、交通标志、周边车辆/行人/非机动车位置、信号灯相位、道路预警等数字化信息	通信实时性、可靠性要求一般	车内标牌、道路施工提醒、闯红灯预警、交叉路口碰撞预警等	人
协同决策类	基于车-车、车-路、车-人、车-后台通信，实时获取车辆周边交通环境信息，与车载传感器的感知信息融合，作为自车决策与控制系统的输入	周边车辆/行人/非机动车位置、信号灯相位、道路预警等数字化信息	通信实时性、可靠性要求较高	列队行驶等	人/自动驾驶系统

(续)

车路协同场景分类	场景类型定义	典型协同交互信息	通信需求	典型场景	车辆控制主体
协同控制类	基于车－车、车－路、车－人、车－云平台通信，实时并可靠获取车辆周边交通环境信息及车辆决策信息，车－车、车－路等各交通参与者之间的信息进行交互融合，形成车－车、车－路等各交通参与者之间的协同决策与控制	车－车、车－路、车－云间的协同控制信息	通信实时性、可靠性要求最高	远程遥控驾驶、云控自动驾驶、路侧接管自动驾驶	自动驾驶系统

2.6.3 标准

2.6.3.1 通信层标准

目前，国际上主流的车联网无线通信技术有 802.11p 和 C-V2X 两条技术路线。802.11p 技术由电气和电子工程师协会（Institute of Electrical and Electronics Engineers，IEEE）于 2010 年完成标准化工作，支持车辆在 5.9GHz 专用频段进行 V2V、V2I 的直连通信。基于 802.11p 技术的车联网标准体系架构如图 2-72 所示。

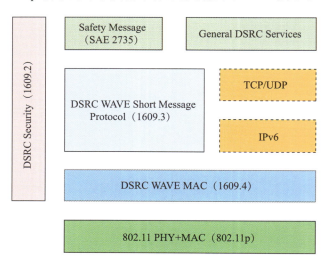

图 2-72 基于 802.11p 技术的车联网标准架构

C-V2X 是 3GPP 主导推动的由 4G/5G 蜂窝网通信技术演进形成的 V2X 技术，可实现长距离和更大范围的通信，在技术先进性、性能及后续演进等方面，相对 802.11p 更具优势。C-V2X 包含 R14 LTE–V2X、R15 LTE–eV2X 和向后演进的 5G–V2X（NR–V2X）。其中，R14/R15 LTE–V2X 由大唐、华为等中国企业牵头推动，分别于 2017 年 3 月和 2018 年 6 月正式发布。2020 年 7 月，3GPP 宣布 R16 标准冻结，这标志着 5G 第一个演进版本标准完成。C-V2X 的标准化分为图 2–73 所示的三个阶段。

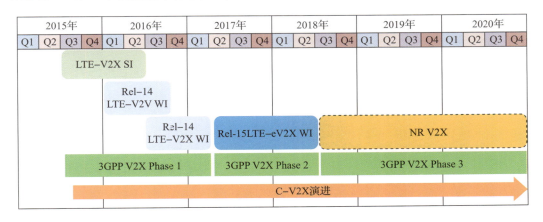

图 2–73　3GPP C-V2X 标准化进展

1. LTE-V2X 标准进展

目前，3GPP 已完成 R14 版本的标准化工作，主要包括业务需求、系统架构、空口技术和安全研究四个方面。业务需求方面，已经定义了包含车与车、车与路、车与人以及车与云平台的 27 个用例和业务要求，并给出了 7 种典型场景的性能要求。系统架构方面，已确定至少支持采用 PC5 传输的 V2X 业务和采用 LTE–Uu 的 V2X 业务。空口技术方面，已明确了 PC5 接口的信道结构、同步过程、资源分配、同载波和相邻载波间的 PC5 和 Uu 接口共存、无线资源控制（RRC）信令和相关的射频指标及性能要求等，并研究了如何通过增强 Uu 传输与 PC5 传输来支持基于 LTE 的 V2X 业务。安全方面，已完成了支持 V2X 业务的 LTE 架构增强的安全方面研究。

2. LTE-eV2X 标准进展

LTE-eV2X 指支持 V2X 高级业务场景的增强型技术研究阶段（R15）。目标是在保持与 R14 后向兼容性的前提下，进一步提升 V2X 直通模式的可靠性、数据速率和时延性能，以部分满足 V2X 高级业务需求。标准 TS22.886 已定义了 25 个用例，共计 5 大类增强的 V2X 业务需求，具体包括基本需求、车辆编队行驶、半/全自动驾驶、传感器信息交互和远程驾驶。目前，正进行的"3GPP V2X 第二阶段标准研究"主要包括载波聚合、发送分集、高阶调制、资源池共享及减少时延、缩短传输间隔（TTI）可行性及增益等增强技术。

3. 5G-V2X 标准进展

该阶段指基于 5G NR 的技术研究阶段（R16+），用于支持 V2X 的高级业务场景。5G-V2X 与 LTE-V2X 主要在业务能力上存在差异。5G-V2X 在支持更先进业务能力的同时，结合了 LTE 能力，兼顾对 LTE-V2X 的增强。本次冻结的 R16，是对 R15 的增强，实现了从"能用"到"好用"的进阶，围绕"新能力拓展""已有能力挖潜""运维降本增效"三方面，进一步增强了 5G 更好服务行业应用的能力，提高了 5G 的效率。面向车联网应用，支持 V2V 和 V2I 直连通信，通过引入组播和广播等多种通信方式，以及优化感知、调度、重传以及车车间连接质量控制等技术，实现 V2X 支持车辆编队、半自动驾驶、外延传感器和远程驾驶等更丰富的车联网应用场景。

2.6.3.2 应用层标准

目前，我国依据的车路协同应用层标准主要有 T/CSAE 53—2017《合作式智能运输系统 车用通信系统 应用层及应用数据交互标准》，以及由该标准转化的 YD/T 3709—2020《基于 LTE 的车联网无线通信技术 消息层技术要求》和 GB/T 31024.3—2019《合作式智能运输系统 专用短程通信 第 3 部分：网络层和应用层规范》。

T/CSAE 53—2017 是我国第一部 V2X 应用层标准，定义了 17 个符合我国国情的 V2X 典型应用场景，并分析了这些应用对数据交互的需求，同时借鉴欧美已有的 V2X 数据集标准，制定了具备我国特色的 V2X 应用层数据交互标准。应用场景涉及安全类 12 个、效率类 4 个、信息服务类 1 个，共 17 个。标准遵循"消息集－数据帧－数据元素"三层嵌套结构，开发制定了应用层数据集字典，并创新性地定义了 5 种基本 V2X 消息，以及构成这些消息的数据帧与数据元素。图 2-74 展示了该标准的主要范围。

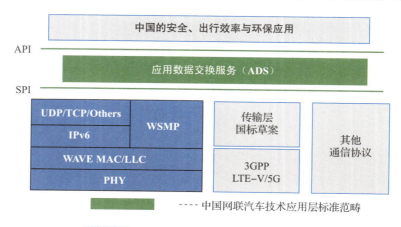

图 2-74 T/CSAE 53—2017 主要范围示意图

该标准从应用定义、主要场景描述、系统基本原理、通信方式、基本性能要求、数据交互需求六个方面对 17 个一期应用分别进行了阐述，具体应用见表 2-19。

表 2-19 17 个 V2X 一期应用场景

类别	序号	通信方式	应用名称
交通安全	1	V2V/V2I	交叉路口碰撞预警
	2	V2V/V2I	左转辅助
	3	V2V	紧急制动预警
	4	V2V	逆向超车碰撞预警
	5	V2V	盲区预警/变道辅助
	6	V2V-Event	异常车辆预警
	7	V2V-Event	车辆失控预警
	8	V2P/V2I	弱势交通参与者预警
	9	V2I	道路危险状况提示
	10	V2I	限速预警
	11	V2I	闯红灯预警
	12	V2V	前向碰撞预警
交通效率	13	V2I	基于信号灯的车速引导
	14	V2V	紧急车辆提醒
	15	V2I	车内标牌
	16	V2I	前方拥堵提醒
信息服务	17	V2I	智能汽车近场支付

车路协同的关键在于车与路之间的信息共享，如何共享信息，共享哪些信息，以什么样的形式进行信息共享，都是车路协同需要解决的问题。我国 V2X 应用层标准针对这些问题制定了 V2X 消息字典，其中的数据集按"消息集-数据帧-数据元素"三层嵌套结构进行制定，目前已发布的版本中包含 5 个消息集，如图 2-75 所示。通过这 5 个消息即可满足当前一期应用对空口数据的需求，开发者也可根据此消息字典开发属于自己的定制化应用。

图 2-75 5 类 V2X 消息

1. BSM

BSM 消息是车路协同应用中使用最广泛的一个应用层消息，用来在车辆之间交换安全状态数据。该消息一般会周期性地进行广播，将自身的状态信息告知周围车辆，支持一系列协同安全应用。BSM 消息基于 V2X 应用需求，以及车辆自身、车载传感器能获取的所有信息制定，消息主体包括：身份信息、定位和运动信息、内部状态信息以及一些扩展信息等。所有信息的格式和内容均对车辆类型和品牌不敏感。

【ASN.1 代码】

```
BasicSafetyMessage::= SEQUENCE {
    msgCnt MsgCount,
    id OCTET STRING (SIZE (8)),
    -- vehicle ID
    -- can be temperary or fixed
    plateNo OCTET STRING (SIZE (16)) OPTIONAL,
    -- Reserved for Electronic Vehicle Identification
    secMark DSecond,
    pos Position3D,
    accuracy PositionConfidenceSet,
    transmission TransmissionState,
    speed Speed,
    heading Heading,
    angle SteeringWheelAngle OPTIONAL,
    motionCfd MotionConfidenceSet OPTIONAL,
    accelSet AccelerationSet4Way,
    brakes BrakeSystemStatus,
    size VehicleSize,
    vehicleClass VehicleClassification,
    -- VehicleClassification includes BasicVehicleClass and other extendible type
    safetyExt VehicleSafetyExtensions OPTIONAL,
    ...
}
```

2. MAP

MAP 为地图消息，由路侧单元广播，向车辆传递局部区域的地图信息。包括局部区域的路口信息、路段信息、车道信息以及道路之间的连接关系等。单个地图消息可以包含多个路口或区域的地图数据。路口处的信号灯信息在 SPAT 消息中详细定义。

图 2-76 给出了 MAP 消息的主体结构，是一个层层嵌套的形式。其中，蓝色框为

必有项，灰色框为可选项。

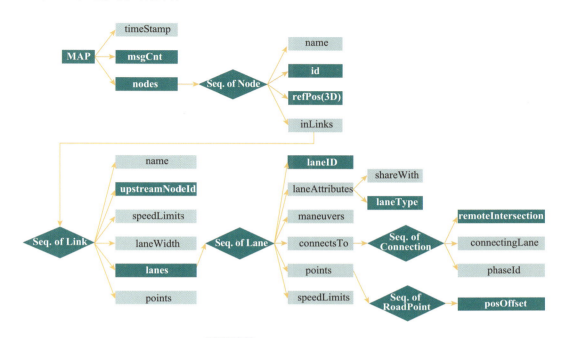

图 2-76 MAP 消息主体结构

【ASN.1 代码】

```
MapData::= SEQUENCE {
    msgCnt MsgCount,
    timeStamp MinuteOfTheYear OPTIONAL,
    nodes NodeList,
    -- intersections or road endpoints
    ...
}
```

3. SPAT

SPAT 为信号灯消息，包含了一个或多个路口信号灯的当前状态信息，结合 MAP 消息，为车辆提供实时前方信号灯相位信息。

SPAT 消息采用"信号灯-相位-灯色"三层结构，每一层描述各自属性。同时，SPAT 采用路口编号和相位编号与 MAP 中的转向关系关联，用以支撑相关应用。SPAT 消息主体结构如图 2-77 所示。

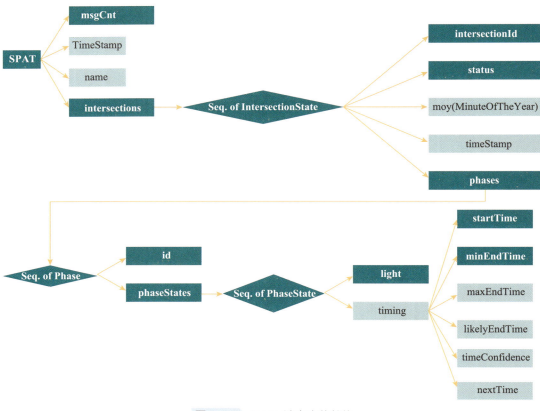

图2-77 SPAT消息主体结构

【ASN.1代码】

```
SPAT::= SEQUENCE {
    msgCnt MsgCount,
    timeStamp MinuteOfTheYear OPTIONAL,
    name DescriptiveName OPTIONAL,
    -- human readable name for this collection
    -- to be used only in debug mode
    intersections IntersectionStateList,
    -- sets of SPAT data (one per intersection)
    ...
}
```

4. RSI

RSI 消息是由路侧单元向周围车载单元发布的交通事件消息及交通标志标牌信息。其中，交通标志标牌信息参考 GB 5768《道路交通标志和标线》，包含其中所有标志标牌内容。针对一些动态的、临时的交通事件，例如"前方事故""前方路面结冰"等，还可以用文本消息的方式向车载单元发布。

车载单元在判定消息的生效区域时,根据自身的定位与运行方向,以及消息本身提供的区域范围来进行判定,而后向驾驶人推送。消息体中,参考点位置表示本信息产生的位置点(标志标牌的放置位置或交通事件的发生位置)。用有序的位置点列来表示该消息生效的车辆行进轨迹区段。用半径来表示区段的宽度以覆盖路段的宽度。RSI消息所传递的是道路相关的一些预警或提示信息,不用于车辆的求救或其他安全应用。

【ASN.1 代码】

```
RoadSideInformation::= SEQUENCE {
    msgCnt MsgCount,
    timeStamp MinuteOfTheYear OPTIONAL,
    id OCTET STRING (SIZE (8)),
    -- RSU ID
    rsiId INTEGER (0..255),
    -- local ID of this rsi information set by RSU
    alertType AlertType,
    -- Text message warning or Traffic sign type according to China GB5768
    description IA5String (SIZE (1..256)) OPTIONAL,
    -- Text message if alertType = 0
    -- Additional description to the traffic sign if alertType > 0
    -- e.g. describe the subtype of the traffic sign
    priority Priority OPTIONAL,
    -- the urgency of this message, a relative
    -- degree of merit compared with other
    -- similar messages for this type (not other
    -- messages being sent by the device), nor a
    -- priority of display urgency
    refPos Position3D,
    -- Position of traffic alert (traffic sign or incident)
    alertPath PathPointList,
    -- Warning is active if vehicle is within this path
    -- Points are listed from upstream to downstream
    -- along the vehicle drive direction.
    -- One path includes at least two points.
    alertRadius Radius,
    -- The biggest distance away from the alert path
    -- within which the warning is active.
    ...
}
```

5. RSM

RSM 消息是最具我国特色的一个消息标准，充分考虑了各类 V2I 应用以及其在我国的应用和推广前景。路侧单元通过一系列检测手段，得到周边交通参与者实时状态信息，并将这些信息整理打包成本消息体的格式，作为交通参与者的基本安全状态信息（类似于 BSM），广播给周边车辆。对 OBU 而言，RSM 消息是对 BSM 消息的一个极大补充，服务于面向安全的 V2I 应用。

【ASN.1 代码】

```
RoadsideSafetyMessage::= SEQUENCE {
    msgCnt MsgCount,
    id OCTET STRING (SIZE (8)),
    -- RSU ID
    refPos Position3D,
    -- Reference position of this RSM message
    participants ParticipantList,
    -- All or part of the participants
    -- detected by RSU
    ...
}
```

2.6.4 架构

车路协同系统由人（用户，即车路协同服务使用者）、车载终端（车）、路侧系统（路）和信息服务后台（后台）等实体构成，实体间可利用不同通信网络进行信息交互。

为实现实体之间的信息交互，实体必须具备一定的逻辑功能，至少应具备感知层、网络层和应用层，车路协同系统架构的描述方法可用图 2-78 来表示。

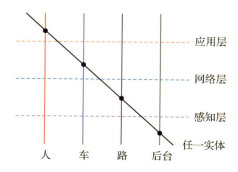

图 2-78 车路协同系统架构描述方法

在实现实体间交互时，实体可同时充当供应者和消费者的角色，既可作为信息的源头提供信息，也可消费来自自身或其他实体的信息，对信息进行分析处理和应用。

基于图 2-78，从纵向和横向这两个视角来阐述车路协同系统架构，可形成两个视图，即实体视图和通信视图，如图 2-79 所示。

图 2-79 车路协同系统架构描述

1）实体视图：从实体组成的视角概述和定义车路协同系统的主要物理组成，但不深入介绍物理硬件设计。

2）通信视图：从通信的视角阐述车路协同系统的通信类型、通信内容以及通信方式。

车路协同由具有网络通信能力且相互连接的实体组成（图 2-80），可分为四个部分，即人、车、路侧系统和服务平台。实体间可通过三类网络，对车辆自身、道路及环境信息进行采集、存储、分析和传输等，并最终实现相应的车路协同应用功能。

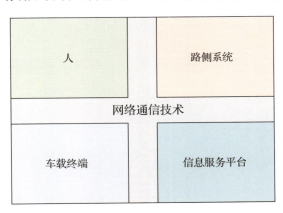

图 2-80 车路协同实体组成

通信是实现车路协同应用的基石和关键。车路协同基本通信架构如图 2-81 所示。

完整的车路协同系统由四个实体组成：人（移动终端，例如手机、iPad 等）、车（车载终端）、路侧系统和信息服务平台，各实体通过相互通信实现车路协同应用。各实体除与自身同种实体通信外，还与其他实体相互通信。

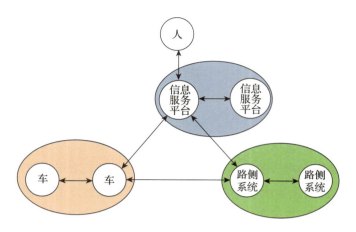

图 2-81 车路协同基本通信架构

车路协同系统的通信行为可具体划分为：车-车通信、车-路通信、车-平台通信、人-平台通信、路-路通信、路-平台通信和平台-平台通信。以每个实体为中心，各实体之间的具体通信内容如图 2-82 所示。其中，车-车通信和车-路通信属于车际网，其他通信均属于车载移动互联网。

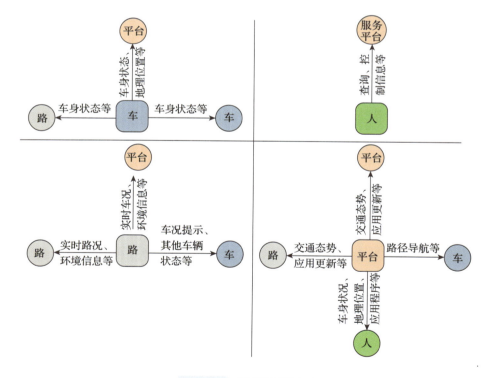

图 2-82 各实体通信内容

车路协同整体架构如图 2-83 所示。

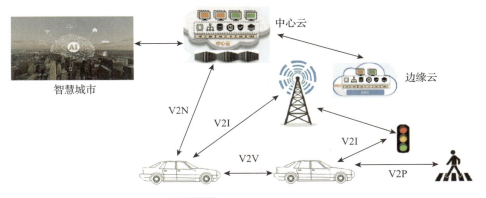

图 2-83 车路协同整体架构

车路协同软件架构主要分为底层通信层、中间数据处理层以及上层应用层，数据来源主要包括 V2X 通信获取的数据、本车传感器感知的外部数据以及本车 CAN 数据，通过对以上三种来源数据的初步筛选和处理，提供给中间层进一步做融合处理及目标分析，最终提供给上层应用算法使用。车路协同软件架构如图 2-84 所示。

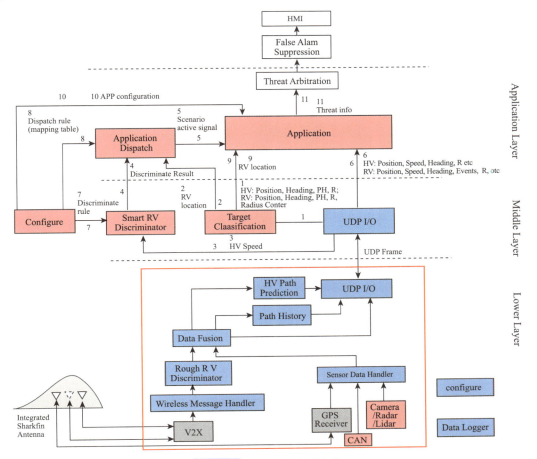

图 2-84 车路协同软件架构

2.6.5 应用案例

本小节以交叉路口碰撞预警应用场景为例,阐述车路协同典型应用场景的开发。

2.6.5.1 场景描述应用层标准

交通安全类应用场景是车路协同中一个重要的应用。装有 V2X 设备的车辆在行驶过程中,不断地广播其位置、行驶速度和航向角等运动状态信息。通过车-车信息实时交互,系统结合本车的运动状态信息和接收到的周围车辆的运动状态信息进行综合判断,判断本车与周围车辆是否有碰撞的可能,然后通过 HMI 向驾驶人发出警告,使驾驶人可以提前采取措施。

交叉路口碰撞预警解决的是交叉路口车辆之间的横向碰撞问题,由于交叉路口往往存在建筑物等遮挡视线的物体,传统感知手段无法有效检测路口横向来车,使交叉路口成为城市交通事故高发地点。通过车路协同技术,车辆可以通过通信手段不受视线遮挡地检测到交叉路口目标车辆,从而判断是否存在碰撞可能,及时提醒驾驶人采取有效措施避免交叉路口横向碰撞。

2.6.5.2 场景分析

本应用场景针对的是交叉路口横向碰撞场景,两车行驶轨迹必须存在交叉点,该交叉点即碰撞点,通过分析可知,两车横向交叉行驶的场景可具体分为图 2-85 所示的 12 个子场景。

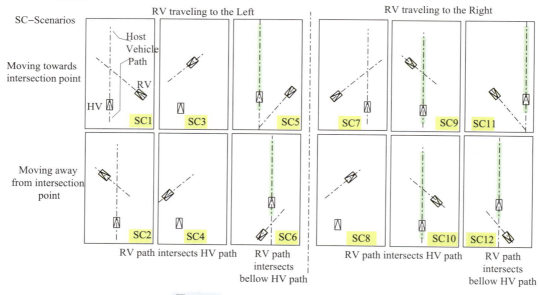

图 2-85 两车横向交叉行驶场景分类

图 2-86 中，子场景 SC1、SC2、SC3、SC4、SC5、SC6 为远车（RV），从自车（HV）右侧驶向左侧。其中，SC1、SC2、SC3、SC4 的碰撞点在自车（HV）的未来轨迹上，SC5、SC6 的碰撞点在自车（HV）的历史轨迹上，SC1、SC3、SC5 的碰撞点在远车（RV）的未来轨迹上，而 SC2、SC4、SC6 的碰撞点在远车（RV）的历史轨迹上，同理可对 SC7~SC12 进行相应分析。显然，只有碰撞点同时在自车（HV）和远车（RV）的未来轨迹上时，两车才有可能发生碰撞。因此，对上述子场景分析后的结果如图 2-86 所示，子场景 SC1、SC3、SC7 和 SC9 符合交叉路口碰撞条件。

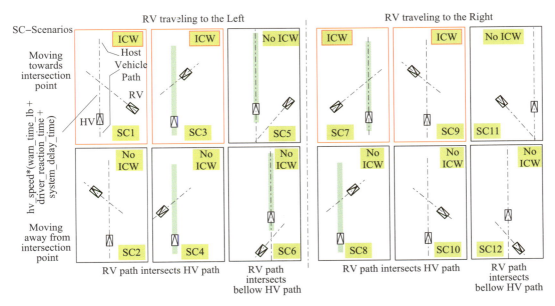

图 2-86 交叉路口碰撞子场景

2.6.5.3 碰撞预警策略场景

通过场景分析，初步得出哪些子场景可能发生交叉路口碰撞，但仅靠以上信息还无法确定两车一定会发生碰撞，因为并不能确定两车未来能同时到达碰撞点，该碰撞点暂时只是一个预碰撞点。

可通过预测两车到达碰撞点的时间来判断两车是否会发生碰撞，但以一个点作为两车在交叉口的碰撞位置是不准确的。由于没有考虑车辆的实际行驶状态，容易导致两车到达交叉口的预计时间与实际结果相比存在很大偏差。同时，考虑安全预警类应用的预警时机，应给驾驶人留有一定余量，以便于驾驶人有充足的时间采取规避措施。因此，这里提出碰撞区域的概念，该区域是以碰撞点为圆心的一个圆形区域，其半径大小由自车（HV）车速决定。

交叉路口碰撞预警场景解析如图 2-87 所示。其中，r_cz 为碰撞区域半径，hv_cz

_distance_enter 表示考虑缓冲距离 hv_front_buffer 后，自车（HV）车头与碰撞区域的最近距离，即自车（HV）进入碰撞区域需要行驶的距离。hv_cz_distance_exit 表示考虑了缓冲区域 hv_front_buffer 和 hv_rear_buffer 后，自车（HV）车尾与碰撞区域的最远距离，即自车（HV）完全驶出碰撞区域需要行驶的距离。rv_cz_distance_enter 表示考虑缓冲距离 rv_front_buffer 后，远车（RV）车头与碰撞区域的最近距离，即远车（RV）进入碰撞区域需要行驶的距离。rv_cz_distance_exit 表示考虑了缓冲距离 rv_front_buffer 和 rv_rear_buffer 后，远车（RV）车尾与碰撞区域的最远距离，即远车（RV）完全驶出碰撞区域需要行驶的距离。

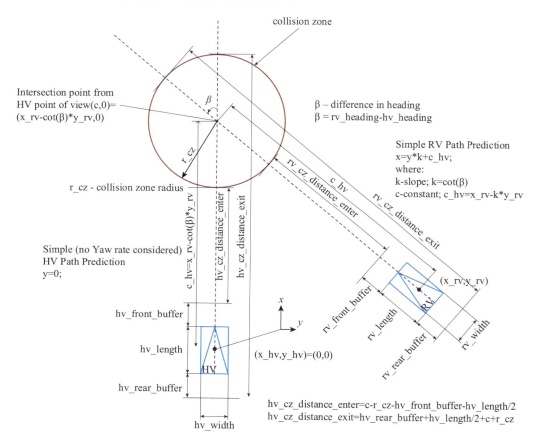

图 2-87　交叉路口碰撞预警场景解析图

根据自车和远车车速、加速度和位置等运动状态信息，可计算得到两车分别进入碰撞区域和离开碰撞区域的时间，用 hv_cz_time_enter 表示自车进入碰撞区域的时间，hv_cz_time_exit 表示自车离开碰撞区域的时间，rv_cz_time_enter 表示远车进入碰撞区域的时间，rv_cz_time_exit 表示远车离开碰撞区域的时间，对四个时间点重叠情况进行如图 2-88 所示的分析。

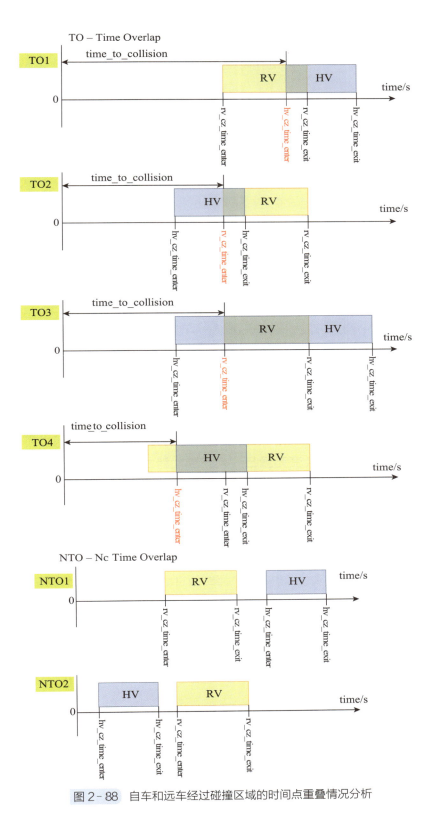

图2-88 自车和远车经过碰撞区域的时间点重叠情况分析

可见，前四种情况 TO1、TO2、TO3、TO4 下，两车在时空上存在同一时间同时出现在碰撞区域内的情况，即两车存在交叉碰撞危险。而后两种情况 NTO1 和 NTO2 中，两车交替经过碰撞区域，不存在交叉碰撞危险。

至此，已可判定当前场景是否存在交叉路口碰撞危险。由于车路协同可以感知中远距离上的目标，此类碰撞危险往往可以较早发现，但在实际场景中，为消除过早或频繁的预警提醒，在确保行车安全的前提下，尽量不给驾驶人造成过多驾驶负担，还需要对预警的时机进行合理设置。通常做法是根据 TTC（碰撞时间）来设置不同的警告等级，本书采取的预警机制如图 2-89 所示。

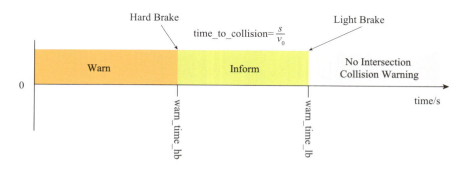

图 2-89　交叉路口碰撞预警机制

在图 2-89 中，time_to_collision 表示自车（HV）以当前车速驶入碰撞区域的时间，S 为自车（HV）当前时刻与碰撞区域的最近距离，warn_time_lb 表示自车（HV）以较小的减速度 a_{lb} 从当前时刻减速行驶，直至停车所需的时间，warn_time_hb 表示自车（HV）以较大的减速度 a_{hb} 从当前时刻减速行驶，直至停车所需的时间。当 time_to_collision 的值大于 warn_time_lb 时，无警告；当 time_to_collision 的值小于或等于 warn_time_lb，同时大于 warn_time_hb 时，触发一级预警（Inform），系统可适当提醒驾驶人注意。当 time_to_collision 的值小于或等于 warn_time_hb 时，触发二级预警（Warn），系统通过图文、声音和振动等多种组合警告形式提醒驾驶人及时采取措施。二级预警（Warn）相比一级预警（Inform）具有更高的危险性和优先级。注意，在计算 warn_time_lb 和 warn_time_hb 时，应充分考虑系统时延和自车（HV）的初始加速度，以提高警告结果的准确率。

2.6.5.4　场景实现碰撞预警策略

1. 车辆数据获取

车-车碰撞预警技术所需要的数据主要通过车辆 CAN 总线接口、GPS 传感器接口和 V2X 通信接口获得。其中，自车行驶状态信息主要由前两个接口获取，而周围车辆行驶状态信息主要通过 V2X 通信获得。

从车辆 CAN 总线接口中可获得车速、偏航率和转向盘转角等信息，详细描述见表 2-20。

表 2-20　车辆 CAN 总线数据

数据名称	单位	取值范围	数据类型
车速	km/h	0～360	double
转向盘转角	(°)	-780～780	double
偏航率	°/s	-90～90	double

从 GPS 传感器接口中可获得自车经纬度及航向角等信息，详细描述见表 2-21。

表 2-21　GPS 传感器数据

数据名称	单位	取值范围	数据类型
经度	(°)	73～135	double
纬度	(°)	3～53	double
航向角	(°)	0～360	double

以上是车辆的动态信息，而车辆 ID、车长、车宽和轴距则是车辆的固有属性，可以从预先配置的车辆文件中读取。车辆固有属性的描述见表 2-22。

表 2-22　车辆固有属性

数据名称	单位	数据类型
车辆 ID	无	String
车长	m	double
车宽	m	double
轴距	m	double

表 2-20～表 2-22 已列出车辆的主要基础数据，每一辆车的系统中都有专门的数据区域来存储自车数据和通过 V2X 设备获取的远车数据。当数据接口中有新数据或从 V2X 中获取新车辆数据时，系统中的车辆数据也会刷新，数据接口不是按统一频率刷新的。

2. 车辆数据处理

车辆数据处理是一个数据融合计算的过程，主要是对上文中读取的基础数据进行分析，将 GPS 的大地坐标系转换为以自车为中心的本地直角坐标系，分别计算出远车的直角坐标系坐标、直角坐标系下的航向角以及车辆的预测轨迹坐标点列表等。然后根据远车与自车的相对位置关系，对目标进行分类，为随后的碰撞检测提供碰撞场景判断依据。

3. 车辆碰撞判断

根据上文的分析,交叉路口碰撞预警的判断流程如图 2-90 所示。

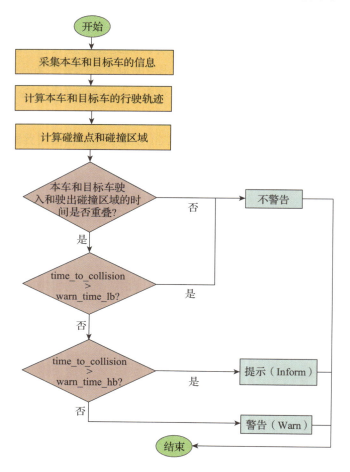

图 2-90 交叉路口碰撞预警判断流程

参考文献

[1] TAN M,LEQV. Efficientnet:Rethinking model scaling for Convolutional Neural Networks [C]. Rroceedings of the 36th International Conference on Machine Learning,PMLR97:6105-6114,2019.

[2] BRAM G,ALINV,ADRIAAN S,et al. 2020 Autonomous Vehicle Technology Report [R]. London:Wevolver,2020.

[3] 麻景翔. 基于毫米波雷达和相机信息融合的智能车辆目标跟踪方法研究[D]. 重庆：重庆邮电大学，2020.

[4] 杜悦. 具有安全性约束的智能车辆路径规划方法研究[D]. 重庆：重庆邮电大学，2020.

[5] 周增碧，丁可，孔周维，等. 自动驾驶车辆制动系统及控制方法：201810150318.6[P]. 2018-02-13.

[6] 文滔，熊周兵，孔周维. 单车道自动驾驶超越相邻车道车辆的路径规划系统及方法：201611125553.5[P]. 2016-12-09.

[7] 苏斌，梁锋华，张伟方，等. 一种汽车低速主动安全执行控制方法及控制系统：201910515067.1[P]. 2019-06-14.

[8] 杨东. 智能车辆自动驾驶域控制器设计与实现[D]. 重庆：重庆邮电大学，2020.

[9] 张盼，李增文，牛雷，等. 一种自动驾驶车辆在无信号灯交叉路口的通行方法：201910845931.4[P]. 2019-09-09.

[10] 刘鑫，李增文，张盼，等. 车辆交叉口碰撞预警方法：201610614851.4[P]. 2016-07-29.

[11] 公维洁，葛雨明，焦伟赟，等. C-V2X产业化路径和时间表研究白皮书[R]. 中国智能网联汽车产业创新联盟，2019-10.

[12] 李俨，曹一卿，陈书平，等. 5G与车联网[M]. 北京：电子工业出版社，2019.

[13] 王平，王超，刘富强. 车联网权威指南：标准、技术及应用[M]. 北京：机械工业出版社，2018.

Chapter 03

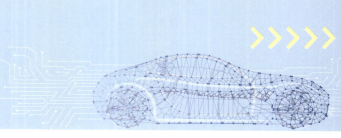

第 3 章
智能驾驶系统测试与评价

测试与评价是智能驾驶系统商业化落地过程中充满挑战的重要环节。不同于传统系统，智能驾驶系统是一个"人-车-环境-任务"强耦合系统，而且驾驶环境复杂多变，对测试验证的挑战非常大。如何全面、准确地评估智能驾驶系统的表现，特别是安全性，已经成为大规模商业化落地前急需解决的重要问题。

3.1 测试评价体系

关于智能驾驶系统的测试评价体系，行业普遍认可由世界汽车组织（OICA）提出的"多支柱法"，具体包括仿真测试、场地测试和道路测试三大测试方法，如图3-1所示。

三种测试方法各有特点，通过合理组合、优势互补，共同构成智能驾驶系统测试验证体系：仿真测试可覆盖在场地测试和道路测试中无法测试的极端危险场景；场地测试可重复测试在道路测试中无法测试或难遇到的挑战场景，同时可验证仿真测试结果；道路测试可验证智能驾驶系统在真实道路环境中的适应能力。不同测试方法的对比见表3-1。

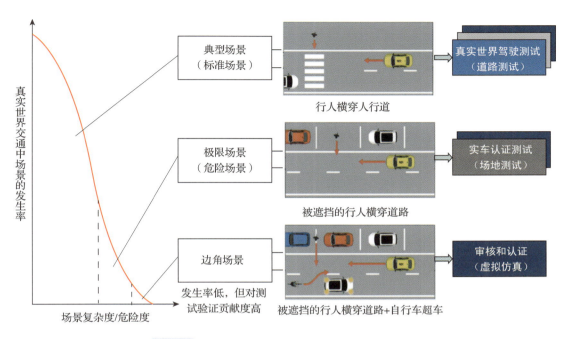

图 3-1 智能驾驶系统的"多支柱法"测试评价体系

表 3-1 不同测试方法的对比

评价角度	测试手段		
	虚拟测试	封闭场测试	公开道路测试
测试场景构建	场景可定制、可控，构建成本低、速度快	场景可定制、可控，构建成本高、速度慢	测试场景随机，不可控
测试场景覆盖度	自主定义测试场景，场景覆盖度高	场景数量受限于封闭场地基础设施；场景覆盖度低	大部分场景重复、无效；场景覆盖度难以评价
数据全面性	基于测试平台直接提取全息测试数据，数据全面，精度高	基于预先布置的监控设备提取数据，数据较全面	交通参与者行为数据采集难度大、精度低
测试效率	支持多车协同测试，测试效率高	同时测试对象数量受限，测试效率低	海量测试里程、超长测试周期

三种测试方法都以测试场景为基础。在实际测试评价中，根据具体智能驾驶功能、设计运行范围（Operational Design Domain，ODD）、各种测试资源和能力以及项目进度等综合制订测试评价策略，确保覆盖智能驾驶功能所要求的测试场景。

因此，以下首先介绍测试场景设计，然后分别介绍仿真测试、场地测试和道路测试。主要介绍客观评价的内容，最后单独介绍智能驾驶中的主观评价。

3.2 测试场景设计

智能驾驶系统从定义之初就带有强烈的场景属性，每个功能都需要处理其 ODD 对应的场景，相关的开发和测试验证都基于场景展开。如何定义、识别和建构测试场景是智能驾驶测试评价的关键，是一系列测试评价展开的基础。

3.2.1 测试场景的分类

1. 基于发生频度的分类

前文提到的 OICA 在"多支柱法"中，按真实道路交通中发生的频度将场景分为一般场景（Typical Scenarios）、危急场景（Critical Scenarios）和罕见场景（Edge Case Scenarios）。

一般场景保证智能驾驶系统的基本功能，危急场景拓展功能的适应性，罕见场景检验系统的可靠性。不同测试场景和测试方法的对应关系见表 3-2。

表 3-2 不同测试场景和测试方法的对应关系

测试方法	一般场景	危急场景	罕见场景
仿真测试	▲	▲	▲
场地测试	▲	▲	
道路测试	▲		

2. 基于抽象程度的分类

德国 PEGASUS 项目按抽象程度将场景分为功能场景（Functional Scenarios）、逻辑场景（Logical Scenarios）和具象场景（Concrete Scenarios）。

功能场景抽象程度最高，通过语义描述实体与实体之间的关系，例如：一辆小型乘用车和一辆货车行驶在右侧车道，小型乘用车跟随货车行驶。逻辑场景是对功能场景的进一步详细描述，通过定义状态空间内变量的参数范围，描述实体特征和实体间的关系。具象场景由某个确定的参数值来表示状态空间中实体与实体间的关系，如图 3-2 所示。

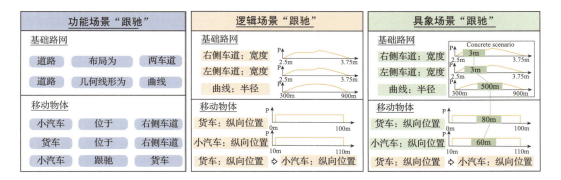

图3-2 基于抽象程度的测试场景分类

3.2.2 测试场景的构成要素

根据2018年8月中国智能网联汽车产业创新联盟、全国汽车标准化技术委员会智能网联汽车分技术委员会联合发布的《智能网联汽车智能驾驶功能测试规程（试行）》，将测试场景定义为车辆测试过程中所处的道路、交通、天气及车辆状态等要素的集合，各要素的分类方式如图3-3所示。

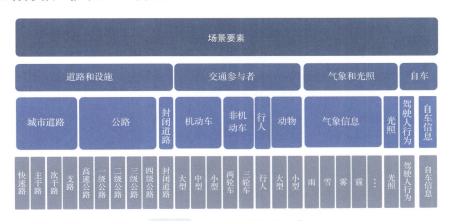

图3-3 测试场景的构成要素

注：图片来源于国汽（北京）智能网联汽车研究院有限公司。

3.2.3 测试场景的构建方法

明确了测试场景的分类方法和构成要素后，在场景构建过程中，应充分考虑不同要素和分类方法的特点，制订合理的场景采集方案和数据处理手段。

3.2.3.1 基于实车数据采集的构建方法

基于实车数据采集的构建方法包括如下步骤。

1. 实车数据采集方案设计

(1) 数据采集区域与路线

根据场景数据采集需求，分析不同目标区域内公共道路的类型与特征，确定数据采集的区域范围。考虑数据采集的量级要求与公共道路的通行要求，完成采集车辆的行驶路线规划。采集车辆行驶区域、路线等的确定，需要考虑采集范围的覆盖率，以提高场景数据采集的完整性。考虑到采集效率与成本因素，应选取更短的路线覆盖更多的场景，可结合道路测试经验、交通数据分析等方式确定数据采集区域和路线。

(2) 数据采集数量

根据采集场景不同，考虑不同地理位置、道路类型、气候环境、交通复杂度及参与者类型、季节效应、采集时段、采集人员及采集车辆类型等因素的影响。同时，根据测试目标还应考虑数据采集范围、数据精度和采集数量。

2. 实车数据采集系统配置

数据采集传感器选型与配置是数据采集工作的重要内容，不同传感器获取交通场景中的不同数据，对应的测量内容、测量精度和环境适应性等均不相同，常见的采集传感器及其特点如下。

(1) 视觉传感器

视觉传感器的数据来源主要是工业相机，具有高图像稳定性、高传输能力和高抗干扰能力等。视觉传感器获取的图像或视频信息量大，实时性好，体积小，能耗低且成本低，但易受光照影响，三维信息测量精度较低。基于视觉传感器的视频数据处理流程一般包括图像采集、图像预处理、图像特征提取、图像模式识别和结果传输等，根据具体识别对象和采用的识别方法，感知流程会略有差异。机器视觉是环境感知最常用的方法之一，从图像中获取的数据信息丰富，能分析出目标物体的类型、距离信息和运动轨迹等。

(2) 激光雷达

激光雷达可获取车辆周围环境二维或三维距离信息，通过距离分析识别技术对行驶环境进行感知。激光雷达能直接获取物体三维距离信息，测量精度高，对光照环境变化不敏感，但无法感知无距离差异的平面内目标信息。通过激光雷达的准确数据可进行障碍物检测、动态障碍物跟踪和环境重建等。

(3) 毫米波雷达

毫米波雷达与激光雷达一样，也可获取车辆周边环境二维或三维距离信息，通过距离分析识别技术对行驶环境进行感知。毫米波雷达抗干扰能力强，受天气情况和光照的影响较小，体积小，传播损失比激光雷达少。

（4）超声波传感器

超声波传感器主要用于短距离探测物体，不受光照影响，但测量精度受测量物体表面形状、材质影响较大。超声波传感器的工作原理是通过发射和接收频率在 40 kHz 左右的超声波，根据时间差测算出障碍物距离。超声波传感器探测距离较短，一般不超过 6m。超声波传感器一般安装在汽车的保险杠或者车身侧面，用于测量汽车前后障碍物和侧方障碍物。

（5）车辆定位设备

车辆定位主要基于三种技术：第一种是基于全球导航卫星系统（GNSS）的定位方式，利用一组卫星的伪距、星历和发射时间等观测量，计算获取目标的三维坐标、速度等信息；第二种是基于惯性导航航迹推算的定位方式，主要使用加速传感器和陀螺仪来测量物体的加速度和旋转量，连续估算运动物体位置、姿态和速度信息；第三种是基于特征匹配的定位方式，主要依据传感器数据特征匹配来实现车辆自主定位。

（6）网联设备 V2X

网联设备 V2X 指车辆与车辆、行人、骑行者及基础设施之间的通信系统。通过 V2X 技术对车载传感器获得的信息进行通信传输，进而实现在整个车联网系统中的信息共享。5G 技术可为 V2X 通信提供强大支撑，具有高速率、高可靠性和低时延特性，可支持 3D 高精度地图数据以及车辆、行驶环境数据的传输，可实现大规模网络设备间的通信。

3．数据处理步骤

（1）数据预处理

数据预处理的主要任务是统一数据格式，把不同数据源中的数据按数据仓库中的数据格式转入到数据库中。如果数据源与数据仓库使用相同的数据库，则可使用关系型数据库自带的数据库连接功能，将数据仓库服务器与原系统连接起来；如果数据源与数据仓库使用不同关系型数据库，则要先将数据库中的数据文件导出为指定格式的文本文件，再将得到的数据库文件导入到指定的数据库。

（2）数据挖掘

测试场景包含很多要素，这些要素又组成了多种多样的场景，如何利用各要素的属性与特征，以及如何根据实际的交通状况去挖掘有意义的场景，对场景库的建设十分重要。当场景库中有了初步的场景信息后，又需要用有效的数学分析方法去归类、扩充、优化现有场景。这些都需要用数据挖掘技术来实现。现实中的日常交通场景通常不能直接应用到场景库中，需要甄别出具有典型性或普遍性的场景对智能驾驶汽车进行测试。例如需要从纷繁的交通信息中分离出交通事故或潜在交通隐患的场景，或自然驾驶状态下的典型场景等。获取上述典型性场景后，就需要用特定的方法来对这些场景的等级进行分析或覆盖率分析,并对这些场景中的车辆或行人等特征进行提取挖掘。

(3) 场景生成

现实道路上的车辆在行驶过程中会遇到各种各样的场景,在智能驾驶汽车测试过程中难以覆盖道路上的所有场景。场景复现是一种场景生成方法,复现场景的数据源于现实道路采集,使场景尽可能重现真实交通中的自然驾驶场景、存在隐患的场景和事故场景等。复现场景应在可行的前提下,尽可能高效、准确地反映出潜在风险对智能驾驶汽车的影响。

为提高场景的覆盖率,需要考虑对已采集的场景进行推演归纳处理,从而衍生出更多合理场景,即场景重构。重构场景不限于采集车所获取的真实场景,通过其他非自然驾驶状态获得的场景也可进行场景的演绎归纳。场景重构过程可根据场景元素的分类与特征,分析不同元素对智能驾驶汽车的影响,基于元素的关联关系或人工经验等对场景元素进行重新组合生成新的场景。场景重构过程可能生成现实世界难以发生的场景,需要对场景进行初步测试验证后,才能用于智能驾驶车辆的研发工作。

场景重构过程中通过推演归纳等生成新的场景,尽量实现覆盖最大化。覆盖最大化包含了全覆盖和伪全覆盖。全覆盖指在软件测试中实现代码覆盖、条件覆盖等。某些软件测试不能达到100%覆盖测试,只能达到伪覆盖,通过特定的方法来尽量达到更高的覆盖率。结合场景库构建与应用分析,可从以下几方面提高覆盖率:①新颖性覆盖:使用某种度量标准,以衡量每个新样本与以前所有样本的差别;②严重程度覆盖:依据场景的严重程度(例如交通事故伤害)进行划分,然后使选取的场景尽可能覆盖不同类别的场景;③已知问题的接近覆盖测试:对某种已知问题,当不能再现其出现场景时,可通过若干种方式以接近于其 Bug 的状态进行测试覆盖。

3.2.3.2　基于虚拟生成的构建方法

基于虚拟生成的构建方法通常包括基于建模软件和基于高精地图两种方法。

(1) 基于建模软件构建场景

根据需求利用 3D 建模软件构建仿真模型,或使用模型库中提供的现成模型,然后对准备齐全的仿真模型进行整合,从而构建出预期的仿真场景。

(2) 基于高精地图生成场景

对来自点云、全景图、测绘矢量和卫星影像等的多种真实非结构化测绘数据进行融合和结构化处理,并调用虚拟资源进行虚拟场景生成,让机器深度理解道路、交通等环境。具体实现过程如下:①收集:点云、全景图、测绘矢量和卫星影像等的真实非结构化测绘数据;②数据结构化:对真实测绘数据进行结构化,构建高精地图;③场景生成:以结构化数据为基础,根据不同语义,调用不同虚拟资源生成场景。

3.2.4 国内典型测试场景库

目前，国内有中汽数据有限公司、中国汽车工程研究院股份有限公司、腾讯和百度等公司建立了场景库。

1. 中汽数据有限公司场景库

中汽数据有限公司已初步建成覆盖自然驾驶及标准法规的测试场景库。在自然驾驶场景方面，截至 2018 年底，中汽数据有限公司已采集超过 32 万 km 自然驾驶里程数据，地域覆盖北京、天津和上海等重点城市，工况覆盖高速、城市、乡村和停车场等重点领域，环境覆盖晴天、雨天、雪天和雾霾等多种天气，范围覆盖典型场景、边角场景和事故场景等多种类型。在标准法规场景方面，中汽数据有限公司已基于国际标准化组织（International Organization for Standardization，ISO）、美国高速公路安全管理局（National Highway Traffic Safety Administration，NHTSA）、欧洲新车安全评鉴协会（The European New Car Assessment Programme，Euro NCAP）和中国新车评价规程（China-New Car Assessment Programme，C-NCAP）等多项标准、评价规程构建了 20 余种标准测试场景，支持自动制动系统（AEB）、自适应巡航控制（ACC）、车道保持辅助系统（LKA）和自动泊车辅助系统（APA）等多种智能驾驶功能的仿真验证，同时贯通了标准场景的自动化测试流程。中汽数据有限公司结合多源异构的驾驶场景大数据，涵盖实车采集的全国多个省市高速公路、城市、乡村和停车场等驾驶场景，以支撑智能驾驶汽车的仿真开发与测试工作，形成一套由采集数据到仿真数据的完整场景体系，如图 3-4 所示。

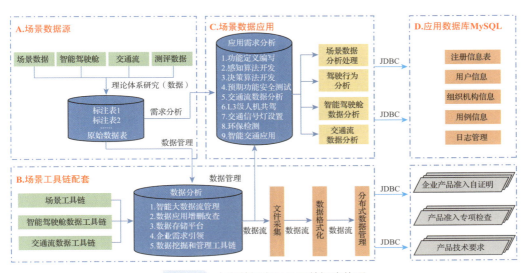

图 3-4 中汽数据有限公司数据库体系

2. 中国典型场景库 V2.0

2019 年 10 月 11 日，中国汽车工程研究院股份有限公司发布了"中国典型场景库 V2.0"，其总体方案如图 3-5 所示。"中国典型场景库 V2.0"包括数百例标准法规场景、3000 例经验式场景、5 万例功能场景和 150 例事故场景，同时附有详细的场景库构建方法，目前对外免费公开 30 例场景。"中国典型场景库 V2.0"参考德国 PEGASUS 项目的场景分类体系，以及自动化及测量系统标准协会（Association for Standardisation of Automation and Measuring Systems，ASAM）推出的 OpenDRIVE 和 OpenSCENARIO 仿真格式，构建具备中国驾驶特征的场景库。"中国典型场景库 V2.0"总体方案，包括场景数据采集、场景分类提取、场景统计分析和虚拟场景转换生成等，可应用于模型在环（Model In Loop，MIL）、软件在环（Software In Loop，SIL）和硬件在环（Hardware In Loop，HIL）等虚拟仿真系统的测试。

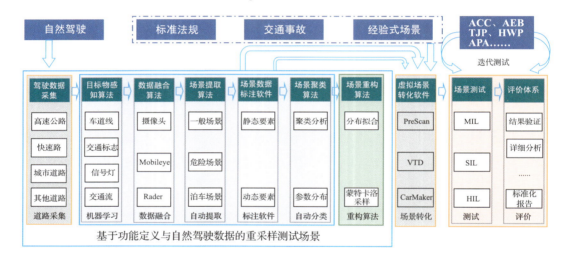

图 3-5 "中国典型场景库 V2.0" 总体方案

3. 腾讯 TAD Sim 场景库

TAD Sim 根据智能驾驶测试需求，提供结构化/非结构化、静态/动态、危险、极限和复杂场景集，并考虑中国特有的典型交通场景和国内法规标准要求，提供算法功能和性能的测试场景。自 2018 年以来，腾讯智能驾驶积累了超过 50 万 km 里程的交通场景数据。TAD Sim 数据集涵盖车辆避撞能力、交通合规性、行为能力、视距影响下交叉路口车辆冲突避免、碰撞预警、紧急制动、危险变道、无信号交叉路口通行和行人横穿等方面。目前，场景库包括 1000 种场景类型，可泛化生成万倍以上规模的丰富场景。

4. 百度 Apollo 测试场景库

百度 Apollo 测试场景库包含日常行驶场景、高碰撞风险场景和法律法规场景等，还包含已经形成行业标准的场景，如图 3-6 所示。目前，百度测试场景库已累积数百万个场景，且仍在不断增长。运行一轮测试场景库，相当于数百万千米的实际道路测试。

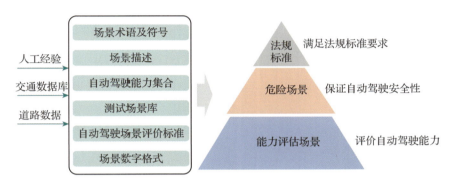

图 3-6 百度 Apollo 测试场景库

百度 Apollo 仿真场景分为 Logsim 和 Worldsim 两类。Logsim 是由路测数据提取的场景，提供复杂多变的障碍物行为和交通状况，使场景充满不确定性。Worldsim 是基于路测数据自动化场景挖掘手段进行逆向补充，由人为预设的障碍物行为和交通灯状态构成的场景，可简单、高效地测试智能驾驶系统。随着道路测试数据的积累，Worldsim 场景库的覆盖度将变得越来越高。

百度 Apollo 目前提供约 200 个场景，包括：①基于不同的路型，包括十字路口、调头、直行、三叉路口和弯道；②基于不同的障碍物类型，包括行人、机动车、非机动车及其他；③基于不同的道路规划，包括直行、调头、变道、左转、右转和并道；④基于不同的交通信号灯，包括红灯、黄灯和绿灯。

3.3 仿真测试

由于未知的危险交通场景难以穷尽，基于场景的实车测试方法存在技术瓶颈。按美国高速公路管理局的统计数据，驾驶者平均需要驾车行驶 85 万 km 才会经历一次警方报告事故，接近 1.5 亿 km 才会经历一次致命事故。每个智能驾驶系统需要160 亿 km 里程的数据来优化，需要 1000 辆测试车耗费大约 50 年才能完成。正是因为无法进行充分的道路测试，需要投入的时间和费用也不能承受，所以行业普遍认为需要进行仿真测试。

智能驾驶仿真测试指通过计算机仿真技术，建立静态环境与动态交通场景的数学模型，让智能驾驶汽车在虚拟交通场景中进行驾驶测试。仿真测试可满足测试场景可量化（场景要素特征可量化）、可复现（同一场景可在软件中重复）和高保真（在一定程度上呈现真实世界）的要求，具有场景覆盖率高、场景可定制和可控的特点。另外，仿真测试还具有效率高、成本低和安全性高的优点，可多核心并行测试，极大提高测试速度，缩短测试周期。

3.3.1 测试方法

仿真测试可应用于智能驾驶系统的概念设计、模型开发、软件开发、硬件开发和整车开发的各个阶段，从而大幅缩短开发和测试评价周期，提高测试中的可重复性并降低风险，同时便于数据采集。根据不同阶段，可将仿真测试方法分为 MIL、SIL、HIL、驾驶人在环（Driver In Loop，DIL）和整车在环（Vehicle In Loop，VIL）。

3.3.1.1 模型在环（MIL）

模型在环是较节省成本的嵌入式系统测试方式，模型驱动的开发及仿真环境有 MATLAB/Simulink、ASCET 等。模型在环测试主要应用于系统开发的初期阶段及建模阶段，没有硬件参与系统测试，主要用于验证算法的正确性。通过实时计算机仿真实现了虚拟部分。根据应用程序的不同，这种测试方法有许多优点：①仅对动力学未知的关键部件进行物理测试，降低了物理测试仪器的成本和复杂性；②在系统设计的初期就可开展测试工作；③有时很难在物理上创造的使用条件，例如实际环境或空气动力，可用计算机模型准确模拟；④模拟系统的特性可改变，比改变物理组件更方便。

3.3.1.2 软件在环（SIL）

软件在环是一种等效性测试，测试的目的是验证代码与控制模型在功能上是否完全一致。其基本原则一般是使用与 MIL 完全相同的测试用例输入，将 MIL 的测试输出与 SIL 的测试输出进行对比，考察二者的偏差是否在可接受范围内。

通常将 Simulink 中开发的模型算法自动生成为 C 代码。但由于代码自动生成工具本身的原因或代码生成工具没有正确设置或其他未知原因，自动生成代码过程可能引入一些错误。因此需要验证自动生成的代码与算法模型的一致性，这就是 SIL 测试。SIL 测试使用与 MIL 相同的测试用例，查看对相同的测试用例其输出是否与 MIL 测试一致。为保证测试的高效性，有时甚至不接入被控对象模型，而是对算法模型和生成代码进行相同的输入，查看输出是否一致。

3.3.1.3 硬件在环（HIL）

硬件在环测试中，智能驾驶系统的部分部件或系统是真实的，而环境是虚拟的，主要包括环境感知系统在环测试、决策规划系统在环测试和控制执行系统在环测试等。其测试要求包括：持续测试（可根据此时目的进行自动测试）、组合测试（不同标准在同一场景中进行评价，例如安全性、舒适性等）和扩展性（简单功能的测试结果具有扩展性，例如对车道保持的测试结果可扩展应用于高级智能驾驶功能）。

1. 环境感知系统在环测试

环境感知系统在环测试主要包括摄像头在环测试、毫米波雷达在环测试、V2X在环测试以及多源传感融合系统在环测试等，其仿真信号主要有物理信号、原始信号、目标信号和最终列表信号等，图3-7所示为环境感知在环测试系统流程图。

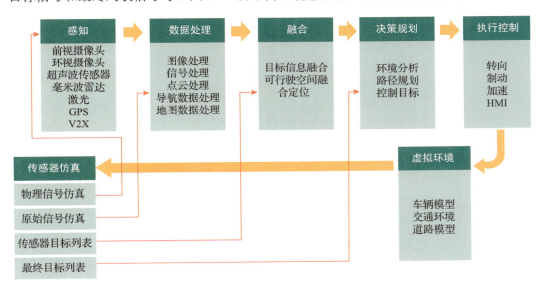

图3-7 环境感知在环测试示意图

对摄像头类控制器的闭环仿真测试方案有三种：视频注入测试方案、残余总线仿真测试方案和摄像头在环测试方案。视频注入式测试方案指借助场景三维建模软件中产生的视频数据流，通过高清多媒体接口（High Definition Multimedia Interface，HDMI）传输到传感器接口模块［Environment Sensor Interface（ESI）Unit］，实时进行预处理，例如提供像素误差和污渍等，然后通过POD转换为控制器图像处理单元所需要的CSI2、LVDS和Parallel等视频信息，通过实时监控控制器输出信号对性能和功能进行评价。残余总线测试方案指利用HIL机柜仿真图像采集处理模块与控制模块之间的总线通信，仿真控制模块所需的信息，例如车道偏离预警下需要的车道线距离，通过监控控制器输出信号对性能和功能进行评价。摄像头在环测试方案指不破坏控制器的整体结构，无须了解图像采集模块与图像处理模块之间的通信协议的情况下，通过三维场景显示软件实时显示设计开发的道路场景图像，"欺骗"摄像头，通过监控控制器输出信息对性能和功能进行评价。

摄像头在环测试采用视频暗箱，主要由摄像头安装支架、视频显示设备、遮光黑盒、供电系统、线束和内部电源等硬件构成，视频暗箱是HIL设备的组成部分，HIL设备为暗箱提供所需的视频信号和摄像头供电信号，通过总线进行信息交互。视频暗箱工作原理：相机成像过程中，实际是将三维图像投影到二维平面，因此不可避免地会丢失景深方向的信息。如图3-8所示，由于景深信息的丢失，物体1与物体2理论上在相机内成的像是一样的。视频暗箱即利用此原理，通过将实际视角内的图像缩放到屏幕上，然后通过设置合理的光轴距离和安装位置，使相机视角恰好覆盖整个屏幕，通过计算机屏幕全屏播放场景动画，则可模拟实车所采集的图像。图3-9所示为摄像头在环测试系统实物。

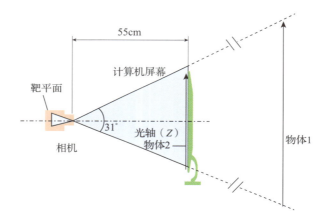

图3-8 摄像头在环测试暗箱原理

图3-9 摄像头在环测试系统实物

毫米波在环测试系统主要由待测毫米波雷达和雷达目标模拟器组成。其中，雷达目标模拟器主要由信号发射与接受前端、信号调制模块和吸波暗箱组成，图3-10和图3-11所示分别为雷达模拟器的基本原理和吸波暗箱。

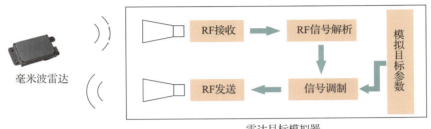

图3-10 雷达模拟器原理

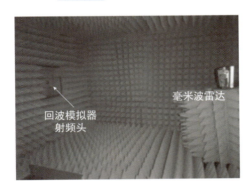

图3-11 吸波暗箱

毫米波雷达在环测试系统的基本工作原理：将虚拟场景中的毫米波雷达传感器信息通过网络发送给上位机，上位机将对收到的场景中的虚拟毫米波信息进行处理，计算出延迟时间、转台旋转角度、转台旋转方向和两个模型之间的模拟距离及角度；被测毫米波雷达跟着转台转动并发出毫米波射频信号；由回波模拟器接收并通过矢量信号分析仪的分析得到振幅、频率和周期；延时控制器根据延迟时间控制毫米波信号发生器的工作时刻；在工作时刻，毫米波信号发生器生成与接收射频信号的振幅、频率和周期相同的发射信号，通过回波模拟器发送到暗箱中，由待测毫米波雷达接收。

2. 决策规划在环测试

决策规划在环测试指将真实的车辆控制器放入虚拟的整车环境中，使用实时处理器运行仿真模型来模拟被控对象的状态，并通过控制器局域网络（Controller Area Network，CAN）接口、输入/输出（Input/Output，I/O）接口等将车辆控制器与仿真模型连接。由于智能驾驶汽车功能的复杂性，对决策规划系统进行硬件在环测试是验证智能驾驶安全性过程中非常重要的一环。

3. 控制执行在环测试

控制执行在环测试主要包括制动系统在环测试、转向系统在环测试和驱动系统在环测试等。控制执行硬件在环测试方法发展较早，目前已较为成熟，搭建可靠的感知系统在环试验台与决策规划系统在环试验台是今后研究工作的重点内容。图 3-12 所示为转向机构在环测试系统。

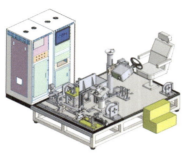

图 3-12 智能驾驶转向机构在环测试系统

硬件在环测试的优点：①可实现自动化测试，测试效率高；②针对汽车高级驾驶辅助系统（Advanced Driving Assistance System，ADAS）或智能驾驶系统，可采用虚拟场景的方法，测试工况覆盖更全，特别是一些极限场景，实际道路试验存在很高的危险性，而 HIL 测试更为安全。

3.3.1.4 驾驶人在环（DIL）

驾驶人在环测试指将驾驶人引入仿真测试闭环。需要的仿真系统包括车辆模拟系统、环境模拟系统和驾驶模拟系统，利用此方案展开的测试包括：①人机切换策略测试，即在人机共驾过程中，通过对切换时间、舒适性和安全性等的评价，评估人机共驾策略的合理性；②人机接口（Human Machine Interface，HMI）系统设计，即配合驾驶模拟器中可配置的人机交互界面，可在概念设计初期从声音、图像等方面对人机交互设计进行主观评价，尽早发现设计中的缺陷并加以完善，从而提高设计质量和效率；③驾驶人行为分析，即利用驾驶模拟器提供的驾驶人在环系统，通过给驾驶人穿戴相关的传感设备，可在智能驾驶的不同交通场景下对驾驶人的行为进行分析，例如疲劳、注意力、心跳、压力和焦虑等；④耐久性测试，即通过建立虚拟的道路、交通和天气等场景，对智能驾驶系统进行模拟真实道路的耐久性测试。

通过驾驶人在环测试系统，可将驾驶人的主观评价提前到智能驾驶系统开发阶段，而不必等到智能驾驶汽车生产出来，大幅缩短了智能驾驶系统的开发和测试周期，降低了开发成本。

3.3.1.5 整车在环（VIL）

整车在环测试，指将智能驾驶系统集成到真实车辆中，并通过实时仿真机及仿真软件模拟道路、交通场景及传感器信号，从而构成完整测试环境的方法，可实现智能驾驶系统的功能验证、各场景仿真测试、与整车相关电控系统的匹配及集成测试，测试结果更加可靠。整车在环测试系统总体方案如图3-13所示。整车在环测试目前有封闭场地车辆在环和室内整车在环两种。

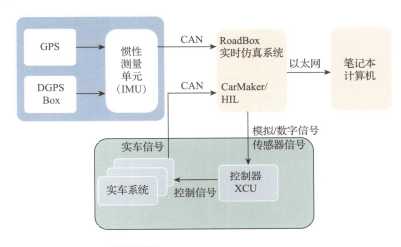

图3-13 整车在环测试系统总体方案

封闭场地车辆在环测试，即车辆在封闭的空旷场地上进行测试，场景仿真系统生成虚拟场景，由传感器模型和传感器信号模拟软件生成基于虚拟场景的传感器信号，并发送给车辆电子控制单元（Electronic Control Unit，ECU）。ECU根据环境感知数据进行决策规划和任务执行，同时，场景模拟软件读取车辆全球定位系统（Global Positioning System，GPS）及航向信息用于更新参数，并根据新的位置信息给出传感器模拟信号，其实现效果如图3-14所示。

图3-14 封闭场地整车在环实现效果

封闭场地车辆在环测试的关键组成部分有惯性测量单元、虚拟仿真环境、传感器仿真、实时仿真机和真实车辆。其中,惯性测量单元主要用于通过精准的差分全球定位系统(Differential Global Position System,DGPS)定位,获取车辆的位置信息,计算出车辆速度、加速度和偏航角等信息,为实时仿真系统提供车辆的运动状态;虚拟仿真环境主要提供一个完整的虚拟交通测试环境,包括道路、交通车辆、行人和交通环境,真实车辆置身于虚拟测试环境中完成不同驾驶任务,可实现复杂多变的虚拟道路环境(例如停车场、双向多车道、高速公路和环岛等)、多种多样的交通车辆配置(例如乘用车、货车、公共交通车辆和摩托车等多种车型)、行人模拟(包括男人、女人和小孩,以及其站立、行走和跑步等动作)和逼真的虚拟环境(例如树木、建筑物、导向标识、交通信号灯和交通标志等);传感器的仿真采用真实的或虚拟的方式,通过VIL 设备将虚拟交通场景的信息传递给智能驾驶系统;实时仿真机主要用于提供实时运行的仿真环境,并实现虚拟与真实信号的交互;真实车辆包括车辆及电控系统,运行在一个宽阔安全的平地上。对被测的驾驶辅助系统来说,它实际是运行在预先设定的交通测试环境中。

室内整车在环就是将装备了传感器并集成了实时系统的整车置于转鼓或负载电机平台上,被测车辆的绝对位置是固定不变的,通过虚拟测试场景来模拟道路、交通场景及交通参与者与被测车辆的相对运动。该测试系统中的传感器部件为真实硬件,可在各种虚拟交通场景下模拟智能驾驶系统的性能,因此测试结果更加可靠,图 3-15 所示为用于汽车 ADAS 系统测试的瑞典 Rototest 公司整车在环测试系统。

图 3-15 瑞典 Rototest 公司整车在环测试系统

实车测试的环境是最准确的,但实车测试仍然存在如下问题:测试时间、人力、场地等成本高;变换不同场景测试费时费力;有人参与的情况下安全较难保证;随机因素多、可重复性低等。整车在环测试可辅助解决以上问题。通过实车在环测试可有效减少 ADAS 系统的开发与集成测试时间，同时可大幅降低成本，减少危险事件。与传统的 HIL 测试相比，VIL 用真实车辆替代了车辆模型，很大程度上提高了被测控制器性能测试结果的精确度；与实车测试相比，由于实现复杂且难以复现的交通场景用仿真的方式来实现，可快速建立各种测试工况，工况的可重复性使 ADAS 算法的快速迭代开发成为可能。总之，VIL 消除了实车测试与 HIL 测试间的鸿沟，此外还具有如下优势：①实现快速测试，提升测试效率；②可测试 ADAS 系统与执行机构（动力、制动、转向）间的交互功能；③降低实车测试的难度和风险，减少交通事故和降低风险；④减少对场地、真实交通和试验车辆的需求，可复用 MIL 和 HIL 测试的测试场景。

3.3.2 测试软件

随着智能驾驶技术的迅速发展，仿真测试软件也经历了多个发展阶段。早期的仿真软件主要关注车辆本身，以车辆动力学仿真为主，用来在车辆开发的过程对整车的动力性、稳定性和制动性等性能进行仿真，例如 CarSim、veDYNA 等。随着智能驾驶系统的复杂性进一步增加，相较于传统以车辆本身为研究主体的开发方式，智能驾驶汽车技术已经从单纯的车辆动力学和运动学相关的测试验证拓展到需要考虑复杂的交通、多变的天气、多样的驾驶任务和动态的驾驶状态等诸多因素的层面，为适应智能驾驶汽车的虚拟测试需求，很多专业的智能驾驶虚拟测试软件平台应运而生，提供道路环境，可编辑的交通参与车辆、行人和传感器模型，例如 PreScan、CarMaker 和 VTD 等。随着智能驾驶等级的提高，对仿真的交通真实程度的要求也越来越高，因此出现了模拟更为真实的交通环境的交通流软件，例如 Vissim、SUMO 等。现在的智能驾驶仿真系统的构成已经变得很复杂，不同仿真软件都有各自的优势和研发重点，搭建一个完整的仿真系统需要多个软件之间的配合。不同仿真软件都有各自的特点，第一类是专门的智能驾驶模拟仿真软件，例如 PreScan、VTD、51sim-one、Panosim 和 GaiA；第二类是基于游戏引擎的智能驾驶仿真软件，主要代表是基于 Unity 的 Lgsvl Simulator、baidu-Unity，基于 Unreal 的 CARLA、AirSim 等；第三类是基于机器人仿真软件的智能驾驶仿真器，例如基于 ROS 的 Gazebo、rviz 开发的仿真平台，基于 blender 开发的平台等。典型仿真测试软件的对比见表 3-3。

表 3-3 不同仿真测试软件的对比

仿真测试软件	所属公司	传感器仿真	车辆动力学仿真	交通流仿真
PreScan	SIEMENS	√	√	×
CarSim	MSC	√	√	×

（续）

仿真测试软件	所属公司	传感器仿真	车辆动力学仿真	交通流仿真
CarMaker	IPG	√	√	×
VTD	VIRES	√	√	×
CARLA	Intel，Toyota	√	√	×
CarCraft	Waymo	√	×	√
AirSim	Microsoft	√	√	×
Apollo	Baidu	√	√	×
Vissim	PTV	×	×	√
SCANeR	OKTAL	×	√	√
SUMO	DLR	×	×	√

典型的智能驾驶仿真测试软件介绍如下。

1. PreScan

PreScan 是 SIEMENS 公司开发的一款 ADAS 系统模拟平台，由基于图形用户界面（Graphical User Interface，GUI）的、用于定义场景的预处理器和用于执行场景的运行环境构成，专业的预处理器允许用户根据实际测试场景来快速构建测试场景，而且可方便地加入基础设施（树木、建筑和交通标志等）、交通参与者（车辆、行人和自行车等）、天气状况（雨天、雪天和大雾等）和光源（阳光、车灯和路灯等），可以通过导入 Google 地图和 GPS 导航器的数据来创建当地道路的道路模型，并且开放了 GDAS（Gradient-based search using Differentiable Architecture Sampler）数据接口，可直接利用 PC-CRASH 的事故数据来进行自动化事故场景重建。

PreScan 提供了理想传感器（Idealized Sensors）、精细传感器（Detailed Sensors）和真值传感器（Ground Truth Sensors）三种传感器模型。理想传感器模型可实现快速计算，但精度稍差。因为该模型并不考虑对象的真实几何形状，只是用包围盒代表对象，而且并未建立对象的响应模型，例如雷达波在物体表面的反射过程。精细传感器模型考虑了传感器的部分物理工作过程和一些传感器特性，这些都会导致传感器输出结果在理想值之上产生各种偏差，使输出结果更接近真实。目前，PreScan 提供的精细传感器模型包括照相机、鱼眼照相机、激光雷达、毫米波雷达和超声波传感器，还有一个通用的主动扫描式传感器，即不限原理传感器模型（Technology Independent Sensor，TIS）。真值传感器模型主要为各种算法提供对象在仿真过程中的真实值，以进行算法比较验证，包括为跟踪算法提供对象的准确运动状态，为立体照相机提供深度图，为车道偏离预警、车道保持系统提供真实的道路、车道信息，为目标检测算法提供准确的包围盒。它创建的实验模型基于 MATLAB/Simulink 模型，因此工程师和研发人员可通过更改 MATLAB/Simulink 模型来对实验模型进行快速修改和调整，并且 MATLAB/Simulink 模型允许用户加入自己设计的用于数据处理、传感器融合、决策和控制的算法，可通过 MATLAB/Simulink 导入更为精确的可重复使用的车辆动力学 MATLAB/Simulink 模型（例如来自 CarSim、Dyna4 或 ASM 的车辆动力学模型），自带的 3D 可视化查看器可将实验结果以 3D 动画的形式再现，并能提供多种视角，方便演示，其仿真过程如图 3-16 所示。

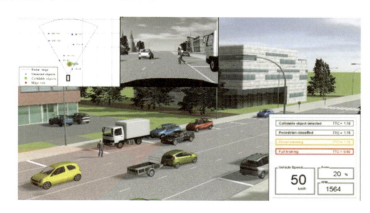

图 3-16 Prescan 软件仿真示意图

2. CarSim

CarSim 是 Mechanical Simulation Corporation（MSC）公司旗下的一款专门针对车辆动力学仿真软件。该软件适用性强，可在 Windows 环境下运行，能准确反映车辆对驾驶人输入、路面和空气动力学输入及外界环境干扰所产生的动力学响应，并反映相应的车辆操作稳定性、动力性、经济性、制动性以及驾驶平顺性等评价参数，为使用者提供强有力的数据分析基础。CarSim 使用方便、运算速度快、仿真数据精准、可扩展性强，目前广泛应用于各种车辆控制系统的设计和仿真中，尤其在快速控制原型（Rapid Control Prototype，RCP）和硬件在环（HIL）中起着非常重要的作用，为开发者提供了一个强有力的车辆支撑基础。

CarSim 软件主要包括图形化数据库、数学模型求解器和仿真结果后处理器三部分。其中，图形化数据库主要包括整车参数设置（包括车体、整车动力学参数等）、外部环境（例如道路环境、传感器信息等），而数学模型求解器可根据用户需求输入或输出动力学参数变量。

3. Virtual Test Drive（VTD）

VTD 是 VIRES 公司旗下一款应用于驾驶仿真的完整软件工具链，涵盖了道路建模、场景编辑、交通流仿真、声音及视景模拟、数据分析及后处理等几乎全部内容，可用于智能驾驶系统的开发与验证，并可实现软件在环、硬件在环、车辆在环和驾驶人在环仿真。该软件使用 Open DRIVE、Open CRG 和 Open SCENARIO 等开放标准，可轻松实现与其他仿真系统之间的数据交互。应用软件开发工具包（Software Development Kit，SDK）可实现对各种功能的二次开发，保证了软件的可扩展性。VTD 软件提供的理想传感器（Perfect Sensor）可提供各种对象的完整信息。同时，用户也可利用 SDK 嵌入自行开发的传感器插件（Sensor Plug-ins），实现对传感器一些物理特性的模拟，其仿真过程如图 3-17 所示。VTD 的仿真流程主要由路网搭建、动态场景配置和仿真运行三个步骤组成。其特点如下：①VTD 提供图形化的交互式路网编辑器 Road Network Editor，在使用各种交通元素构建包含多类型车道复杂道路仿真环境的同时，可同步生成 OpenDrive 高精地图；②在动态场景的建立上，VTD 提供图形化的交互式场景编辑器 ScenarioEditor，在 OpenDrive 基础上添加了用户自定义行为控制的交通体，或某区域连续运行的交通流；③VTD 运行时可模拟实时高质量光影效果，以及路面反光、车身渲染、雨雪雾天气渲染、传感器成像渲染和前照灯光视觉效果等。

图 3-17　VTD 软件仿真示意图

4. CarMaker

CarMaker 是德国 IPG 公司推出的动力学和智能驾驶仿真软件。CarMaker 首先是一个优秀的动力学仿真软件，提供精准的车辆本体模型（发动机、底盘、悬架、传动系和转向系等）。除此之外，CarMaker 还打造了包括车辆、驾驶人、道路和交通环境的闭环仿真系统。IPG Road 可模拟多车道、十字路口等形式的道路，并可通过配置

GUI 生成锥形、圆柱形等形式的路障。可对道路的几何形状及路面状况（不平度、粗糙度）进行任意定义。IPG Traffic 是交通环境模拟工具，提供丰富的交通对象（车辆、行人、交通灯和道路施工区等）模型，可实现对真实交通环境的仿真，如图 3-18 所示。测试车辆可识别交通对象，并由此进行动作触发（如限速标志可触发车辆进行相应的减速动作）。IPG Driver 提供先进的、可自学习的驾驶人模型，可控制在各种行驶工况下的车辆，实现上坡起步、入库泊车及甩尾反打转向盘等操作，并能适应车辆的动力特性（驱动形式、变速器类型等）、道路摩擦系数、风速和交通环境状况，调整驾驶策略。CarMaker 作为平台软件，可与很多第三方软件进行集成，例如 ADAMS（Automatic Dynamic Analysis of Mechanical Systems）、AVLCruise 和 rFpro 等，可利用各软件的优势进行联合仿真。同时，CarMaker 配套的硬件提供了大量板卡接口，可方便地与 ECU 或传感器进行 HIL 测试。

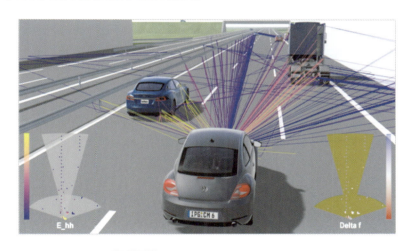

图 3-18　CarMaker 软件仿真示意图

5. Vissim

Vissim 是德国 PTV GROUP 集团提供的一款世界领先的微观交通流仿真软件。Vissim 可以方便地构建各种复杂交通环境，包括高速公路、大型环岛和停车场等，也可在一个仿真场景中模拟小型乘用车、货车、有轨交通车辆和行人的交互行为。它是专业的规划和评价城市/郊区交通设施的有效工具，也可用来仿真局部紧急情况、大量行人的疏散等。Vissim 的仿真可达到很高的精度，包括微观的个体跟驰行为和变道行为，以及群体的合作和冲突。Vissim 内置了多种分析手段，既能获得不同情况下的多种具体数据结果，也可从高质量的三维可视化引擎获得直观的理解。无人驾驶算法也可通过接入 Vissim 的高动态交通环境进行仿真测试。

6. SUMO

SUMO 是由德国国家宇航中心开发的开源微观连续交通流仿真软件。它附带了一个交通仿真路网编辑器，可通过交互式编辑方式添加道路、编辑车道连接关系、处理路口区域及编辑信号灯时序等，可通过一个单独的转化程序转换来自 Vissim、OpenStreetMap 和 OpenDrive 的路网，可通过编辑路由文件的方式指定每辆车的路由，或使用参数随机生成。在运行时，可同时处理数百万平方米、数万辆车的连续交通仿真需求，同时提供基于 OpenGL 的可视化端实时显示交通仿真结果。另外，SUMO 还提供 C++ 和 MATLAB 接口，可灵活地与第三方仿真程序联合运行。SUMO 通常用于交通领域流量、时序和预测等仿真，最近逐渐开始应用在无人驾驶的仿真上，为无人驾驶算法提供随机、复杂的动态环境。

7. PanoSim

PanoSim 是一款集复杂车辆动力学模型、汽车三维行驶环境模型、汽车行驶交通模型、车载环境传感模型（摄像头和雷达）、无线通信模型、GPS 和数字地图模型、MATLAB/Simulink 仿真环境自动生成、图形与动画后处理工具等于一体的模拟仿真软件平台。它基于物理建模和精确与高效兼顾的数值仿真原则，逼真地模拟汽车驾驶的各种环境和工况，基于几何模型与物理建模相结合理念建立了高精度的摄像头、雷达和无线通信模型，以支持数字仿真环境下，汽车动力学与性能、汽车电子控制系统、智能驾驶辅助与主动安全系统、环境传感与感知及智能驾驶等技术和产品的研发、测试和验证。

PanoSim 不仅包括复杂的车辆动力学模型、底盘（制动系、转向系和悬架）、轮胎、驾驶人和动力总成（发动机和变速器）等模型，还支持各种典型驱动形式和悬架形式的大、中、小型轿车的建模及仿真分析。PanoSim 提供三维数字虚拟试验场景建模与编辑功能，支持对道路及道路纹理、车道线、交通标识与设施、天气、夜景等汽车行驶环境的建模与编辑。

8. 51Sim-One

51Sim-One 是 51VR 公司自主研发的一款集多传感器仿真、交通流与智能体仿真、感知与决策仿真及智能驾驶行为训练等为一体的智能驾驶仿真与测试平台。该仿真平台基于物理特性的机理建模，具有高精度和实时仿真的特点，用于智能驾驶产品的研发、测试和验证，可为用户快速积累智能驾驶经验，保证产品性能安全性与可靠性，提高产品研发速度并降低开发成本。在场景构建方面，可通过 WorldEditor 快速从无到有创建基于 OpenDrive 的路网，或通过点云数据和地图影像等真实数据还原路网信息。支持导入已有的 OpenDrive 格式的文件进行二次编辑，最终由 51Sim-One 自动生成所需的静态场景。支持在场景中自由地配置全局交通流、独立的交通智能体，对车辆、行人等元素构建动态场景，结合光照、天气等环境的模拟来呈现丰富多变的虚拟世界。

在传感器仿真方面，51Sim-One 支持通用类型或定制需求传感器的多路仿真，满足对感知系统算法的测试与训练，同时支持各种硬件在环的测试需求。对于摄像头仿真，51Sim-One 提供语义分割图、深度图和 2D/3D 包围盒等带注释的图像数据集，可实现单目、广角和鱼眼等摄像头的仿真。对于雷达仿真，可提供激光雷达点云原始数据、带标注点云数据和识别物的包围盒等数据，同时提供目标级毫米波雷达检测物数据。

9. 百度 Apollo

百度 Apollo 仿真平台作为 Apollo 平台的一个重要组成部分，一方面用于支撑内部 Apollo 系统的开发和迭代，另一方面为 Apollo 生态的开发者提供基于云端的决策系统仿真服务。Apollo 仿真平台是一个搭建于百度云和 Azure 的云服务，可使用户指定的 Apollo 版本在云端进行仿真测试。Apollo 仿真场景可分为 Worldsim 和 Logsim 两类。Worldsim 是由人为预设的道路和障碍物构成的场景，可作为单元测试，简单高效地测试智能驾驶车辆。Logsim 是由路测数据提取的场景，真实反映了实际交通环境中复杂多变的障碍物和交通状况。Apollo 仿真平台也提供了较完善的场景，通过判别系统，可从交通规则、动力学行为和舒适度等方面对智能驾驶算法做评价。同时，Apollo 开发了基于 Unity 的真实感虚拟环境仿真，可提供 3D 虚拟环境、道路和天气的变化。

10. 腾讯 TAD Sim

腾讯 TAD Sim 集成了工业级的车辆动力学模型、专业的游戏引擎、三维重建技术和虚实一体的交通流技术，可完成感知、决策和控制算法等实车上全部模块的仿真实验，同时支持单机和云端部署的方式，一套系统满足全栈算法的使用需求。基于腾讯已完成的全国高速、快速路高精度地图采集和制作，TAD Sim 支持全国高速和快速路的仿真。基于腾讯强大的游戏引擎能力运行传感器建模和标定，能保证其三维场景的仿真及传感器的仿真具有较好的真实度和精准度。

3.3.3 加速技术

测试加速即通过一定手段达到加快测试进程，提高测试效率的目的。随着自动化等级的提高，智能驾驶系统的使用场景和所要应对的情况也随之多样化，造成测试用例和测试场景数量的急剧上升。因此，通过一定手段提高测试效率以降低测试周期和成本是非常必要的。

3.3.3.1 测试工具加速技术

智能驾驶仿真测试通常是实时仿真，仿真模拟多建立在对现实世界的模拟之上，需要依赖现实时间的流逝。实时仿真指仿真模型的时间比例尺等于系统原模型的时间比例尺的一类仿真。对智能驾驶系统进行仿真测试时，如果仿真系统有硬件实物（控制器、实验台架等）处在仿真系统中，由于实物是按真实时间变化和运动的，就需要进行实时仿真。实时仿真要求仿真系统接收实时动态输入，并产生实时动态输出，输入和输出通常是具有固定采样时间间隔的数列。尽管实现实时仿真首先依赖于计算机的运行速度，但仿真算法的实时性也是必须保证的，必须采用实时仿真算法。因此，在算法上实时仿真要求能采用较大的仿真步长，并能实时取得计算所需的外部输入信号。

随着硬件性能的提升，在模拟某些任务时，计算机在按真实时间进行模拟仿真时并没有消耗全部性能。这时如果能让计算机模拟的速度以高于真实时间的速率进行，将能更好地利用硬件优势，并提高模拟效率。另一方面，每个仿真节点的任务不同，仿真消耗的资源不同，完成仿真任务的速度也不同。使用真实时间对仿真节点进行同步约束很难保证仿真结果一致性。计算机的模拟不同于现实情况，不需要严格遵守自然时间的流逝。每个仿真节点的仿真频率是事先约定好的，只需要根据时间的流逝，按设置的频率完成自身的仿真任务。在计算和存储能力允许的情况下，仿真节点可按更高频率进行仿真，并在更短时间内完成仿真任务。但为保证仿真结果的一致性，各个仿真节点的加速程度又必须保持一致。因此，为同时满足动态时间和数据一致性需求，仿真系统需要引入虚拟时间用于节点之间的同步，而非真实时间。虚拟时间的优势在于不依赖真实时间，可快可慢。虚拟时间根据当前仿真任务的完成情况，随时控制整个系统的运转速度，从而使每一个节点在完成任务的同时，保证整个系统的数据一致性。基于以上技术和硬件性能的提升，超实时仿真技术（Faster than Real Time Simulation）应运而生，这是一种系统仿真模型的时间过程快于实际系统的时间过程的仿真技术。

在智能驾驶仿真技术加速迭代的今天，由于超实时仿真技术的出现，对加速仿真技术的探索是目前研究的热点。智能驾驶加速仿真技术主要有通过科学方法改进加速测试模型、算法改进研究设计智能驾驶测试评估模型、分布式并行计算构架、高性能计算机集群（High Performance Computing，HPC）和云平台等，这些技术为智能驾驶仿真加速带来了契机。

1. 数学方法改进加速测试模型

虚拟仿真的核心是数字化模型，例如传感器模型、动力学模型、道路环境模型和交通模型等。目前，行业关注最多的是传感器模型和动力学模型，高保真的动力学模型和传感器模型往往对仿真资源占用较多，仿真耗时较长。如果只是测试基本功能逻辑，则可降低对数字模型的要求，基于数学方法改进测试模型，构建超实时仿真平台。对纯功能逻辑、状态机部分进行开环验证也是一种加速仿真的探索。去掉车辆动力学模型，通过仿真软件设定主车行驶轨迹及速度，并模拟动力学模型的所有输出信号，构建快速测试平台，实现部分功能的开环验证。取得效果显著，运行效率能提升5～6倍。

2. 仿真测试方法改进

在虚拟仿真的基础上，将真实驾驶环境分解成不同场景。这些被分解的场景易于进行模拟和重复测试。在每一个特定场景中，通过合适的算法改进智能驾驶测试评估模型，重点针对可能发生危险的状况，以及在这种情况下智能驾驶汽车的应对措施，进而对智能驾驶的可靠性进行评估。相较传统方法，不仅能加快智能驾驶测试速度，还能减少资金投入。

3. 分布式并行计算构架

仿真系统在进行仿真任务时需要访问大量采集或生成的数据，并根据生成的数据，利用中央处理器（Central Processing Unit，CPU）和图形处理器（Graphics Processing Unit，GPU）资源对数据进行再处理并还原，或对已经结构化的数据进行GPU渲染再现。这些仿真任务都要依赖强大的计算和存储能力。随着仿真内容的增加，单台计算机的性能很快成为瓶颈，一个计算节点不可能独立完成仿真任务。这就需要使用一种机制，将仿真任务分配到多台机器上，并让所有机器协同工作。这样能降低单台机器的性能需求，从而使大规模仿真任务得以实现。

4. 高性能计算机集群

高性能计算（HPC）指利用聚集起来的计算能力处理标准工作站无法完成的数据密集型计算任务，包括仿真、建模和渲染等。在处理各种计算问题时通常会遇到这样的情况：由于需要大量运算，一台通用计算机无法在合理时间内完成工作，或由于所需的数据量过大而可用的资源有限，导致根本无法执行计算。HPC方法通过使用专门或高端硬件，或将多个单元的计算能力整合，有效地克服了上述限制。将数据和运算相应地分布到多个单元中，就需要引入并行概念。就硬件配置而言，常用的类型有共享内存计算机和分布式内存集群两种。在共享内存计算机上，所有处理单元都可访问随机存取存储器（Random Access Memory，RAM）。而在分布式内存集群中，不同处理单元或节点之间无法访问内存。在使用分布式内存配置时，由于不同处理单元不能访问同一个内存空间，必须存在一个相互连接的网络，才能在这些单元之间发送消息（或使用其他通信机制）。鉴于有些单元共享同一个内存空间，而其他单元又是另一种情况，现代 HPC 系统通常是融合了这两个概念的混合体。

使用 HPC 的原因主要体现在两方面。首先，随着 CPU 和节点数量的不断增加，人们可以使用的计算能力越来越强。有了强大的计算能力，就能在单位时间内执行更多运算，从而提高特定模型的计算速度。这就是加速比（同一个任务在并行系统的执行时间与在串行系统的执行时间的比值）。加速比的上限取决于模型并行求解的程度。假设一个运算量固定的计算任务，其中 50% 的代码可并行执行。在这种情况下，理论最大加速比为 2。如果并行执行的代码能上升至 95%，则理论最大加速比很可能达到 20。对于能实现完全并行的代码，可不断向系统中添加计算单元，因此不存在理论上的最大限制。另一方面，在集群情况下，可用的内存量通常以线性方式增加，同时包含更多节点。如此一来，随着计算单元数量的增加，就能处理越来越大的模型，这称为扩展加速比。

5. 云平台仿真技术

近年来，随着人工智能和工业互联网技术的发展，我国汽车智能驾驶技术研发领域风起云涌，除传统车企外，一些大型科技公司也纷纷投入巨资进行研发。在云仿真技术上探索成果显著，业内科技巨头开发的智能驾驶云仿真平台技术获得了业界的认可，为加速仿真提供了云支持，该技术在计算节点中闭环运行全栈智能驾驶算法，并利用云计算的强大算力，支持 1 万个以上场景的并行计算，能使 1000 个测试场景的运行时间从 24h 大幅缩减至 4min，并实现全自动化。在虚拟城市中，数以千计的智能驾驶汽车不间断地持续行驶，并通过随机工况和激进交通流提升测试复杂度。云仿真节点中，通过数据压缩、场景分割、网络策略模型、流量锁和全局帧同步等机制保证了仿真时序一致性和通信效率。同时，为实现高精度场景建模，使用多传感器融合技术自动计算三维模型位姿、网格和匹配纹理，自动化率超过 90%，三维场景相对误差大幅减小。该技术实现了高并发、高效率、高容灾、低成本，保障了数据安全和资源的有效利用。

3.3.3.2 测试方法加速技术

基于场景的智能驾驶加速测试目前主要有 2 种方式：一种是基于虚拟环境搭建测试场景的快速性与可重复性，根据测试需求进行测试场景的随机生成，短时间内生成大量测试场景；另一种是参照整车强化腐蚀测试方法所提出的危险场景强化生成方式。

1. 测试场景随机生成

根据现实中各种场景的概率分布随机生成具体场景。测试场景随机生成主要包括以蒙特卡罗模拟法、快速搜索随机树为代表的基于随机采样的生成方法，基于场景要素重要性层次分析的生成方法以及基于机器学习的方法等。场景要素重要性分析的测试场景生成方法首先需要进行场景要素分析，明确场景要素，对连续的场景要素进行离散化处理。随后，通过信息熵与层次分析的方式确定每个场景要素的重要性指数。接下来，对不同要素的重要性指数进行平坦化处理，得到每个场景要素的相对重要性参数。最终，通过组合测试的方法生成测试用例。相比在现实世界搭建真实测试场景，在虚拟环境生成测试用例可在很大限度上减少时间和资源消耗。然而，由于自然情况下事故的发生概率较低，使用场景随机生成的方式仍可能面临大量计算的困扰，危险场景强化生成方式可很好地解决这一问题。

2. 危险场景强化生成

如果智能驾驶系统在危险情况下表现良好，则通常情况下其系统安全性也可得到很好的保障。因此，测试危险场景下智能驾驶系统的性能得到了越来越多的关注。

首先需要对危险场景进行定义与分类。很多项目都针对危险场景进行了研究，例如：SeMiFOT将驾驶时的危险划分为4个等级；美国NHTSA将碰撞分为37类。然而，这些危险场景的定义只是分析危险类型，而对场景要素的具体参数没有定义。Zhao等根据定义的危险场景，提出了一种重要性采样的危险场景加速生成方法，其核心思想是引入一个新的概率密度函数$F(x)$代替原本的$f(x)$，增大危险场景的生成概率，从而减少测试次数。在使用随机采样的场景生成方法时，危险场景的概率密度函数为$F(x)$，其最小测试次数n为：

$$n = \frac{z^2}{\beta^2} \frac{1-\gamma}{\gamma} \quad (3-1)$$

式中，γ为危险场景发生的概率；β为给定常数；z与$N(0,1)$的逆累积分布函数有关。使用重要性采样进行危险场景生成时，危险场景的概率密度函数为$F(x)$，其最小测试次数为：

$$n = \frac{z^2}{\beta^2} \left\{ \frac{E_F[I^2(x)L^2(x)]}{\gamma^2 - 1} - 1 \right\} \quad (3-2)$$

$$I(x) = \begin{cases} 1 & x \in \varphi \\ 0 & 其他 \end{cases} \quad (3-3)$$

$$L(x) = \frac{f(x)}{F(x)} \quad (3-4)$$

式中，$I(x)$ 为危险事件 ε 的指标函数；$L(x)$ 为使用重要性采样的似然比；$E_F[I^2(x)L^2(x)]$ 为改变概率密度函数后，危险场景发生的概率。

3.3.4 测试案例

1. 智能驾驶系统硬件在环测试总体方案

智能驾驶系统硬件在环测试总体方案如图 3-19 所示，硬件系统包括硬件在环仿真机柜、视频暗箱和雷达模拟器。软件系统包括上位机（Personal Computer，PC）运行的 Veristand 测试环境管理软件和 ECU-TEST 自动化测试软件、Linux 计算机运行的 VTD 软件，美国国家仪器有限公司（National Instruments，NI）实时机系统运行的 Carsim 车辆动力学软件。

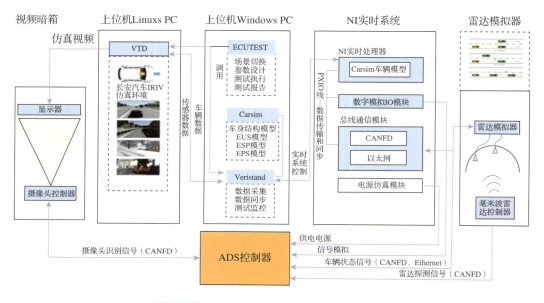

图 3-19 智能驾驶系统 HIL 测试系统总体方案

2. 硬件系统

（1）硬件在环仿真机柜

智能驾驶系统硬件在环仿真机柜主要包括实时处理器、I/O 模块、电源分配单元（Power Distribution Unit，PDU）、可编程电源、信号调理模块、故障输入模块和高性能图形工作站，其结构如图 3-20 所示。

实时处理器主要用于运行车辆动力学模型、Simulink 模型，同时，控制相关的 I/O 模块，通过采集模型运算后输出给控制器的各种传感器及雷达信号和控制器发出的控制信号，使测试系统与待测控制器形成一个闭环系统。实现与上位机试验软件的实时

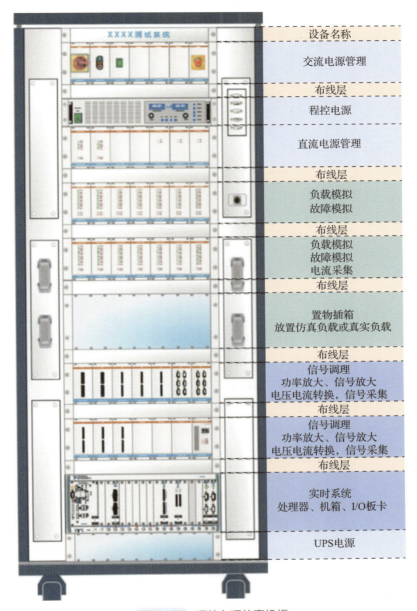

图3-20 硬件在环仿真机柜

数据交互,实现在线调参和监控,因此,实时处理器是整个硬件在环测试系统的核心部分。

I/O模块主要用于实现标准信号、模拟信号、数字信号、脉冲宽度调制(Pulse Width Modulation,PWM)信号的采集和输出。

PDU可实现整个平台供电的控制、分配,具备短路保护和紧急断电等功能,可与其他机柜联合运行,即任意机柜的急停开关可切断所有联机状态下的机柜供电。

可编程电源为各控制器提供电源，通过软件来控制可编程电源的输出电压，以提供不同工况下电压波动的测试环境，测试控制器供电电压对各控制器工作产生的影响。

信号调理模块实现一些特殊信号仿真，由于控制器接口的规格和实时系统的I/O规格可能不一致，需要一些信号调理板卡，将实时系统的I/O规格转换成控制器所需的规格。例如控制器的数字输入信号规格是12V，而实时系统的模拟输出规格是5V，则需要一个5V转12V的信号调理模块。

故障输入模块用于模拟常见的车载电气故障，例如导线的开路、短路等情况，以测试控制器的故障诊断功能。故障诊断模块采用分布式控制模式，通过安装在PC上的故障注入操作终端，按指定的故障模型控制故障注入板卡，模拟相应的故障。故障注入模块是车辆仿真器的重要组成部分。

高性能图形工作站中，运行场景编辑器用于构架虚拟场景，可方便地为场景配置各种交通元素，例如障碍物、交通标志和交通信号灯，并将这些原始虚拟场景输出到显示器。该工作站还负责与待测样件通信，获取待测样件输出的处理结果，再将这些结果叠加到原始虚拟场景中，并将这些处理后的虚拟场景输出。

（2）视频暗箱

摄像头视频暗箱将场景模型中的道路、交通、标志和标线等视频信号通过显示器显示，供被测摄像头拍摄，主要由视频显示器、凸透镜、支撑台及导轨组成。其中，支撑台和导轨为满足不同测试的调节需求，需具备前后、左右、上下、俯仰、绕垂直方向旋转五个自由度，视频暗箱的结构示意如图3-21所示。

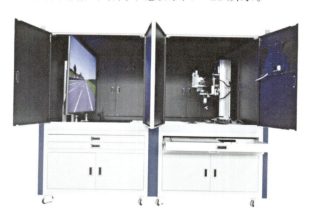

图3-21 摄像头视频暗箱

视频暗箱的主要特点如下：①包括暗室、摄像头安装平台和显示器等设备；②暗箱的框架结构应采用铝型材搭建，暗箱内壁应采用磨砂散光工艺，暗箱内部为避光空间，采用防光散射设计；③具备输入/输出接口以便显示器和摄像头与其他外部设备进行数据传输；④摄像头安装平台能调节摄像头位置和角度；⑤预留光学透镜，以扩大摄像头的视野角。

（3）雷达模拟器

雷达模拟器通过接收被测雷达（Radar Under Test，RUT，即汽车雷达）特定频率（24 GHz 或 77 GHz）的信号，经下变频至中频，并对信号进行延时（距离）、多普勒频移（径向速度）或衰减（雷达散射截面积，Radar Cross Section，RCS）处理，经处理的中频信号通过上变频为射频信号并重新发射，RUT 接收、处理，输出探测距离、径向速度和 RCS。目标 RCS 可与模拟器中的预设值进行比较，从而判断目标类型。

该雷达硬件在环测试系统中的雷达模拟器利用转台能实现多角度目标物反射回波模拟，雷达模拟器的原理如图 3-22 所示。

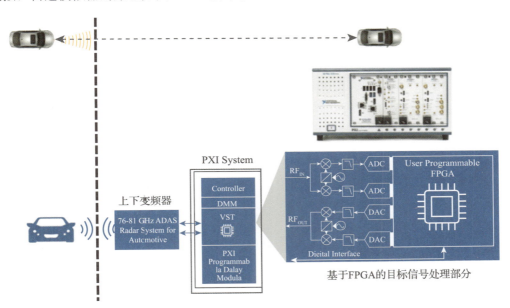

图 3-22 雷达模拟器原理示意图

为实现多角度方向的回波模拟，采用转台或转轨的方式，如图 3-23 所示。

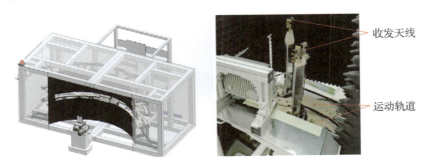

图 3-23 雷达模拟器转台和转轨

雷达模拟器及转台置于一贴有吸波材料的暗室内，用于吸收雷达传感器发射的电磁波，以免杂波干扰。

3. 软件系统

软件架构如图3-24所示，使用的软件包括CarSim、VTD、Veristand和ECU-TEST。以ECU-TEST软件为基础，进行测试环境的搭建和测试用例的编辑。测试仿真环境由Carsim和VTD组成，Carsim实现车辆动力学模型的仿真，VTD则实现车辆周围行驶环境的仿真和车载传感器的仿真。Carsim中的车辆模型运算结果传输给VTD，进行与其他目标车辆的信息交互。交互的结果通过VTD中的传感器仿真模型传输到真实智能驾驶控制器中，进行决策规划。ECU-TEST作为一个自动化测试软件，可直接调用Carsim、Simulink及Veristand，通过ECU-TEST控制其他软件模型中的执行和参数变化实现自动化测试，最终得出测试结果和报告。

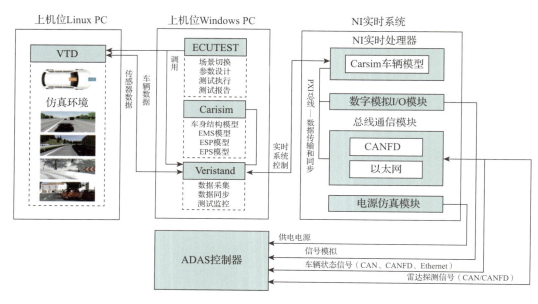

图3-24 控制器单体HIL台架测试软件架构

Veristand软件是NI公司推出的测试系统管理软件，通过该软件可实现NI硬件信息的调用和虚拟测试界面的搭建。该软件作为一个中端可以和NI实时系统进行互联，并且可以和VTD软件进行实时数据传输，还可以部署Carsim的车辆模型到实时系统中进行实时计算。该软件的主要功能如下：①与NI实时系统进行互联，配置实时系统测试环境；②读取NI硬件板卡采集信息，进行数据管理；③部署Carsim车辆到NI实时系统中进行实时运算；④与VTD软件进行互联，实时读取和调用数据；⑤测试界面定制，搭建虚拟仪表；⑥数据曲线显示、记录和回放。

图 3-25 所示为利用 Veristand 搭建的测试界面示例。

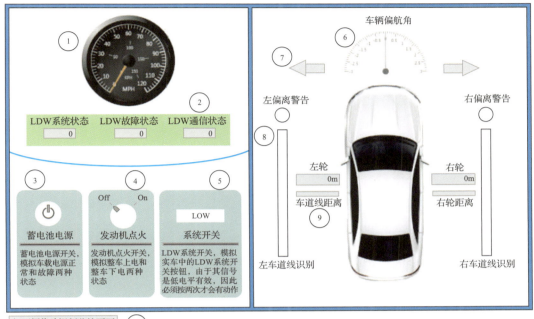

图 3-25 测试界面搭建

ECU-TEST 是一款自动化测试软件，可应用在不同平台上实现模型在环、软件在环、硬件在环以及驾驶人在环等测试。利用 ECU-TEST 软件可实现测试用例的编写和自动化执行，并可对测试数据进行处理，得到相关测试报告。

图 3-26 所示为利用 ECU-TEST 编制的测试用例，包括试验的初始条件准备、试验过程中的参数设置、试验通过条件的判断、试验结束的判断和数据记录分析等过程。

4. 基于摄像头在环的车道偏离预警系统仿真测试案例

（1）摄像头标定

为精确实现车道偏离预警（LDW）系统的控制策略验证，需要准确获得车道线的距离信息。在根据图像坐标信息推算距离信息的研究中，计算方法是通过图像坐标系、相机坐标系和世界坐标系的转换，得到像素坐标和实际空间距离的对应关系。该方法首先标定控制器的内部整车参数，确保与虚拟整车参数一致，包括摄像头的高度、前轮间距、摄像头到前轮的水平距离。然后微调虚拟场景的视角，通过对比控制器输出计算距离，与虚拟场景的距离达到基本一致。见表 3-4，静态情况下虚拟场景中左右车道线与轮胎距离和控制器 CAN 报文输出计算距离对比结果，误差约为 5%，可保证对控制策略验证的要求。

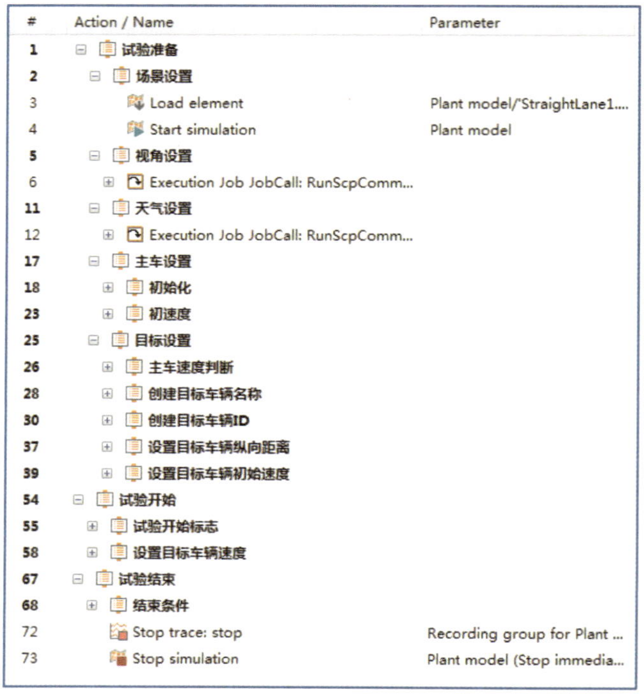

图 3-26 测试用例

表 3-4 车道线距离对照

虚拟场景中车道线与轮胎距离/m	控制器识别输出的车道线与轮胎距离/m	误差（%）
2.5	2.38	4.8
2	1.91	4.5
1.5	1.42	5.3
1	0.95	5
0.8	0.77	3.8
0.5	0.49	2
0.2	0.19	5
−0.2	−0.19	5
−0.5	−0.48	4
−0.8	−0.78	2.5
−1	−0.94	6
−1.5	−1.43	4.7
−2	−1.9	5
−2.5	−2.37	5.2

(2) 虚拟测试场景的建立

1) 场景搭建流程。利用 VTD 进行虚拟场景的搭建,包括道路环境模型、交通参与者模型和传感器模型。其中,道路环境模型包括道路条件、天气条件,交通参与者模型包括目标车辆、行人等,传感器模型包括所有传感器参数。

在 VTD 中建立道路环境模型有两种方式,一种是手动搭建,另一种是以 OpenDrive 格式的高精度地图文件导入。图 3-27 所示是道路环境模型的建模流程。

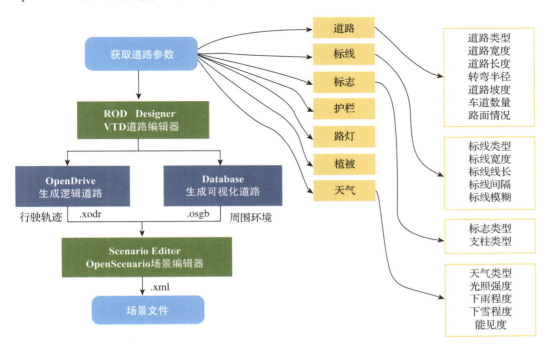

图 3-27 道路环境模型建模流程

在 VTD 中,道路环境要素很多,包括道路类型、宽度、长度、弯道半径、坡度、车道数、路面积水、路面积雪、标线类型、标线宽度、标线长度、标线间隔、标线模糊情况、交通标志类型、天气类型、光照强度、下雨、下雪和能见度等。

道路环境模型包括两个文件,一个是用于车辆行驶轨迹的逻辑道路文件,另一个是用于道路环境模型三维渲染的可视化道路文件。将这两类文件导入 VTD 场景编辑器就可进行交通参与者设置和进一步仿真,图 3-28 所示为建立的道路环境模型。

在 VTD 中建立交通参与者模型要通过 VTD 中的场景编辑器进行设置。交通参与者主要包含三类:车辆、行人、动物,如图 3-29 所示。车辆种类包括轿车、货车、运动型多用途车(Sport/Suburban Utility Vehicle,SUV)、摩托车、自行车和客车等,行人种类包括男人、女人、老人和小孩等,动物种类包括猫、狗和牛等。同时,也可导入第三方三维模型进行交通参与者创建。

图 3-28 VTD 道路环境模型

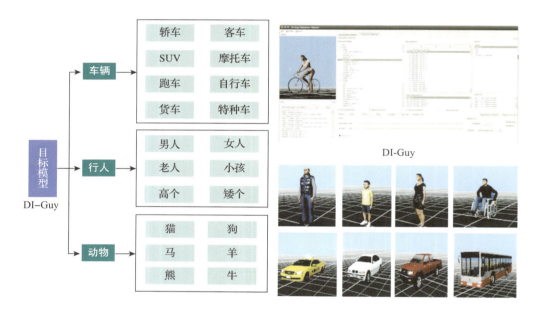

图 3-29 交通参与者模型类型

将建好的交通参与者模型导入 VTD 场景编辑器，便可进行交通参与者的运动参数设置，如图 3-30 所示。可设置交通参与者与主车的相对距离、相对速度等，也可在主车周围相应的区域内设置自动生成随机交通流，并对随机生成的交通流中的交通参与者类型、数量和位置做相应约束，实现复杂场景下的仿真测试。

对主车的传感器设置，在 VTD 中有不同类型的传感器可供选择，包括毫米波雷达、摄像头、激光雷达和超声波传感器等。同时，可设置传感器的各类参数，包括探测范围、探测角度、传感器在车辆中的安装位置和安装角度等，VTD 中的传感器设置结果如图 3-31 所示。

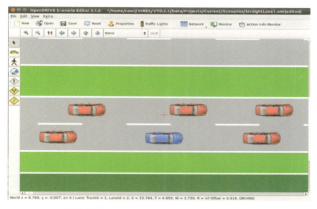

图 3-30 交通参与者的运动参数设置

图 3-31 VTD 传感器设置结果

2)车道线设计。LDW 功能一般以是否偏离车道线为判定标准,因此摄像头对不同类型车道线的识别至关重要。参照 GB 5768.2—2009《道路交通标志和标线 第 2 部分:道路交通标志》,对我国道路标线的类型、格式等设计信息进行定义描述。从中提取的车道线信息示例见表 3-5。

表 3-5 车道线信息示例

标线形式	名称	设计要求
白色虚线	可跨越同向车行道分界线	城市:一般线宽为 10cm 或 15cm;农村公路、专属专用道路等特殊应用情况下,线宽可采用 8cm;车速≥60km/h:线段及间隔长度分别为 600cm 和 900cm;车速<60km/h:线段及间隔长度分别为 200cm 和 400cm
白色实线	车行道边缘线	一般线宽为 15cm 或 20cm;农村公路、专属专用道路等特殊应用情况下,线宽可采用 10cm
黄色虚线	可跨越对向车行道分界线	城市:线段及间隔长度分别为 4m 和 6m,一般线宽为 15cm;农村公路、专属专用道路等特殊应用情况下,线宽可采用 10cm

3) 行驶工况设计。真实道路场景中，由于驾驶人年龄、性别、熟练程度和驾驶风格不同，表现出不同的行为特点，因此需通过设计不同的车辆行驶状态、轨迹和路径信息，验证 LDW 在不同行驶工况下警告的准确率。

(3) 测试试验流程

1) 性能试验。按照《车道偏离预警系统试验规程》测试标准工况下车道偏离预警功能的表现。该试验规程设计试验工况见表 3-6，车道偏离试验方法示意如图 3-32 所示。

表 3-6 车道偏离预警系统试验工况

试验类型	横向偏离速度	偏离方向	道路属性
直道可重复性试验 ［稳定车速(65±1)m/s］	0.1<V<0.3m/s	向左偏离	直道，白色虚线，线长 6m，间隔 9m
		向右偏离	
	0.6<V<0.8m/s	向左偏离	
		向右偏离	
弯道可重复性试验 ［稳定车速(65±1)m/s］	0.1<V<0.4m/s	向左偏离	左/右弯道，曲率半径 (25±10)m
		向右偏离	
	0.4<V<0.8m/s	向左偏离	
		向右偏离	

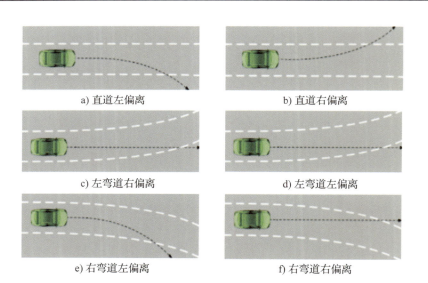

图 3-32 车道偏离预警系统试验方法示意图

2) 功能逻辑试验。功能逻辑试验重点关注摄像头的逻辑状态，检测其在要求条件下能否实现 LDW 系统不同状态的转换，其状态转换逻辑如图 3-33 所示。

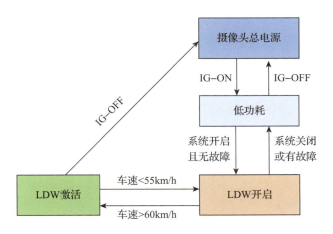

图 3-33 摄像头状态转换逻辑

在该试验中,利用可编程电源模块对摄像头进行供电,通过实时系统的模拟信号板卡设计系统状态逻辑图中的各种状态供电情况测试用例,分别设置并控制电源开关、发动机点火开关、LDW 系统开关以及车速等参数,以验证其状态逻辑切换是否合理。主要针对摄像头上下电、系统开启/关闭、系统激活/退出三种逻辑转换进行测试,具体试验工况见表 3-7。

表 3-7 LDW 系统功能逻辑试验设计

测试项目	初始状态	控制条件	通过条件
上电下电测试	车速:0km/h	发动机点火信号:开启(关闭)	LDW 状态:待机(关闭)
	蓄电池电源:开启		
	LDW 开关:开启		
	发动机点火信号:关闭(开启)		
系统开关测试	车速:0km/h	LDW 开关:开启(关闭)	LDW 状态:待机(关闭)
	蓄电池电源:开启		
	发动机点火信号:开启		
	LDW 状态:关闭(待机)		
	LDW 开关:关闭(开启)		
	车速:65km/h		
	偏离速度:0km/h	LDW 开关:开启(关闭)	LDW 状态:待机(关闭)
	蓄电池电源:开启		
	发动机点火信号:开启		
	LDW 状态:激活		
	LDW 开关:开启		

(续)

测试项目	初始状态	控制条件	通过条件
系统激活测试	车速：0km/h 蓄电池电源：开启 发动机点火信号：开启 LDW 状态：待机 LDW 开关：开启	车速：65km/h	LDW 状态：激活
系统退出测试	车速：65km/h 偏离速度：0km/h 蓄电池电源：开启 发动机点火信号：开启 LDW 状态：激活 LDW 开关：开启	车速：55km/h	LDW 状态：待机

3) 环境适应性试验。性能试验中天气状况良好，针对典型工况对摄像头的基本功能进行试验。环境适应性试验重点关注不同天气环境下摄像头车道识别及偏离警告的准确性、稳定性。在环境适应性试验中，道路结构、车道线规格以及偏离速度等与性能试验一致，主要增加不同的天气环境模型，模拟实车试验中较难重复性验证的雨、雪、雾等天气状况，以检测其识别率，不同天气环境道路模型如图 3-34 所示。

a) 路面存在积水　　b) 雨水
c) 雪天　　d) 雾天

图 3-34　不同天气环境道路模型

（4）自动化测试用例设计

针对车道偏离预警系统进行不同工况测试，一方面要兼顾不同工况的测试与监控，另一方面要在保证测试准确性的基础上提高测试效率。借助自动化测试软件编制不同测试工况的测试流程及评价标准可提高测试效率。在测试过程中，自动化测试软件按编制的测试用例依次调用不同试验工况的环境模型，NI 实时仿真系统中的摄像头信号及车辆状态信息也接入该软件，从而实现相关参数信息的实时监测，并判断其是否通过测试标准要求。

自动化测试用例设计如图 3-35 所示。以左弯道高速左偏离工况为例，试验开始部分主要是加载车辆动力学模型和仿真环境模型，并开始记录相关参数。摄像头参数设置主要是标定摄像头的安装位置及视角等参数。环境参数设置主要控制环境模型的天气、道路等状况。然后，根据摄像头输出的 CAN 报文获取摄像头 ECU 的状态信号，判断 LDW 系统是否正常激活。如果系统正常激活，则进入警告信号监测，通过 CAN 报文信号判断车道偏离时是否产生警告信号。监测到警告信号后立即进行下一步，读取车辆的横向偏离速度，判断其是否处于规定的速度范围内，最后终止该工况并自动进入下一工况进行测试。以此方法设计全局测试用例，涵盖基本功能逻辑试验、性能试验以及环境适应性试验，并生成测试报告，实现车道偏离预警系统的自动化测试。

图 3-35　LDW 系统自动化测试用例

（5）测试结果

图 3-36 和图 3-37 所示为 LDW 系统性能测试的直道低速、高速偏离工况仿真结果，当车轮轮距在 $-0.1 \sim 0.1\mathrm{m}$ 范围内时，均可及时产生警告信号。进行左偏离试验时，重点关注左车轮与左侧车道线的距离，以及在规定距离范围内是否有警告信号产生。如果有警告信号产生，则要验证其横向偏离速度是否处于规定速度区间内。右偏离时应重点关注右车轮与右侧车道线的距离，同时监测警告信号、横向偏离速度及警告时车轮距等信息。

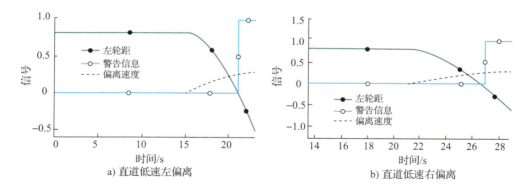

图 3-36 LDW 系统直道低速偏离测试信号

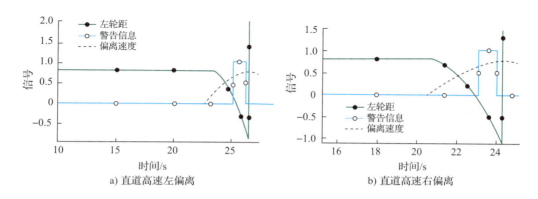

图 3-37 LDW 系统直道高速偏离测试信号

3.3.5 面临挑战

当前，智能驾驶系统安全性测试是亟待解决的难题。鉴于智能驾驶车辆在测试对象、测试标准等方面与传统车辆的差异性，智能驾驶系统安全性测试的核心方法是场景化的虚拟测试，其核心技术包括智能驾驶系统测试场景的采集与生成、虚拟测试工具构建和高效以及可信的虚拟测试优化方法。新的研究前沿挑战如下。

1) 现实驾驶环境的复杂性导致智能驾驶测试场景无法穷尽采集，仅基于实车采集数据、事故数据等开展回放式场景化测试无法满足场景覆盖度要求。需进一步关注测试场景自主划分与自动生成、未知高风险场景的搜寻等理论方法。

2) 面向智能驾驶系统安全性测试需求，虚拟测试工具需具备智能驾驶系统环境感知-规划决策-运动执行的一体化仿真功能。在此框架下，需研发面向虚拟测试的深度交通流仿真理论以支撑测试场景生成、智能驾驶系统与交通参与者双向行为交互的评估方法。此外，基于物理模型的传感器仿真技术同样是提升智能驾驶系统仿真测试可信度的关键。

3）智能驾驶系统仿真测试逻辑场景参数组合爆炸导致遍历式测试不可行，需在保障测试场景覆盖度的基础上研究智能驾驶系统快速测试方法。同时，针对智能驾驶系统驾驶能力和安全性的非单调特征和不确定性，亟需开展覆盖度驱动型测试方法、加速测试方法和多目标测试与评估等研究。

在解决上述智能驾驶系统仿真测试核心前沿技术的基础上，面向智能驾驶系统仿真测试的"四化"（自动化、快速化、一体化和协同化）能力提升需求，须重点关注在智能驾驶系统安全性测试基础上的安全性诊断分析、测试与优化同步和面向智能驾驶系统快速迭代升级的测试服务方法等技术需求。

3.4 场地测试

场地测试利用模拟交通参与者和真实的测试场景要素（测试车辆和交通环境）在专用的封闭测试场地对智能驾驶系统进行关键场景测试，通过配置场景要素还可得到在现实中未遇到或遇到概率较低的场景，以验证系统在边界情况下的操作，其关键因素包括测试场景、关键参数指标以及测试场地和设备。封闭场地测试的安全性较高，同时可针对关键场景进行强化测试，但其测试效率较低且测试场地成本较高。

3.4.1 测试场地

3.4.1.1 封闭式汽车试验场

1. 美国密歇根州 Mcity 汽车试验场

Mcity 是全球首个为测试无人驾驶汽车、V2V/V2I 车联网技术而打造的无人驾驶试验区（图 3-38），道路和交通基础设施占地 6.47 万 m^2。Mcity 主要包括用于模拟高

图 3-38　美国密歇根州 Mcity 汽车试验场

速公路环境的高速实验区和用于模拟市区和近郊的低速实验区两个测试区域。其中，模拟市区的低速试验区包含数英里长的两车道、三车道和四车道公路，还有交叉路口、交通信号灯以及指示牌，整体布局与普通美国城镇一致。该试验场致力于模拟智能驾驶系统可能面临的最严峻挑战环境，例如路牌被涂鸦污损、车道标记褪色等。

2. 上海国家智能网联汽车试验场

该试验场位于上海嘉定国家智能网联汽车（上海）试点示范区内，于2016年6月正式运营（图3-39），建设了提供智能驾驶和V2X专业的封闭测试区（F-ZONE），同时配备5G通信系统，服务车辆进入开放道路前的各种安全性测试和标准规范制定，包括停车场、直道、环形道路和坡道等，南区模拟乡村道路及越野环境。

图3-39 上海国家智能网联汽车试验场

3. 重庆西部汽车试验场

重庆西部汽车试验场由重庆长安汽车股份有限公司打造，位于重庆市垫江县黄沙镇，占地面积约1360万 m^2。已搭建了50个城市交通测试场景，包括交通安全场景35个，效率类场景3个，信息服务类场景6个，通信和定位能力测试场景6个，涵盖了弯道、隧道、坡道、桥梁和交叉路口场景，为长安等企业提供测试服务。图3-40所示为重庆西部汽车试验场。

图 3-40 重庆西部汽车试验场

3.4.1.2 半封闭式测试道路

1. 长三角（盐城）智能网联汽车半封闭测试示范运行区

长三角（盐城）智能网联汽车半封闭测试示范运行区占地面积约 500 万 m^2，包含智能网联汽车测试所需的快速路、城市道路和功能性测试等 100 多个测试场景，实现了全区域 5G 信号和高精度差分定位信号覆盖以及高精度地图绘制。根据智能网联汽车测试特点，在半封闭测试区安装了移动式智能路侧系统、智能信号灯系统等 V2X 通信系统，利用网联车辆运营监控管理平台和边缘云计算平台，可高效且更充分地实现 AEB 测试、LKA 测试、交叉路口通行功能测试等 ADAS 试验，并能满足 2021 版 C-NCAP 中主动安全性能的测评要求。

2. 国家智能交通综合测试基地（江苏）

2018 年 9 月，国家智能交通综合测试基地（江苏）的半封闭式测试道路开放，用于开展可控危险性的交通场景测试。该范围内道路类型丰富、车流量小、道路设施拓展性强，利于构建用于智能驾驶汽车运行安全测试的丰富道路场景，有国内外同类型测试基地鲜有的优势条件。测试道路长 10km，有灯控路口 9 个、测试过程监控点 146 个，二期规划将扩展至 23km，覆盖城市道路、山区道路、农村道路、邻崖道路、临水道路和封闭高速。公共测试道路长度超过 50km，有灯控路口 100 余个，测试路网 C-V2X 基站全覆盖。

3.4.2 测试设备

智能驾驶系统实车测试设备主要包括目标物、控制类设备和数采设备。

1. 目标物

实车测试用目标物设备主要包括软体目标车、假人及骑车假人等，用于模拟实车、行人以及自行车、摩托车。目标物主要由主体目标及拖动目标移动的动力装置构成，其特征主要包括以下四个方面。

1) 在发生碰撞时，尽量降低被试车辆的损伤或不受损伤，应做到目标主体尽量采用轻质材料或吸能材料。

2) 为保证测试的可信度，要求目标物在视觉、激光雷达和毫米波雷达等车载传感器识别特性上与真实目标高度相似。

3) 为保证真实还原测试场景，要求目标物具有良好的动态性能以及路径跟踪能力，动态性能指对目标物的实时控制、与远程基站的实时通信和目标物对自身及测试车辆的速度、加速度和位置信息的实时测试与实时上传能力，而路径跟踪能力则保证目标物可按既定路径运动。

4) 要求目标物有良好的自我保护能力和快速修复能力。

由美国 Dynamic Research，Inc.（DRI）生产的软目标车（图 3-41）最高速度可达 80km/h，车身具有毫米波雷达、摄像头、激光雷达和红外传感器反射特征，利用能承受被试车辆碾压的移动平台拖动。移动平台内置 GPS 天线和可编程的控制装置，可实现良好的路径跟踪能力。普渡大学 TASI（Transportation Active Safety Institute）团队与丰田北美研究院合作研发的软体目标假人和骑自行车假人能逼真模拟真人的运动特征及雷达反射、红外反射和视觉特性（图 3-42）。另外，4 Active System 公司生产的假人目标物也具有广泛的市场应用。

图 3-41 DRI 生产的软目标车

图 3-42 普渡大学 TASI 团队研发的软体假人、骑自行车假人及拖动装置

2. 控制类设备

如图 3-43～图 3-45 所示，控制类设备包括转向机器人、踏板机器人以及换档机器人等，踏板机器人又可分为加速踏板机器人和制动踏板机器人。此类设备通过位置控制、力控制和速度控制等模式将准确、可重复的输入作用于车辆的转向盘、节气门和制动踏板。

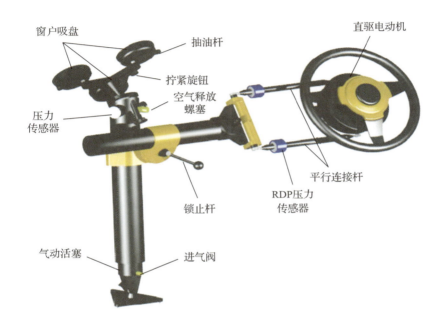

图 3-43 转向机器人

图 3-44 制动及加速踏板机器人

图 3-45 换档机器人

3. 数据采集设备

在车辆开发、测试验证等不同阶段，为采集车辆的速度、位置和运行环境信息，数据采集设备需要把车辆状态信息、视频和 GPS 等数据通过 CAN、局域互联网

（Local Interconnect Network，LIN）、Ethernet 等总线采集到系统中。有时，为便于分析还需做到同步采集，大量且非结构化的数据让后处理变得非常困难，因此对数据采集设备的精度、采集速度和同步性提出了很高的要求。

3.4.3 测试场景

根据智能网联汽车 ODD 及智能驾驶功能，选取封闭场地测试项目，针对每个测试项目，设计封闭场地测试场景、测试方法与评价标准。封闭场地测试场景和测试用例设计原则上充分考虑场景的典型性、危险性以及对法律法规的符合性。测试车辆应在不进行软硬件变更的条件下通过所有规定的测试用例，验证智能驾驶系统、人机交互功能的合规性和安全性。《智能网联汽车智能驾驶功能测试规程（试行）》根据三部委路试规范给出的 14 个测试项目，规定了 34 个细分测试场景，目的是为各省市智能网联汽车道路测试前进行的封闭场地测试提供统一的测试场景、测试规程及通过条件参考。这里以行人和非机动车识别及避让场景为例，介绍具体测试场景和测试方法。

测试目的：测试智能驾驶系统对行人和非机动车的识别和响应，评价测试车辆对前方行人和非机动车的感知、行为预测和响应能力。应进行行人横穿道路、行人沿道路行走、两轮车横穿道路和两轮车沿道路骑行四项场景测试。

（1）行人横穿道路

测试场景：测试道路为至少包含两条车道的长直道，并在路段内设置人行横道线。测试车辆匀速驶向人行横道线，同时行人沿人行横道线横穿道路，两者存在碰撞危险，如图 3-46 所示。

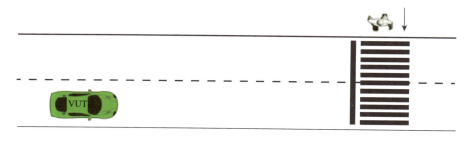

图 3-46　行人横穿道路测试场景示意图

测试方法：测试车辆在智能驾驶模式下，以 30km/h 的速度匀速行驶，当测试车辆到达人行横道线所需时间为 3.5s 时，行人自车辆左侧路侧开始起步，以 5～6km/h 的速度通过人行横道线。

要求：测试车辆应能提前减速并保证行人安全通过车辆所在车道，车辆能自动起动继续行驶，起动时间不超过 5s。

(2) 行人沿道路行走

测试场景：测试道路为至少包含两条车道的长直道，中间车道线为白色虚线。测试车辆沿车道中间匀速行驶，同时行人于车辆正前方沿车道向前行走，如图3-47所示。

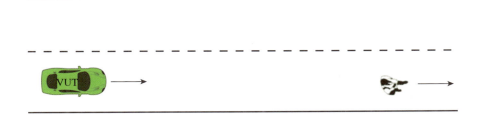

图3-47　行人沿道路行走测试场景示意图

测试方法：测试车辆在智能驾驶模式下，在距离行人100m前达到30km/h的车速，并匀速沿车道中间驶向行人，行人速度为5km/h。

要求：测试车辆应能通过制动、转向或组合方式避让行人。

(3) 两轮车横穿道路

测试场景：测试道路为至少包含两条车道的长直道，并在路段内设置人行横道线。测试车辆匀速驶向人行横道线，同时两轮车正沿人行横道线横穿道路，两者存在碰撞风险，如图3-48所示。

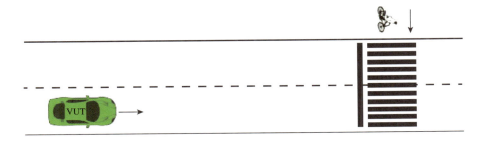

图3-48　两轮车横穿道路测试场景示意图

测试方法：测试车辆在智能驾驶模式下，以30km/h的速度匀速行驶，当测试车辆到达人行横道线所需时间为1.5s时，两轮车以15km/h由车辆左侧路侧开始横穿道路。

要求：测试车辆应能提前减速并保证两轮车安全通过车辆所在车道；测试车辆停止于人行横道前方时，待两轮车穿过测试车辆所在车道后，车辆应能自动起动继续行驶，起动时间不得超过5s。

(4) 两轮车沿道路骑行

测试场景：测试道路为至少包含两条车道的长直道，中间车道线为白色虚线。测试车辆沿车道中间匀速行驶，同时两轮车于车辆正前方沿车道向前行驶，如图3-49所示。

图 3-49 两轮车沿道路骑行测试场景示意图

测试方法：测试车辆在智能驾驶模式下，在距离两轮车 100m 前达到 30km/h 车速，并匀速沿车道中间驶向两轮车，两轮车速度为 20km/h。

要求：测试车辆应能通过制动、转向或组合方式避让两轮车；当目标车辆重新起动时，测试车辆应在 5s 内随其重新起步；测试车辆重新起步后，应能稳定跟随目标车辆行驶。

3.4.4 测试案例

下面以 APA 为例，介绍场地测试的部分内容。

1. 车位探测性能测试

测试方法：

驾驶测试车辆直线行驶进 OBJ2 行车位搜索，横向距离 $P_1 = 1.0$m，车速 $V_f = 15 \pm 3$km/h。找到车位后按系统提示停车，测量停车后的实际距离，如图 3-50 所示。

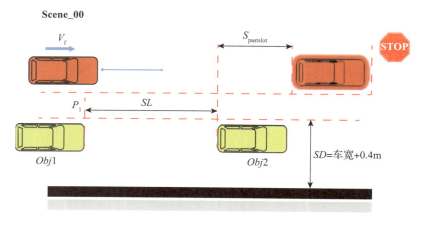

图 3-50 车位探测性能测试

超声波车位摆放实际长度 $SL \approx$ 车长 $+1.2m$，宽度 $SD \approx$ 车宽 $+0.4m$，左右各搜索 25 次；划线车位摆放实际长度 $SL \approx 6.0m$，宽度 $SD \approx 2.5m$，左右各搜索 25 次。

划线车位需考虑光照强度，低光照工况（<100lx）下左右各搜索 15 次。

记录数据：

针对每一组测试，记录每次测试的探测方式、搜车位方向、实际车位长度、实际车位深度、系统检测长度、系统检测深度、停车后的系统像素值、释放车位时的系统像素值、后轮脉冲数、停车后的实际测量距离和数据编号，见表 3-8。

表 3-8 探测车位性能测试表

序号	探测方式	搜车位方向	实际车位长度	系统检测长度	系统检测深度	停车后的系统像素值	释放车位时的系统像素值	后轮脉冲数（释放车位到车辆停止）		停车后的实际测量距离/mm	trace
								左后轮	右后轮		
1	超声波	R									
2	超声波	L									
3	摄像头	R									
4	摄像头	L									

测试结果：

数据经处理后获得车位长度误差、深度误差、车位偏移误差、释放车位距离和行驶距离系统误差，数据处理记录见表 3-9。

表 3-9 数据处理记录

车位长度误差/cm	车位深度误差/cm	车位偏移误差/cm	释放车位距离/cm	行驶距离系统误差/cm

2. 目标探测性能测试-有效探测区域测试

场景 1：车辆有效探测区域

测试方法：

如图 3-51 所示，测试车辆静止，环视 4V 系统正常工作。以环视系统标定点地面投影为原点，在周围画满网格，标出每个节点的坐标。在各个环视摄像头方向，将目标车辆由远及近摆放，标出环视系统有输出的最远和最近点，所有点连线围成的区域即为车辆目标有效探测区域。

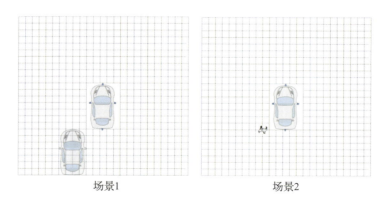

图 3-51 车位探测性能测试场景

场景 2：行人有效探测区域

测试方法：

测试车辆静止，环视 4V 系统正常工作。以测试车辆几何中心为原点，在周围画满网格，标出每个节点的坐标。在各个环视摄像头方向，行人站位由远及近，标出环视系统有输出的最远和最近点，所有点连线围成的区域即为行人目标有效探测区域。

评价标准：

行人有效探测区域如图 3-52 所示。

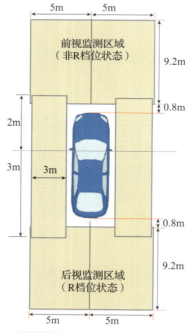

图 3-52 行人有效探测区域

3. 目标探测性能测试-行人识别测试

场景1：行人位置精度

测试方法：

测试车辆静止，环视4V系统正常工作。如图3‑53场景1所示（W为左右后视镜地面投影平行线之间的距离），以测试车辆前后保险杠和左右后视镜在地面上的投影延长线为基准线，将测试车辆感兴趣区域（Region of Interest，ROI）分块后随机采点，单个行人分别站立在采样点上，记录环视系统检测值和皮尺测量真值。0~2m范围（0~0.8m为盲区）内行人目标随机采样点分布用红色五角星表示；2~4m范围内行人随机采样点分布用蓝色五角星表示；4~6m范围内行人随机采样点分布用黄色五角星表示；6~10m范围内行人随机采样点分布用绿色五角星表示。

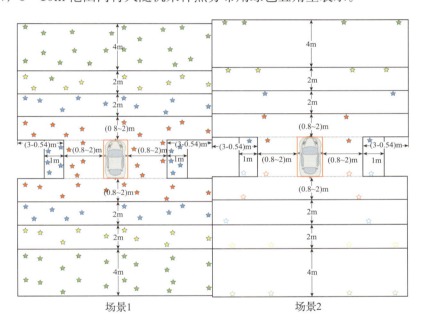

图3‑53 行人识别测试场景

场景2：行人速度精度

测试方法：

行人静止站立在测试车辆ROI的左侧或右侧，位置如图3‑53场景2所示，车辆非R档状态下行人站位用实体五角星表示，车辆R档状态下行人站位用空心五角星表示。0~2m范围（0~0.8m为盲区）内行人随机采样点分布用红色五角星表示；2~4m范围内行人随机采样点分布用蓝色五角星表示；4~6m范围内行人随机采样点分布用黄色五角星表示；6~10m范围内行人随机采样点分布用绿色五角星表示。测试每个区域精度时，车辆分别向前、向后行驶10m以上，环视系统输出的行人相对速度为测量值，车辆 RT 3000 系统输出的车辆速度真值与行人相对速度真值的关系为大小相同、方向相反。

场景 3：行人漏检率

测试方法：

测试车辆静止，在非 R 档状态和 R 档状态下分别用 4 个行人在测试车辆 ROI 内移动一段轨迹，统计环视系统在此过程中检测帧数与目标输出总数，漏检率 = 检测帧数×4/目标输出总数。两个行人在图像中无重合为遮挡率 = 0；两人为一组且手臂重合为 0%＜遮挡率≤25%。

行人位置、速度精度客观评价标准见表 3-10，行人漏检评价标准见表 3-11。

表 3-10 行人位置、速度精度客观评价标准

	0~2m		2~4m		4~6m		6~10m	
	平均误差	最大误差	平均误差	最大误差	平均误差	最大误差	平均误差	最大误差
位置精度	≤10%	≤15%	≤10%	≤15%	≤12%	≤15%	≤15%	≤20%
速度精度	≤10%	≤15%	≤10%	≤15%	≤12%	≤15%	≤15%	≤20%

表 3-11 行人漏检评价标准

	0~6m		6~10m	
	遮挡率 = 0	0%＜遮挡率≤25%	遮挡率 = 0	0%＜遮挡率≤25%
漏检率	≤7%	≤10%	≤13%	≤23%

4. 目标探测性能测试 - 车辆识别测试

场景 1：车辆尺寸精度

测试方法：

如图 3-54 所示，测试车辆分别以 5km/h、15km/h、25km/h 的速度匀速行驶，目标车辆分别从左、右侧换道切入，然后本车减速停止。每个工况 1 次，共 6 次，统计环视系统输出目标车辆的宽度与车辆真实尺寸的误差。

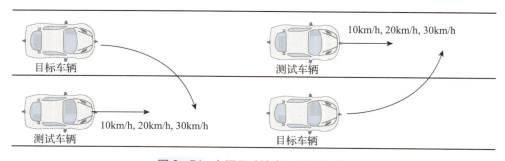

图 3-54 车辆尺寸精度识别测试场景

场景2：车辆动态位置精度

测试方法：

如图3-55所示，测试车辆静止，环视系统正常工作。目标车辆以5~10km/h的速度距测试车辆横向1.5~2.5m完成切入，并停止在纵向距测试车辆10m以外。每个工况1次，共4次，统计环视系统输出目标车辆位置坐标与RT 3000系统真值之间的误差。

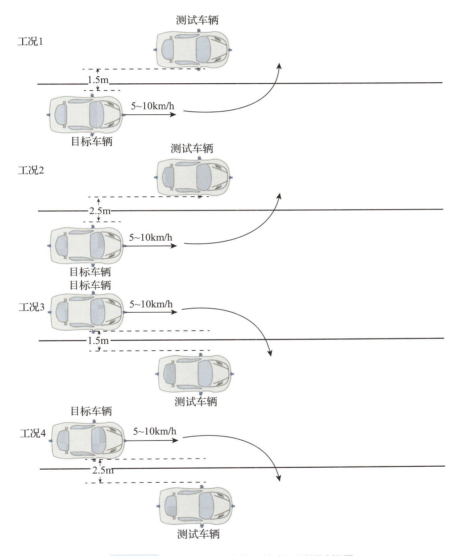

图3-55 车辆目标动态位置精度识别测试场景

场景3：车辆速度精度

测试方法：

如图3-56所示，测试车辆以5~10km/h的速度匀速前进，非R档状态环视系统正常工作。目标车辆距测试车辆横向 1.5～2.5m 完成切入，之后加速驶离测试车辆。每个工况 1 次，共 4 次，统计环视系统输出目标车辆相对速度与 RT 3000 系统真值之间的误差。

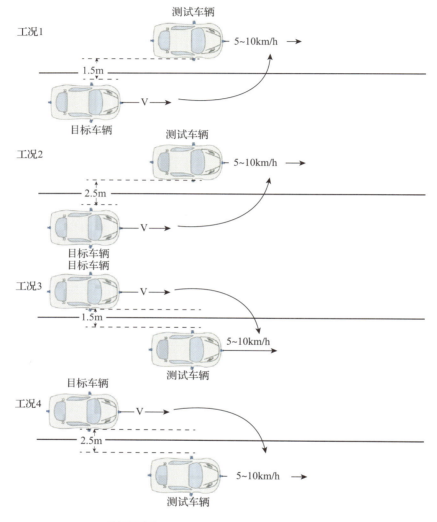

图 3-56　车辆目标速度精度识别测试场景

尺寸精度评价标准见表 3-12，位置、速度精度评价标准见表 3-13。

表 3-12　尺寸精度评价标准

	平均误差	最大误差
目标车辆宽度尺寸精度	≤10%	≤15%

表 3-13 位置、速度精度评价标准

	0~2m		2~4m		4~6m		6~10m	
	平均误差	最大误差	平均误差	最大误差	平均误差	最大误差	平均误差	最大误差
位置精度	≤10%	≤15%	≤10%	≤15%	≤12%	≤15%	≤15%	≤20%
速度精度	≤10%	≤15%	≤10%	≤15%	≤12%	≤15%	≤15%	≤20%

3.5 道路测试

道路测试是智能驾驶系统测试验证的最终环节，通过道路测试可得到大量测试场景、检测智能驾驶汽车与道路使用者的交互情况，以及快速、准确定位系统虚警、漏警告和误动作等问题，但其测试周期长、测试效率低，同时必须考虑安全风险问题及法律法规的限制。

2012年，美国加州成为全球首个允许无人驾驶汽车上路的地区。目前，美国已经有十几个州允许智能驾驶道路测试。德国2015年允许在连接慕尼黑和柏林的A9高速公路上开展智能驾驶汽车测试，并于2017年将无人驾驶纳入道路交通法规。日本政府于2017年允许无人驾驶汽车进行道路测试。

2017年12月，北京率先发布《北京市自动驾驶车辆道路测试管理实施细则（试行）》，允许企业的智能驾驶汽车进入公开道路测试，上海、重庆、深圳、杭州等城市也陆续出台相关法规，允许在开放道路进行智能驾驶系统测试。

实际道路测试路段根据企业申报测试的智能网联汽车产品设计运行范围ODB进行选取，保证智能网联汽车能在测试路段内开启智能驾驶功能。根据不同的智能驾驶设计运行区域，例如高速公路、城市快速路和城市道路等，实际道路测试应同时设定一定的测试时长和测试里程要求，测试涵盖智能驾驶必备功能，见表3-14。如果测试里程为10万km的里程分配参考比例，则可根据各项目的具体情况做调整。试验覆盖场景和试验覆盖天气分别见表3-15和表3-16。

表 3-14 测试里程分配

路面工况	所占比例	里程/km
城间（国道、省道、乡村道路）	10%	10000
一般路（城市道路）	10%	10000
高速、城快	80%	80000
合计	100%	100000

表 3-15 试验覆盖场景

序号	场景
1	隧道
2	桥梁
3	施工道路
4	收费站、匝道
5	连续 S 形弯道
6	长下坡
7	光照强烈的晴天
8	背景单一的场景,例如戈壁

表 3-16 试验覆盖天气

序号	天气
1	雨天、雷雨
2	雾天
3	晴天
4	高温
5	极寒
6	高原

1. APA 测试场景

APA 试验必须在真实的泊车环境中进行,测试总量要求泊车 3000 次,仅搜索车位 6000 次,即平均每搜索到 3 个车位进行 1 次泊车。须覆盖地下车库、停车场、路边车位、鱼骨车位、坡道车位及夜间露天车位的场景区域。须进行车内泊入泊出、钥匙遥控泊入泊出、手机 APP 遥控泊入泊出、ASP + 自动泊入 4 种自动泊车组合,泊车工况分配见表 3-17。

表 3-17 泊车工况分配

	泊车场景区域	地下车库、停车场（垂直车位为主）	路边车位（平行车位为主）	鱼骨车位（鱼骨车位）	坡道车位（坡度<15%）	夜间露天车位
测试方法	车内泊入泊出	25%	20%	3%	10%	10%
	钥匙摇控泊入泊出	5%	2%	1%		
	手机 APP 摇控泊入泊出	5%	2%	1%		
	ASP + 自动泊入	10%	5%	1%		
	占比小计	45%	29%	6%	10%	10%

2. 试验工况操作

推荐的试验工况操作安排见表 3-18。

表 3-18 试验工况操作安排

序号	工况	执行时间
1	日常里程累计	周一至周日
2	ACC 专项验证工况	累计总里程 1 万 km、4 万 km、7 万 km、10 万 km 各进行一次 ACC 专项验证工况
3	集成式自适应巡航系统（IACC）专项验证工况	累计总里程 1 万 km、4 万 km、7 万 km、10 万 km 各进行一次 IACC 专项验证工况
4	用户触发式换道（UDLC）专项验证工况	累计总里程 1 万 km、4 万 km、7 万 km、10 万 km 各进行一次 UDLC 专项验证工况
5	交通拥堵辅助系统（Traffic Jam Assist，TJP）专项验证工况	累计总里程 1 万 km、4 万 km、7 万 km、10 万 km 各进行一次 TJP 专项验证工况
6	APA 专项验证工况	每日进行测试

注：以上工况均应在安全行驶条件下进行。如果安全条件不满足工况执行，则应取消该项工况的操作，或改变操作工况至安全条件后进行（例如降低车速）。

3. 高里程路试试验要求

1）在公共道路上进行行驶试验时，严格按照《中华人民共和国道路交通安全法》和当地的交通规则行车。

2）白天试验，车辆全程开启近光灯行驶。如果车辆配置日间行车灯，则日间行车灯和近光灯隔天交叉使用。

3）试验路线尽量避免在相同的道路上重复进行。

4）试验尽量避免长时间在空旷道路上行驶，需保证一定车流量。

5）试验中应注意毫米波雷达次级表面的清洁，例如经过泥浆路、冰雪路后，应检查雷达次级表面。

6）试验中应注意摄像头及摄像头与前风窗玻璃之间是否起雾和结霜等，如果有起雾和结霜现象，则开启空调除雾除霜功能。

7）试验过程中，城际高速（里程）：城市快速 = 6:4；功能开启时间占比≥95%（高速），功能开启时间占比≥80%（非高速）。

8）每天保证 50 次 UDLC 触发换道，左右换道不限。

9）每天保证 20 次触发智慧避让。

10）每天保证 20 次触发智能限速功能。

11）每天保证 10 次进入长时脱手状态。

12）整个试验保证 1/9≥夜晚/白天≥2/8。

13）整个试验须覆盖的测试场景见表 3-15。

4. 匹配试验要求

1）电子围栏功能匹配，须在全路试过程中对 TJP 功能进行评价，记录路试中发现的 TJP 功能表现异常路段，将其纳入电子围栏黑名单中。

2）弯道限速功能匹配，须在全路试过程中对 IACC、ACC 进行评价，记录路试中发现的弯道限速过多或不足的数据，并基于问题发生路段对匹配参数进行在线标定，记录标定结果数据及对应参数文件。

3）脱手警告功能匹配，须在全路试过程中对 IACC、TJP、高速公路辅助（Highway Assist，HWA）进行评价，根据路试情况，修改脱手对应匹配参数，调节允许脱手时长、警告灵敏度等参数。

4）脱眼警告功能匹配，须在全路试过程中对 TJP 进行评价，根据路试情况，修改脱眼对应匹配参数，调节允许脱眼时长、警告灵敏度等参数。

5）UDLC 功能匹配，须在全路试过程中对 UDLC 进行评价，根据路试情况，调节 UDLC 最大等待时长、回退触发条件、警告灵敏度等参数。

6）智慧偏移功能匹配，须在全路试过程中对 IACC、HWA 进行评价，根据路试情况，调节偏移时机、回退时机等参数。

5. 数据处理和分析

1）试验过程中，记录单车出现事故的次数及相应数据，并统计整个专项路试发生的次数。

2）试验过程中，记录系统误制动发生场景，统计发生次数。

3）试验过程中，记录单车 TJP 系统的接管次数，并基于工作时间计算接管率。

4）试验过程中，记录单车 IACC、UDLC、ACC、TJP 系统的意外退出次数，并记录发生地点。

6. 客观评价标准

开放道路测试客观评价标准见表 3-19，仅适用于完成匹配后的路试。

表 3-19 开放道路测试客观评价标准

序号	统计量	目标值
1	事故率	驾驶人、乘坐人员轻伤及以上,整个适应性路试允许出现 0 次
		擦剐、碰撞等主动引发事故,整个适应性路试允许出现 1 次
2	接管率	1 次/120h
		每天使用 4h,1 个月出现 1 次系统处理不了的情况请求驾驶人接管
3	故障率	发动机管理系统(Engine Management System,EMS)/电子助力转向系统(Electrical Power Steering,EPS)/车身电子稳定系统(Electronic Stability Program,ESP)执行机构故障,1 次/120h
		传感器故障,1 次/120h
		控制器故障,1 次/120h
		其他子系统,1 次/120h
4	定位	应激活的地方无法激活(定位原因),1 次/3 万 km
		匝道、辅道等不应激活的地方激活,1 次/6 万 km

3.6 主观评价

主观评价是由专业人员按照一定的主观评价规范(通常是整车的目标客户群体和设计目标值确定的评价标准),在典型的行驶道路或评价环境中通过感觉器官对所关注的汽车品质属性进行评价。在智能驾驶系统的主观评价中,首先要制作相应的评价量表,然后选择具有代表性特征的驾乘人员,依靠个人的主观感受进行评价,并根据量化的评分进行综合评价。这里以泊车辅助评价试验和行车辅助评价试验为例,介绍智能驾驶系统的主观评价方法。

1. 泊车辅助评价试验

(1) 自动泊车评价

1) 泊车操作体验。评估泊车开关布置位置合理性(不能与相似开关布置一起),泊车开关图标是否清晰易懂;泊车开关位置是否便于操作。

2) 泊车功能逻辑。评估泊车功能开启/关闭逻辑合理性;功能退出提示逻辑合理性;车位搜索方式(手动或自动默认选择车位),车位信息(车位模式、车位边框、车位数量、分布位置)是否清晰易懂;泊车速度合理性;泊车路线规划合理性;泊车完成提示合理性。

3) 自动泊车性能。评估泊车搜索车位(垂直车位、平行车位、鱼骨车位)的识别能力,车内泊车、钥匙遥控泊车和手机 APP 泊车过程中起步、制动、加减速的舒适性

（泊车线性程度），泊车安全性，泊车加减速及时性，泊车转向盘转动速度是否合理。

4）泊车智能关联性。评估智能互动体验（智能语音使用泊车、智能推送泊车功能使用）；智能安全融合体验（移动物体监测、紧急碰撞融合体验）。

5）视听效体验。评估所有提示音、警告音高低是否合适，声音品质是否悦耳，声音播报是否及时，声音播报内容是否易懂；所有泊车界面美观性、清晰易懂性和风格一致性（包括泊车功能激活、使用车机自动泊入、使用车机自动泊出、使用手机APP自动泊入、使用手机APP自动泊出等）。

(2) 行车记录仪指标

1）行车记录仪设置。评估行车记录仪开启、关闭和其他设置的便利性、易懂性。

2）信息采集。①评估视频信息采集是否完整，例如时间、地点、车速、节气门开度、制动、转向灯、安全带和车辆故障状态等；②评价行车记录仪拍摄视野范围，前后摄像头是否覆盖三个车道以上的范围，左右摄像头是否覆盖一个以上车道范围；③分别在白天和夜晚评价行车记录仪的画面质量，是否流畅，有无噪点、斑点、闪烁、扭曲变形，在夜间能否识别前方车辆的车牌号，日光斜照或强光下是否会出现过曝，白天是否还原水泥路面、路边植物和周边建筑等实物颜色。

3）存储、回放与分享。①模拟紧急制动，评价紧急情况自动录制功能灵敏度；②评价查看、重命名、删除、格式化、拷贝以及分享视频和照片的便利性，正常拍摄视频与紧急录制视频是否便于区分，安装和取出存储卡是否便利，卡槽是否易发现；③检查打开视频是否快速，视频回放是否流畅。

4）行车记录仪信息提示。评估功能信息提示（紧急录制、正常录制提示信息）、故障信息提示（存储卡、摄像头等故障提示）是否准确、易于理解、删除和格式化的提示等。

5）智能回放与检测。评估停车监测功能及时性、准确性。

2. 行车辅助评价试验

1）开关交互。评价巡航开关是否便于操作（巡航按键原则上须布置在同一区域），开关是否易于理解，是否会与其他开关混淆；评价按键触感、阻力、反馈力度舒适性。

2）巡航逻辑。评价开启和关闭激活步骤逻辑合理性、速度调节方式（长按、短按）便利性，功能退出合理性、被动接管提示合理性、主动接管提示合理性、时距调节合理性、主动换道逻辑合理性。

3）巡航性能。评价目标识别/释放性能（包括车辆识别、车道线识别）、智能限速准确性、及时性、跟车安全信心感、加减速时机合理性、车道对中性、环境适应性（雨雪雾天气、黄昏傍晚黑夜等不同光照条件下，桥梁、隧道等不同路况）、被动接管率（转向盘莫名提示接管次数）、车辆换道性能。

4) 巡航智能关联性。评价巡航功能有无智能互动体验,例如符合巡航使用条件的路段有无智能推荐。

5) 巡航视听效体验。评价听觉效果体验(提示音和警告音品质、及时性)、视觉效果体验(仪表界面美观性、易懂性、风格一致性)。

6) 智能巡航评价场景。智能巡航系统主要评价场景见表3-20。

表3-20 智能巡航主要评价场景

道路类型	道路特点	重点评价场景	评价气候
高速公路	车流量较少、周边目标单一、车速高	上下坡稳态巡航、弯道跟车行驶、跟车行驶时目标车切出当前车道、跟车行驶时左右两侧车辆切入、巡航时左右两侧有车辆超越本车	晴天、下雨天、下雪天、日光斜照、夜晚
城市快速路	车流量中等、周边目标较多、车速中等	上下坡稳态巡航、弯道跟车行驶、跟车行驶时目标车切出当前车道、跟车行驶时左右两侧车辆近距离切入、巡航时左右两侧有车辆超越本车、通过高架桥下、车道线不完整路段、起伏不平整路段	
城市道路	车流量较大、周边目标多且复杂、车速较低	拥堵路段、摩托车靠近本车、左右两侧车辆加塞	

3. 数据处理和分析

记录泊车辅助主观评价得分,见表3-21。记录行车辅助主观评价得分,见表3-22。

表3-21 泊车辅助主观评价结果

一级维度	二级维度	评价人员1	评价人员2	平均得分
泊车影像(含全景、倒车影像、右侧盲区)	影像开启/退出			
	影像视觉效果			
	影像切换逻辑			
	泊车雷达效果			
	智能影像体验			
自动泊车	泊车操作体验			
	自动泊车功能逻辑			
	自动泊车性能			
	泊车智能关联性			
	视听效体验			

(续)

一级维度	二级维度	评价人员1	评价人员2	平均得分
行车记录仪	行车记录仪设置			
	信息采集			
	存储、回放与分享			
	行车记录仪信息提示			
	智能监测			

表3-22 行车辅助主观评价结果

一级维度	二级维度	评价人员1	评价人员2	平均得分
智能巡航系统	开关交互			
	巡航逻辑			
	巡航性能			
	巡航智能关联性			
	巡航视听效体验			
并线辅助	交互			
	变道辅助			
	倒车横向预警			
	开门预警			
车道保持	交互提示			
	车道偏离			
	交通标志识别			

4. 主观评价

产品体验竞争力评分标准见表3-23。如果试验步骤中对评分有明确说明，则以试验步骤的说明为准。各项目体验竞争力的结果判断以车型项目体验竞争力目标为准。如果一级目标未达标，则试验不合格。对标车、参考车不下结论。

表3-23 产品体验竞争力评分标准

分级系统	1	2	3	4	5	6	7	8	9	10
	无法接受		很差		边缘	可接受	一般	好	非常好	好极了
	非常不满意				稍不满意	基本满意		很满意	非常满意	
	所有用户		一般用户			挑剔用户		受训人员		难以觉察

评价问题的严重度分级见表 3-24。

表 3-24 主观评价问题严重度分级

S（致命/法规问题）	A（严重问题）	B（一般问题）	C（轻微问题）
1. 涉及人身安全或存在安全隐患。例如自动泊车过程中发生碰撞、IACC 行驶过程中转向盘乱摆 2. 不符合法规	所有用户均能发现，功能缺失，存在严重缺陷或性能表现很差，用户抱怨严重，可能引发负面舆情的问题。例如语音误唤醒频次较高、语音无法唤醒、娱乐系统明显卡顿、触摸响应不灵敏、导航经常漂移、倒车影像闪烁等	一般用户均能发现，存在较明显的感知问题，用户不满意，产生运行情况不良报告（Things Going Wrong, TGW）抱怨。例如导航在路口播报延时、扬声器有杂音、蓝牙通话不清晰、语音识别率较低、全景影像夜间清晰度较差等	挑剔用户能发现，满足大多数用户的需求，但仍然存在瑕疵，挑剔用户会有改进的期望，如果不改进易给用户留下产品不够精致的印象。例如遥控钥匙按键缝隙不均、不同界面同一类型图标不一致、执行输入或其他操作动作时系统无反馈等

参考文献

[1] 蔡勇，李秀文. 智能网联汽车测试评价体系研究 [J]. 中国汽车，2018 (10): 27-33.

[2] 余卓平，邢星宇，陈君毅. 智能驾驶汽车测试技术与应用进展 [J]. 同济大学学报（自然科学版），2019，47 (04): 540-547.

[3] 朱冰，张培兴，赵健，等. 基于场景的智能驾驶汽车虚拟测试研究进展 [J]. 中国公路学报，2019，32 (06): 1-19.

[4] 刘全周，王述勇，李占旗，等. 基于虚拟场景的车道偏离预警摄像头在环测试方法研究 [J]. 新型工业化，2019，9 (03): 107-111.

[5] 于洪峰，王裕鹏，华典，等. 基于摄像头在环的 HIL 仿真测试与研究 [J]. 汽车电器，2019 (12): 4-7.

[6] 李石. 采用摄像头传感器的高级驾驶辅助系统硬件在环测试研究 [J]. 机械工程师，2019 (09): 87-89.

[7] 曾杰，王戬，胡雄，等. 毫米波雷达目标模拟器模拟雷达目标的测试研究 [J]. 客车技术与研究，2020，42 (04): 50-53.

[8] 秦风，李登峰，王文威. 车载毫米波雷达的虚拟测试仿真 [J]. 电子设计工程，2020，28 (18): 5-10, 15.

[9] 丁伟. 主动避撞系统研究及硬件在环试验 [D]. 重庆：重庆交通大学，2018.

[10] 犹佐龙. 智能网联汽车仿真测试方法 [J]. 汽车工程师，2019 (04): 35-38.

[11] 北京经纬恒润科技股份有限公司. 针对APA测试的车辆在环测试技术［EB/OL］.（2017－04－01）［2021－02－26］. http：//www. cechina. cn/Company/50633_172744/messagedetail. aspx.

[12] 赵祥模,承靖钧,徐志刚,等. 基于整车在环仿真的智能驾驶汽车室内快速测试平台［J］. 中国公路学报,2019,32（06）：124－136.

[13] 东扬精测系统（上海）有限公司. 瑞典Rototest公司发布高动态响应（High Dynamic Control）新功能［EB/OL］.（2019－11－29）［2021－02－26］. https：//mp. weixin. qq. com/s/gXlONkXgfkRTZ7LEz4TtfA.

[14] 孙涛,丁琴琴,李卫兵,等. ADAS系统测试平台设计及实现［J］. 中国测试,2019,45（04）：151－156.

[15] 郭剑鹰,陈晓,高升. 高级驾驶辅助系统前视摄像头硬件在环测试［J］. 光学仪器,2018,40（03）：22－27.

[16] 刘全周,王述勇,李占旗,等. 基于虚拟场景的车道偏离预警摄像头在环测试方法研究［J］. 新型工业化,2019,9（03）：107－111.

[17] 太赫兹世界. 毫米波汽车雷达测试方案大比武-罗德施瓦茨汽车雷达测试系统［EB/OL］.（2019－12－11）［2021－02－26］. https：//mp. weixin. qq. com/s/KDLKkeOjBRnYkj0AZug_ag.

[18] 王润民,张心睿,王由道,等. 智能驾驶封闭测试场地建设技术研究与实践［J］. 汽车实用技术,2020（4）：33－36.

[19] 杨良义. 智能驾驶实车测试评价技术研究与实践［EB/OL］.（2020－05－07）［2021－02－26］. http：//www. i-vista. org/upload/20200508/【第二期】第一课·智能驾驶实车测试评价技术研究与实践-20200507演讲稿-外发版. pdf.

[20] 祝月艳,赵琳. 国内智能网联汽车测试示范区发展现状分析及建议［J］. 汽车工业研究,2018（11）：36－43.

[21] 陈桂华,于胜波,李乔,等. 中国智能网联汽车测试示范区发展调查研究［J］. 汽车工程学报,2020,10（2）：79－87.

[22] 盐阜大众报. 长三角（盐城）智能网联汽车半封闭测试示范运行区启动仪式在大丰区举行［EB/OL］.（2020－10－30）［2021－02－26］. http：//www. zgjssw. gov. cn/shixianchuanzhen/yancheng/202010/t20201030_6854168. shtml.

[23] 智车科技. 中国网联智能驾驶试验场盘点（三）：江苏综合测试基地,智能驾驶汽车的"驾照"考场［EB/OL］.（2019－05－08）［2021－02－26］. https：//www. autotesting. net/news/show-101662. html.

[24] 袁琦,李文亮,郭志平,等. 汽车测试仿真靶车的研制［J］. 公路交通科技,

2017, 34 (S2): 90-95.

[25] JOSEPH K, PETER B, JORDAN S, et al. Development of a Guided Soft Target for Crash Avoidance Technology Evaluation [J]. SAE International Journal of Passenger Cars Mechanical Systems, 2011, 4 (1): 479-487.

[26] Euro NCAP. Global Vehicle Target Specification [EB/OL]. (2017-05) [2021-02-26]. https://cdn.euroncap.com/media/39159/tb-025-global-vehicle-target-specification-for-Euro-NCAP-v10.pdf.

[27] 王羽, 曲婕. 智能驾驶发展现状及对地方开放智能驾驶车辆测试道路的建议 [J]. 汽车工业研究, 2018 (11): 4-11.

[28] 陈慧岩, 熊光明, 龚建伟, 等. 智能车辆理论与应用 [M]. 北京: 北京理工大学出版社, 2018.

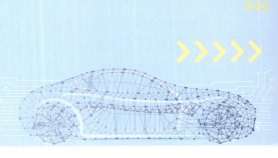

Chapter 04

第 4 章
智能驾驶工程实践案例

4.1 自适应巡航控制（L1）

自适应巡航控制（Adaptive Cruise Control，ACC）系统可以使车辆按照驾驶人设定的速度行驶，当前方出现低于设定速度的车辆时，自动保持与前车的距离，并能跟随前车停下和起步。

4.1.1 系统需求

ACC系统需要驾驶人设定期望的车速和车间时距，并由驾驶人来激活。通过车载传感器探测前方车辆的位置和速度，计算本车的目标速度或加速度，通过驱动系统和制动系统介入，使车辆达到设定的期望车速和车间时距。如果没有前车，ACC系统将像传统的巡航控制系统一样工作，调节车辆的行驶速度，使其达到驾驶人的设定速度。

4.1.1.1 ACC系统激活／停用／恢复

ACC系统需要驾驶人在保证车辆处于安全可控的情况下，通过按键或控制杆激活。

1. 激活 ACC

根据车型不同，用户可能需要通过主开关启用ACC，或点火时自动设置为待机状态。

ACC 系统应在满足所有激活条件时才能被激活，典型的激活条件如下：
1) 驾驶人系紧安全带。
2) 驾驶人侧车门关闭。
3) 变速器档位为前进档。
4) 电子驻车系统处于释放状态。
5) 车辆非静止状态下，驾驶人未踩制动踏板。
6) ACC 系统无故障。
7) 传感器标定完成。
8) 车身稳定性控制功能打开。

当满足以上条件时，驾驶人可激活 ACC 系统。激活时，ACC 系统会以当前车速作为期望车速。

2. 停用 ACC 系统

可通过开关或踩制动踏板等方式退出，以类似于退出传统巡航控制系统的方式来停用。

3. 再启用 ACC

ACC 系统的恢复条件与激活条件相同，但恢复时，ACC 系统会以激活后最后一次设定的速度作为期望车速。

4.1.1.2 ACC 系统速度设置

ACC 系统可让驾驶人提高或降低巡航车速。

ACC 系统的跟车时距也可通过按键调节，由一个或两个按键实现。

4.1.1.3 ACC 系统的速度控制

ACC 系统的速度控制有三种模式：定速控制、跟随控制和弯道控制。

1. 定速控制

定速控制就是控制车辆的速度，达到驾驶人设定的车速，可设定的速度范围一般为 30~150km/h。

2. 跟随控制

跟随控制就是调节车辆的速度，使本车与前车的距离保持驾驶人设定车间时距。

3. 弯道控制

在弯道行驶时，ACC 系统可控制车辆的纵向加速度，使其随当前弯道曲率的增大而减小。避免在转弯时出现不舒适的加减速。此外，ACC系统还可控制车辆根据弯道曲率提前进行减速，实现舒适的转弯。

4.1.1.4 ACC系统超越控制

ACC系统在控制车辆时，驾驶人可通过踩加速踏板至一定开度来超越控制车辆，使车辆的控制权回到驾驶人。

4.1.1.5 ACC系统停走控制

ACC系统在跟车过程中，前方车辆减速到停止时，本车可跟随减速，直到车速为零。当停止时间过长时，ACC系统会请求电子驻车制动系统保持车辆静止。保持静止的过程中，会尽量保证车辆噪声小，让驾驶人无明显感知。

1）在跟停的一定时间内（一般为3s），如果前方车辆起步，系统会控制车辆自动跟随前车起步。

2）跟停超过一定时间后（一般为3s至3min），如果前方车辆起步，则系统需要在驾驶人确认后跟随前车起步。

3）跟停超过一定时间后（一般为3min），系统会请求车辆驻车后退出。

4.1.1.6 ACC系统退出

在ACC系统运行中，驾驶人可通过按键或制动操作退出ACC系统，接管车辆的控制权。ACC系统在不满足激活条件需要退出时，系统会及时提醒驾驶人并退出。

4.1.2 系统架构

ACC系统主要由五部分构成，即环境感知传感器、车辆状态传感器、控制器（认知、规划决策、控制）、执行器（动力系统、制动系统）和人机交互（HMI）系统。针对性能和体验的不同需求，系统架构也存在一定差异。ACC系统基本架构如图4-1所示。

升级版ACC系统，会增加更丰富的环境感知信息和人机交互系统，提升用户体验。例如：通过ADAS地图预知道路前方的弯道信息，提前进行自动减速，提升车辆过弯的用户体验；通过声音放大器，提升系统与用户交互的体验感。升级版ACC系统架构如图4-2所示。

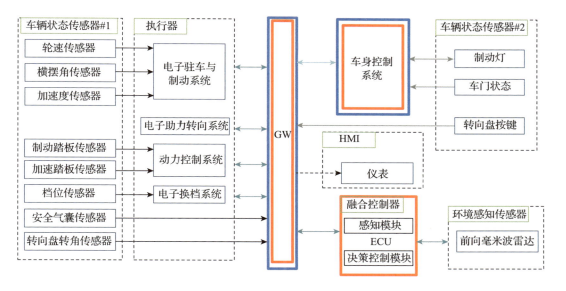

图 4-1 ACC 系统基本架构

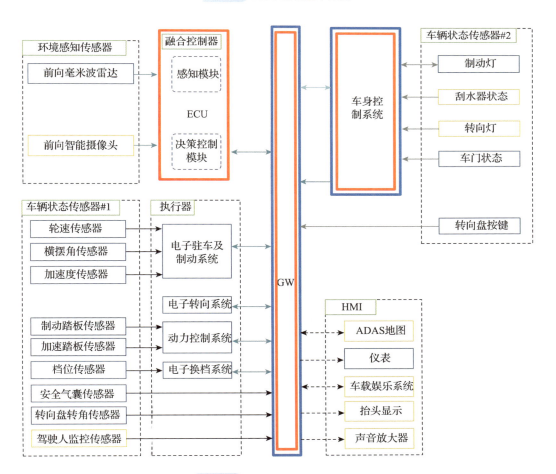

图 4-2 升级版 ACC 系统架构

4.1.2.1 环境感知传感器

ACC 系统使用的主流环境感知传感器有多种方案,包括单毫米波雷达方案、毫米波雷达与视觉融合方案、纯视觉方案。初期的单视觉方案以双目摄像头为主,随着图像技术的不断成熟,使用单目摄像头实现的纯视觉方案也在逐步应用。

1. 单毫米波雷达方案

2013—2018 年,国内汽车品牌基本采用单毫米波雷达作为传感器实现自适应巡航系统。这主要有三方面原因:

1) 毫米波雷达技术成熟度高。在国外,大众、奔驰等已经成熟应用。

2) 成本相对较低。

3) 环境天气的适应性强。2014—2018 年国内采用单毫米波雷达方案 ACC 部分车型见表 4-1。

表 4-1 2014—2018 年国内采用单毫米波雷达方案 ACC 部分车型

主机厂	车型				
吉利	博瑞	博越	帝豪	远景	帝豪 GS
长安	CS75	新逸动	CS55	睿骋 CC	CS35PLUS
长城	F7	VV6	VV7	VV5	H6
广汽	GS4	GS8	GS5	GM8	—
比亚迪	唐	秦	—	—	—

单毫米波雷达 ACC 系统的主流方案提供商大多是一级供应商(Tier1),例如博世、大陆等,主要原因在于:毫米波雷达算法积累多,对毫米波雷达的弊端可有效规避;利用庞大的数据库进行快速仿真验证,解决问题;系统成熟度高,欧美企业已经量产应用。

但随着各芯片公司对毫米波雷达芯片的开放,国内的毫米波雷达技术也在不断进步,未来毫米波雷达国产化趋势不可阻挡。

毫米波雷达利用目标对电磁波的反射(电磁波在不同材质的交界面会发生反射)现象来发现目标,并测定其位置及其他相关信息。基于这一原理,毫米波雷达的优劣势相对比较明显。

a. 优势:纵向距离、速度探测精度高;识别距离远;适应性高,夜间、雾天、雨天和阳光直射等天气影响小。

b. 劣势:隧道等周边金属较多的场景存在误识别情况;易受电磁干扰、地面金属物影响;静止目标识别较差,如图 4-3 所示。

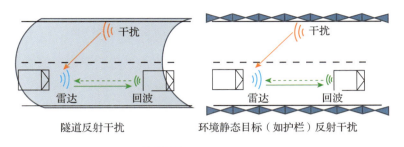

图 4-3 环境反射干扰

2. 毫米波雷达和视觉融合方案

毫米波雷达和视觉有各自的优劣势,两个传感器的融合互补成为目前 ACC 系统的主流解决方案。视觉摄像头用于识别物体及其形状和大小,毫米波雷达测量距离和速度,追踪物体轨迹,藉此形成优势互补。2018—2020 年,融合方案逐渐成为市场主流,搭载该方案的部分车型见表 4-2。

表 4-2 2018—2020 年国内融合方案 ACC 部分车型

主机厂	车型				
吉利	博瑞 GE	缤瑞	缤越	博越 PRO	几何 A
长安	CS75PLUS	CS85	CS55PLUS	CS95	UNI-T
长城	F7	VV6	VV7	VV5	F7x
广汽	GM8	GS4	GS5	AionLX	AionV
比亚迪	唐	秦	宋 Pro	汉	元

目前,融合方案提供商较多。国际供应商有博世、大陆、电装、采埃孚和安波福等;国内供应商有恒润、福瑞泰克等;新造车势力则多采取自主研发方式,例如特斯拉、小鹏和蔚来等。

两种传感器融合,达到最优性能;天气适应性较好;传感器融合可实现更多驾驶辅助功能,例如:车道对中、车道保持、行人 AEB 和交通标志识别等。劣势是成本相对较高。

3. 纯视觉方案

以色列科技公司 Mobileye 为纯视觉单目摄像头方案的主要芯片供应商。得益于近年视觉算法的成熟和人工智能的兴起,纯视觉对于物体的检测、环境的适应性逐渐增强。基于单目摄像头的纯视觉 ACC 系统,近两年逐渐开始应用,本田、长城和上汽均有车型搭载。

目前,单目摄像头 ACC 系统方案提供商均采用 Mobileye 的芯片,国际供应商有安波福、采埃孚和法雷奥；国内供应商有恒润、知行科技和易航远智。随着 AI 芯片的兴起，国内也出现了比较优秀的视觉芯片公司，例如地平线，目前也在与国内外多家厂商合作开发视觉摄像头。

纯视觉方案主要通过场景分割及聚类来进行结构化学习，通过预先定义的目标类型（包括车辆、行人、骑行者和路标等），利用分类器对目标进行分类。

a. 优势：可探测目标形状，目标横向距离精度较好，可识别车道线，从而更准确地预测目标车的运动轨迹。

b. 劣势：只能识别已分类的目标；夜晚、雨天、雾天识别性能下降明显；纵向识别精度较差。

4.1.2.2 车辆状态传感器

ACC 系统要收集车辆各种信息进行融合判断，因此需安装各类传感器，包括横摆角速度传感器、横纵向加速度传感器、智能轮速传感器、转向盘转角传感器、发动机模块（制动踏板传感器、加速踏板传感器）等，如图 4-4 所示。

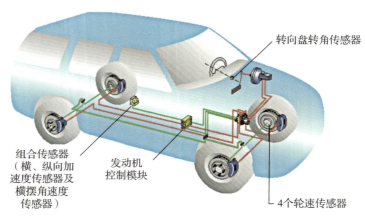

图 4-4 车辆状态传感器分布图

1. 横摆角速度传感器

主要用于测量车辆的横摆角速度，用于估算弯道曲率大小，及时调整弯道中车辆的加速度。

2. 横纵向加速度传感器

主要用于提供车辆本身的横向加速和纵向加速度，用于巡航控制时的加速度调节。

3. 轮速传感器

主要用于提供车辆每个车轮的轮速及轮速方向，用于提供车辆的车速和行驶方向信息。

4. 转向盘转角传感器

主要提供转向盘的转向角度，用于推算车辆的行驶方向，判断行进轨迹与前方车辆是否存在重合，及时识别和释放跟车目标。

5. 发动机控制模块（制动踏板和加速踏板传感器）

主要用于探测驾驶人踩下制动或加速踏板时的行程和状态，用于及时判断驾驶人的超越接管和制动接管操作。

4.1.2.3 控制器

控制器的主要作用是处理传感器探测的目标信息，结合车辆本身的状态信息，综合决策控制车辆的下一步状态。在L1、L2级驾驶辅助系统架构中，控制器单元一般集成在传感器内。

控制器内部一般分为几大单元，包括数字信号处理单元、环境预测单元、行驶状态估算单元、功能逻辑单元、控制输出单元和输入输出单元。如图4-5所示。

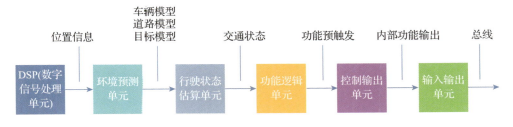

图4-5 控制单元框图

4.1.2.4 执行器

执行器可分为两大部分，即制动系统和动力系统。

1. 制动系统

制动系统主要作用：当车辆需要较大减速度的制动时，制动系统控制制动卡钳夹紧制动盘，降低车辆行驶速度；车辆需要驻车时，制动系统控制车辆保持静止，防止溜车。

如果发动机和变速器阻力形成的减速不足以使车辆以ACC系统要求的速度减速，

则必须主动施加制动。

2. 动力系统

动力系统有两方面作用：

1）当车辆需要加速时，控制发动机或电机增大转矩，提升行驶速度，车辆的动力系统产生和控制作用在车轮上的力。虽然传动系统也能实现一定程度的调节，但它主要由发动机管理系统控制。

2）当车辆需要较小减速度时，控制车辆滑行或倒拖，降低行驶速度。

4.1.2.5 人机交互

在ACC系统中，人机交互及时告知驾驶人系统状态，提示驾驶人相关信息。在系统无法处理时，发出接管请求，使驾驶人及时接管车辆。

人机交互主要体现在三方面，即视觉、听觉、触觉。

1. 视觉

即视觉提醒，这是最基本的信息，需要实时告知驾驶人当前巡航状态。

2. 听觉

声音是人体比较敏感的信息。系统会在车辆状态发生变化，或因紧急情况需要用户及时关注或接管时发出警告信息。

3. 触觉

触觉也是人体非常敏感的信息，但由于触觉警告系统的结构和体验还不够完善，目前使用相对较少。

4.1.3 感知认知

ACC系统仅进行纵向控制，最重要的内容是合适地选择和放弃前方的跟车目标。识别系统由以下模块构成：目标探测、目标筛选、目标融合和目标选择。

4.1.3.1 目标探测

由于传感器构成不同，ACC系统有不同的目标探测原理。本节主要以毫米波雷达的探测原理为主进行探讨。距离测定雷达通过测量目标反射的电磁信号的传输时间来确定目标距离，并通过测量频移来确定雷达信号的传输时间。FMCV波形具有频率随时间线性变化的特点。如果雷达能确定接收频率与雷达的斜坡频率间的差值，则可计算雷达信号的传输时间和与目标的距离。

4.1.3.2 目标筛选

目标探测会不可避免地输出非期望目标，因此 ACC 系统的目标筛选尤为重要。

毫米波雷达会在点云层级进行过滤处理，也会把点云聚类产生目标后再进行目标级过滤处理。这里主要探讨目标的过滤，点云的过滤不展开讨论。

1. 目标聚类

毫米波雷达通常能生成 128 甚至 256 个反射点。如果将每个点作为一个目标去跟踪，则需要大量计算和存储空间，代价高昂。因此，通常的做法是对来自单个目标的所有反射点检测结果进行聚类，生成目标，并对每个目标进行追踪，生成航迹。

聚类算法使检测范围内的所有检测点生成多个簇，并为每个聚类生成一个新距离和速度，从而方便对每个目标进行有效跟踪。

2. 目标筛选过滤

毫米波雷达对聚类后的目标进行跟踪。跟踪目标的数量根据雷达的算力来确定。一般情况下，ACC 系统会选择 32 个目标进行跟踪。从聚类出的目标里挑选 32 个目标是一个极其重要的步骤。

雷达聚类形成的跟踪目标包含以下属性：横纵向距离、距离误差标准差、横纵向速度、速度误差标准差、横纵向加速度、目标存在概率、目标为障碍物的概率、目标 ID 以及目标预估类型。

基于目标高度的筛选车辆在行驶过程中，周边环境极其复杂，特别是在通过隧道、桥梁、过街天桥、路面铁板和轨道的情况下，高处和低处的金属物体反射形成了一些目标，这些目标对巡航系统来说是虚目标。当前采用的毫米波雷达基本无法探测物体的高度信息。随着毫米波雷达技术的进步，高度信息会进入雷达的目标属性，基于雷达探测到的目标高度信息筛选虚目标会更准确。

基于目标概率的筛选目标探测后会形成 2 个概率值，一个是目标的存在概率，另一个是目标的障碍物概率。目标的存在概率，表征该目标的存在与否；目标的障碍物概率，表征目标是障碍物的可能性。主要基于目标的大小、运动趋势等进行相关概率的计算。

基于目标存在概率和障碍物概率的目标筛选原则如下：先判断存在概率，如果存在概率低于一定值（这要根据雷达的特性来判断，主要需采集场景数据，基于大量场景值进行统计），目标直接舍弃；在高于一定值的情况下，再判断障碍物的概率。目标存在概率高，障碍物概率极低时，也需要舍弃目标。基于存在概率和障碍物概率判断的值不是固定的，基于车辆的速度、目标的距离有着不同的阈值设定。

目标筛选除根据上述高度、概率外，还会根据位置、速度等来筛选。每个筛选规则在实际应用中都不是独立存在的，而是多种规则的融合体，以尽可能筛除虚目标，保留真实目标。

3. 目标融合

高级 ACC 系统多采用融合方式的传感器，如图 4-6 所示。涉及多种传感器时，传感融合是不可缺少的环节。以下基于毫米波雷达和摄像头的融合进行简单介绍。

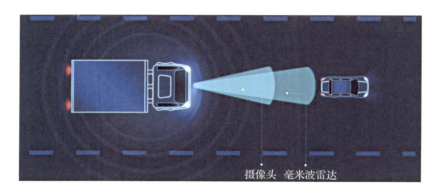

图 4-6 高级 ACC 系统传感器示意图

融合方案的摄像头和毫米波雷达会获取目标物不同的感知信息，这些信息之间可相互补充，但也可能存在矛盾。假设在某一场景下，来自摄像头的信息是车辆前方 50m 左右有异型车，需要制动，而毫米波雷达没有反馈同样的信息，这样的矛盾信息可能让车辆不知所措。因此，为了让车辆控制中心接收到一致且明确的行动指令，就要对传感器的数据进行融合。

传感器数据融合的基本原理与人脑综合处理来自眼、鼻、耳等器官的信息类似，主要是综合多个传感器获取的数据和信息，将多传感器在空间或时间上冗余或互补的信息依据某种准则来组合，获得对被测对象的一致性描述。

回到驾驶场景上，传感融合的大致流程：首先，摄像头和毫米波雷达分别针对观测目标收集数据。然后，对各传感器的输出数据进行特征提取与模式识别，并对生成的信息进行准确关联。最后，利用融合算法将同一目标的所有传感器数据整合，从而得出关于目标的一致性结论。

传感数据融合也有不同策略。有的方案会选择对传感器各自处理生成的目标数据进行融合，称为目标级融合；有些会选择对传感器的原始数据进行融合，避免在目标生成过程中丢失一些原始信息，称为信号级融合。

目标级融合，是对视觉和毫米波雷达输出分别进行目标生成，根据结果进行可信度加权后融合输出信号级融合，是对视觉和毫米波雷达传感器输出的原始数据源进行融合。其中，信号级融合数据损失最小、靠性最高，但需要的计算量大。

时间同步是进行融合的一个重要条件。具体方法是，以毫米波雷达或摄像头作为主控制发送时间戳，从传感器接收后，基于此时间反馈发送给主控制器。主控制基于返回的目标信息进行融合，降低两个控制器因时间不同步造成的误差。

目标匹配时，利用目标位置方差信息，可提高融合准确度。目标位置信息是目标关联的一个重要参数。但简单地利用位置信息，由于测距的误差，会造成融合的不准确性。引入距离方差进行融合是一个有效提升融合可靠性的方案。

例如，当毫米波雷达与摄像头融合时，如果毫米波雷达的横向位置方差较大，则表明此时毫米波雷达的横向位置准确率低，融合时的积累时间相应的需要增加。同样的，毫米波雷达的横向距离属性在目标融合后所占的权重也要降低，甚至为零。相反的，如果毫米波雷达和摄像头的横向位置方差都比较小，表示位置比较准确，目标匹配可根据位置快速进行。融合完成后，横向距离的权重也可相应考虑两者的值。

4. 目标选择

目标选择是在目标融合后，基于道路模型和车辆轨迹模型，对巡航系统的跟车目标进行选择的过程。

1）道路模型是基于周围的车流信息、道路边沿信息和车道线信息等进行融合，生成的道路环境模型。

2）车辆轨迹模型基于车辆的转向盘转角、车速、轮速、横摆角速度、纵向加速度和横向加速度等信息，预估自车的行驶轨迹来建立。

系统根据道路模型和车辆轨迹模型的融合结果，选择在本车道及本车行驶轨迹上的目标车辆为巡航控制的跟车目标。为避免误选，需要一定的确认时间。时间的长短与目标车速及本车速度相关。

4.1.4 决策控制

决策控制主要包括两项内容，即横向控制和纵向控制。横向控制主要通过控制转向盘转角使汽车沿期望的既定路线行驶，同时保证一定的舒适性和平顺性要求。纵向控制是在汽车行驶方向上控制汽车的加速和制动，使汽车按期望车速行驶，以保持与前后车的距离，紧急避障等。ACC 系统仅涉及纵向控制。

如图 4-7 所示，纵向控制包括加速控制和减速控制。加速控制主要是 ACC 系统与动力系统交互控制，减速控制主要是 ACC 系统与制动系统交互控制。

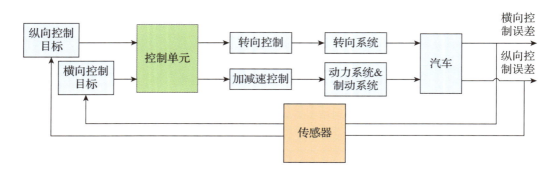

图 4-7 ACC 系统控制策略

4.1.4.1 加速转矩控制逻辑

当本车激活纵向控制系统,判断有加速请求时,会通过发送转矩请求信号给动力系统执行加速请求。动力系统将通过如下过程判断是否可响应 ADAS 系统转矩请求:

1) 校验巡航系统转矩信号的有效性。
2) 判断是否有更高优先级(制动系统、变速系统等)的转矩请求。
3) 系统转矩请求是否超过动力系统限制。

若动力系统判断可响应 ACC 系统的转矩请求,则动力系统会进行加速响应,同时将转矩请求换算成相应的换档执行命令发送至变速器,根据换档图谱执行相应的换档逻辑。

在此过程中,若驾驶人有踩加速踏板请求,则动力系统会判断巡航系统请求转矩与驾驶人请求转矩,当巡航系统请求转矩小于驾驶人请求转矩时,判断为驾驶人超越,则动力系统响应驾驶人的加速请求。

4.1.4.2 减速度控制逻辑

当系统判断有减速请求时,会停止发送转矩请求给动力系统,巡航系统通过地面摩擦力反拖整车开始进行舒适减速。之后,系统根据当前速度及减速度判断满足制动介入条件后,直接发送相应的减速度请求给制动系统。制动系统将进行如下判断,确定是否可响应减速请求:

1) 校验巡航系统减速度信号的有效性。
2) 判断是否有更高优先级硬盘控制器(Hard Disk Controller)的制动请求。
3) 判断制动请求是否超过制动系统限制。

若制动系统判断可响应巡航系统制动请求,则根据当前车辆状态所需的减速度请求对轮缸进行增压控制(图 4-8)。增压过程主要通过电动机运转实现,同时打开常开阀将制动液压入轮缸完成建压,并产生制动力输出给轮端,实现预期减速。

新能源车辆搭载 ACC 系统时,由于装备有能量回收系统,让 ACC 系统与新能源能量回收系统结合是系统设计的一个必要环节。新能源车辆的 ACC 系统需要减速时，会参考电机提供的倒拖转矩范围，优先请求电机进行倒拖。

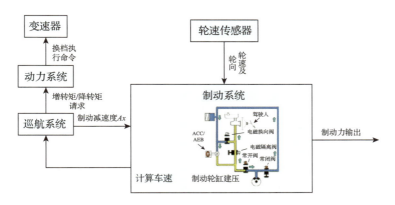

图 4-8　车辆制动系统增压控制框图

4.1.4.3　弯道速度控制

ACC 系统针对弯道跟车这一工况需要充分考虑入弯后的适当减速，以避免在弯道内影响驾驶人的信心。弯道内过快的车速甚至会导致驾驶人直接踩制动踏板后接管车辆，这是系统设计者所不愿看到的。设计者需要考虑系统如何根据弯道曲率进行舒适性减速，并在保证安全的前提下进行正常巡航控制。

弯道减速的前提是能首先通过传感器识别出弯道。不同传感器配置在弯道限速的实现方式上主要分为如下类型，见表 4-3。

表 4-3　弯道限速传感器配置类型

传感器方案	功能子项	优劣分析
单雷达	弯道内减速	优势：成本低，技术成熟，距离探测精准 劣势：无法预测实际情况（例如车道线、隧道、匝道和限速等），减速效果不明显
单摄像头	弯道前提前减速（基础版）、弯道内减速、弯道内限速牌减速	优势：成本低、技术成熟，道路实际情况探测精准（例如车道线、隧道、匝道和限速等） 劣势：距离探测不精准摄像头探测距离有限，减速效果不明显
雷达+摄像头	弯道前提前减速（基础版）、弯道内减速、弯道内限速牌减速	优势：技术成熟，距离和道路信息均是融合后的数据，探测精准 劣势：摄像头探测距离有限，减速效果不明显
雷达+摄像头+ADAS 地图	弯道前提前减速（增强版）、弯道内减速、弯道内限速牌减速	优势：技术成熟，距离和道路信息均是融合后的数据，探测精准，减速效果好 劣势：成本较高，ADAS 地图导航数据易丢失

1. 弯道内减速

弯道减速的控制逻辑主要是通过控制车辆纵向加速度来限制其纵向速度的输出，原理表示如下：

$$a_x = \frac{V_{obj} - V_{cur}}{\tau}, \quad V_{obj} = \sqrt{\frac{a_y}{a_s}} \tag{4-1}$$

式中，τ 是系统计算的避撞时间（s）；V_{obj} 是可以避撞的临界速度（m/s）。即在一定的时间 τ 内，需要从当前车速 V_{cur} 减至目标车速 V_{obj}。

为了更好地实现弯道限速性能，可调节两个参数，即横向加速度 a_y 和纵向弯道曲率 K_s。

弯道减速过程需要传感器检测到弯道曲率 K_s（m^{-1}）作为输入。一般情况下，横摆角速度 W_s（rad/s）和弯道曲率 K_s 可看作线性关系，表示如下：

$$W_s = K_s V_x \tag{4-2}$$

即弯道曲率可由检测到的本车横摆角速度和速度求得。车辆高速转弯时，速度的变化率对横摆角速度保持了线性，其相应的弯道曲率完全可以由横摆角速度与速度的比值计算。低速转弯时，因速度的变化率与横摆角速度无法保持线性关系，横摆角速度与车速的比值将无法保证精确且实时地计算出相应的弯道曲率。需要考虑如下优化方案。

图 4-9 所示的优化版弯道控制逻辑，通过调整转向角度的输入值来补偿横摆角速度精度不足造成的影响。

图 4-9 优化版弯道控制逻辑

如图 4-9 所示，该弯道控制算法的输入如下：

1）横摆角速度 Yawrate 指汽车绕垂直轴的偏转速率，其大小代表汽车的稳定程度。如果横摆角速度达到一个阈值，则说明汽车发生了侧滑或甩尾等危险工况。

2）转向角度 Angle。通过实际检测到的转向盘转角可大致判断当前车身的航向角或姿态。

3) 横向加速度 a_y 指车辆绕一定弯道半径行驶的向心加速度。

4) 自车车速 V_x 表明自车 τ 时刻实际行驶的速度值。

使用卡尔曼滤波对如上四个输入参数在 $\tau-1$ 时刻的数值进行在 τ 时刻的预测,然后输入弯道判定算法,计算出目标减速度值,实现弯道减速控制。

a_y 的常规定义为向心加速度,这里特指车辆绕弯的横向加速度,主要受车辆通过弯道时的向心力影响。

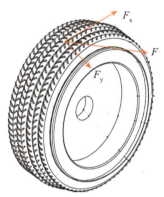

图 4-10 轮胎受力分析

$$a_{y\max} = \frac{F_y}{M_{ego}}, \quad F_y = F\sin\theta \tag{4-3}$$

F_y(N)由轮胎的摩擦系数和地面产生的摩擦力决定,在汽车行业里的标称定义为附着力分量,如图 4-10 所示。通常,在相对固定的路面工况下,F_y 值是一定的,表示为整体轮胎过弯附着力的横向分量。过弯时要保证车辆不会因向心力不足而被甩至道路外,就必须保证本车横向加速度不能大于某个限值:

$$a_y \leqslant a_{y\max} \tag{4-4}$$

在算法设计中,可根据不同速度段设置不同的横向加速度限制值,直接调整其输出纵向加速度 a_x(m/s²)。需要针对低速场景进行测试调节。表 4-4 中表示在测试低速(10~40km/h)过弯时需要的入弯速度和调整的横向加速度值。

表 4-4 低速过弯时需要的入弯速度和加速度

弯道半径 R	入弯速度 V_x/(km/h)	设定巡航速度 V_{set}/(km/h)	横向加速度 a_y/(m/s²)	纵向加速度 a_x
80m	10	30	a_1	
	20	40	a_2	
	30	50	a_3	
	40	60	a_4	

参数的调整需要在不同的弯道曲率和速度下进行测试验证。

2. 弯道提前减速

弯道提前减速主要利用摄像头或 ADAS 地图提供的前方弯道信息，基于舒适性和安全性设定的弯道内目标行驶速度，进行提前减速控制。

弯道提前减速一般采用发动机倒拖或小减速方式，接近驾驶人驾驶的体验。具体的减速度标准各厂家会自主标定。

4.1.4.4 纵向控制限制

ACC 系统为舒适性系统，加减速受到一定限制。表 4-5 所示为最大减速度限制值，表 4-6 所示为最大加速度限制值，表 4-7 所示为最大减速度变化率限制值。

表 4-5 ACC 系统最大减速度限制值

项目	通用标准（ISO22719）
车速＜5.5m/s 时的最大减速度	$4.5m/s^2$
车速＞19.44m/s 时的最大减速度	$3.5m/s^2$

表 4-6 巡航系统最大加速度限制值

项目	通用标准（ISO22719）
车速＜5m/s 时的最大加速度	$4m/s^2$
车速＞20m/s 时的最大减速度	$2m/s^2$

表 4-7 巡航系统最大减速度变化率限制值

项目	通用标准（ISO22719）
车速＜5m/s 时的减速度最大变化率	$5m/s^3$
车速＞20m/s 时的减速度最大变化率	$2.5m/s^3$

4.1.5 人机交互

ACC 系统的人机交互系统，是驾驶人对系统最直观的体验。人机交互系统设计的核心是让驾驶人知道系统的运行情况，以及在系统无法处理的情况下及时告知驾驶人接管车辆。人机交互操作和提醒应尽可能简单、明确和直观，除"设定速度"和"跟车时距"等必需显示项外，指示是否"检测到前方车辆"的目标指示也已成为既定显示项。

4.1.5.1 视觉交互设计

视觉交互设计就是通过图像信息给予驾驶人直观的展示。ACC 系统视觉交互设计有以下方面的内容：基本元素、场景重构、增强现实（AR）。

1. 基本元素交互设计

1）巡航状态指示。显示巡航系统的状态，例如故障、待机和激活等。

2）巡航设定速度指示。显示驾驶人设定的巡航速度，以便驾驶人及时进行调整。

3）目标车辆探测情况指示。显示巡航是否处于跟车状态，及时显示跟车目标，提升用户对巡航系统的信心。

4）目标的跟车时距指示。图 4-11 所示为驾驶人设定的跟车时距。

5）一般信息提示。如图 4-12 所示，提示"巡航驻车，恢复请按 RES 键"信息。此类文字提示信息需要简单明了，让用户可轻易获得。

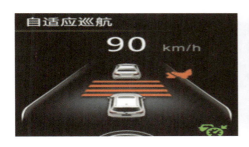 

图 4-11　ACC 巡航速度和跟车时距提示　　图 4-12　ACC 状态信息提示

6）安全类提示信息。需要驾驶人注意或接管车辆的提示信息，需要用视觉冲击比较强烈的图像来表示，如图 4-12 所示的红色踩踏制动提示。

各种元素的显示方式多种多样。只要能清晰表达对应的含义，及时有效地提供给驾驶人，就可称为好设计。

2. 场景重构交互设计

如图 4-13 所示，场景重构类交互设计一般会用到相对较大的液晶仪表，可良好展示巡航过程中车辆的周边环境。

图 4-13　巡航场景重构交互界面

如图 4-14 所示，在场景重构的交互设计中，除标准的巡航状态提示、巡航设定速度、巡航时距和巡航目标提示外，系统激活后可进入专业界面，新增了一些元素。

1）跟车目标距离提示。驾驶人对距离比较敏感，在巡航跟车时，及时告知自车与跟车目标的距离，可提升驾驶人对巡航的信心。

2）车道线的识别重构。车道线识别、虚实线、弯道情况展示，提示驾驶人当前道路的情况。

3）周边目标实现。展示左右车道的目标信息，重点提升系统科技感。

图 4-14　巡航场景重构交互设计

3. AR 交互设计

AR 类产品的出现，将虚拟世界与现实世界相互"融合"，完成屏幕的"跨越"，人机交互设计也开始从二维迈向三维。然而，由于市场和技术的限制因素，AR 产品的人机交互界面仍然处于早期状态，各种理念和方法仍处于逐步形成与试验阶段。

AR 效果的呈现有多种方式，市场在短期内主要分为车载 HUD、商超大屏互动等，如图 4-15 所示。车载 HUD 将车速、导航等重要行车信息投影到驾驶人面前的风窗玻璃上，尽量让驾驶人不低头、不转头就能看到车速、导航等重要驾驶信息。

图 4-15　巡航立体 AR 交互界面

4.1.5.2 语音交互设计

随着自然语言处理和识别的性能不断改进,近年已经出现了许多高品质的车载应用。手机系统内置的 Siri 和 GoogleNow 也已经在汽车交互领域扮演重要角色。

语音控制能带来两个主要好处:

1) 实现无 UI 设计代替身体和数字控制,使驾驶人自由地与 HMI 交互。
2) 让驾驶人的注意力更集中,提高驾驶安全性。

4.1.5.3 触觉交互设计

使用手势控制 HMI 的某些特定部分,正变得越来越容易。这不仅源于传感器和处理器的较低成本,还与更好的软件算法有关。但成本低廉的机器视觉产生的新交互模式目前还没有被充分应用,特别是与安全性相关的控制功能。

关键问题在于,这种新的交互控制方式,例如手势控制,并不是一种来自身体的必要直觉。丰富的身体交互反馈,例如点击按钮、移动控制杆、换档等,都不能很好地翻译成模糊的数字形式,用于支撑这种触觉交互模式。

4.1.6 测试验证

ACC 系统在推向用户前要经过严格的测试验证。测试主要分为场地客观测试和主观评价,验证则分为专项验证和适应性验证。

4.1.6.1 场地客观测试

场地客观测试时,须保证测试的环境和标准,与此环境下要达到的期望保持一致。

1. 测试环境要求

1) 标准汽车试验场。
2) 温度在 -20~40℃ 范围内。
3) 水平能见度大于 1km。
4) 无风或风速小于 3km/h。

2. 测试设备

测试设备如图 4-16 所示。

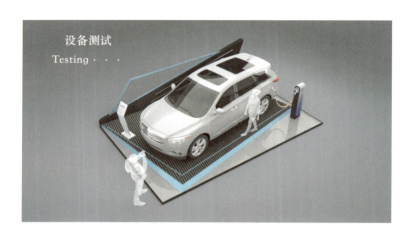

图 4-16 长安设备测试

1) 总线采集设备。
2) 视频采集存储设备。
3) GPS 设备。

3. 道路环境要求

1) 直道。
2) 弯道（标准弯道）。
3) 坡道（0%/8%/10%/15%）。

4. 测试内容

(1) 停走验证试验

试验目的是测试 ACC 系统的停车起步性能，即在目标车减速到零，一段时间后跟车起步的工况下，本车跟随目标车减速到零并保持静止，直到目标车辆重新起动的性能。

1) 场景一：目标车缓慢制动，本车跟随目标车以 30km/h 稳定行驶，保持稳定车间距。目标车以固定减速度（$-0.5m/s^2$，$-1.0m/s^2$，$-1.5m/s^2$，$-2m/s^2$）开始减速，直至停止，保持静止 20s。之后加速至 30km/h 稳定行驶。本车稳定至 30km/h 后试验结束。

此场景主要模拟城市工况下，前车各种速度减速停车起步的场景，确定车辆跟停起步的表现。

2) 场景二：目标车紧急制动，本车跟随目标车以 30km/h 稳定行驶，保持稳定车间距。目标车以最大减速度开始减速，直至停止，保持静止 20s。之后加速至 30km/h 稳定行驶。本车稳定至 30km/h 后试验结束。此场景主要模拟城市工况下，前车紧急减速场景，测试本车的反应情况，是否在系统无法处理时，有及时的提醒接管。

3）场景三：制动后目标车长时间停车，本车跟随目标车以 30km/h 稳定行驶，保持稳定车间距。目标车以 -1m/s² 减速度开始减速，直至停止，保持静止 30s、50s、120s、180s、240s。之后加速至 30km/h 稳定行驶。本车稳定至 30km/h 后试验结束。

此场景主要测试跟停后，ACC 系统的处理逻辑是否与系统定义一致。

(2) 跟车试验

1）场景一：高速跟车试验的目的是测试 ACC 系统在高速工况下的目标跟随能力及响应时间。本车以稳定速度跟随目标车行驶在平直道路上，两车的车间时距为 4s，本车设定的巡航速度为 100km/h。目标车以固定加减速度（图 4-17）改变车速，速度切换后稳定行驶 10s。

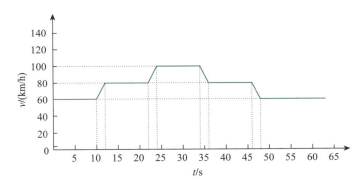

图 4-17 高速跟车试验工况

2）场景二：低速跟车试验的目的是测试 ACC 系统在低速工况下的目标跟随能力及响应时间。本车以速度 $v_{vehicle\_start}$ 稳定跟随目标车行驶在平直道路上，两车的车间时距为 τ_{max}（$v_{vehicle\_start}$），本车设定巡航速度 v_{set} 为 40km/h。目标车以最大加减速能力改变车速，如图 4-18 所示，速度切换后稳定行驶 10s。

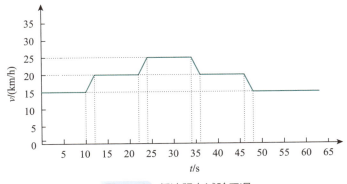

图 4-18 低速跟车试验工况

(3) 切入试验

试验目的是测试 ACC 系统的目标重新选择能力及本车在 ACC 系统控制下的减速能力。

1) 场景一：本车稳定跟随目标车行驶，邻车道车切入两辆同型号的前车，在本车前方以速度 $v_{\text{vehicle\_start}}$ 同向行驶，两车纵向中心线的距离为 3.5m±0.25m，车宽为 1.4~2.0m，本车稳定跟随目标车行驶。车间时距为 $\tau_{\max}(v_{\text{vehicle\_start}})$，设定速度 v_{set} 大于 $v_{\text{vehicle\_start}}$，如图 4-19 所示。

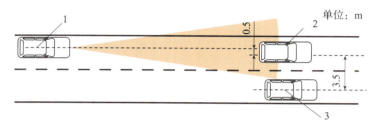

图 4-19 邻车道车切入前场景（本车稳定跟随目标车行驶）

1—本车 2—目标车 3—邻车道前车

本车稳定跟随目标车行驶一段时间（直至车速不再变化），目标车开始加速至 $v_{\text{vehicle\_end}}$，并保持该速度。

$$v_{\text{vehicle\_start}} = v_{\text{vehicle\_end}} - 20\text{km/h} \tag{4-5}$$

当相邻车道上的前车与本车的纵向距离减少为 $2/3\,\tau_{\max}(v_{\text{vehicle\_start}})v_{\text{vehicle\_end}}$ 时，切入本车车道，切入时间应控制在 2~5s 内，如图 4-20 所示。

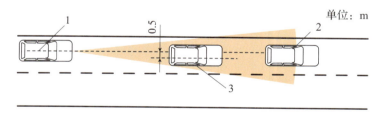

图 4-20 邻车道车辆切入后场景（本车稳定跟随目标车辆行驶）

1—本车 2—目标车 3—邻车道前车

$v_{\text{vehicle\_start}}$ 的取值为 120km/h、100km/h、80km/h、60km/h、30km/h。

2) 场景二：本车定速行驶，邻车道车切入，本车以设定巡航速度 v_{set} 行驶，邻车道前车以 $v_{\text{vehicle\_start}}$ 行驶。本车和前车纵向距离为 250m，如图 4-21 所示。

$$v_{\text{vehicle\_start}} = v_{\text{set}} - 20\text{km/h} \tag{4-6}$$

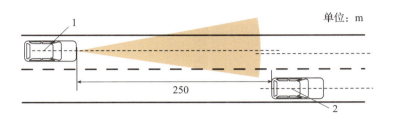

图4-21 邻车道车切入前场景（本车定速行驶）
1—本车 2—邻车道前车

当邻车道前车与本车纵向距离减少到 $2/3\, \tau_{max}\,(v_{set})\, v_{vehicle\_start}$ 时，切入本车车道，切入时间应控制在2～5s内，如图4-22所示。

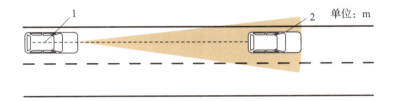

图4-22 邻车道车辆切入后场景（本车定速行驶）
1—本车 2—前车

v_{set} 的取值为120km/h、100km/h、80km/h、60km/h、30km/h。

（4）切出试验

试验目的是测试ACC系统的目标重新选择能力及本车在ACC系统控制下的加速能力。

1）场景一：目标车切出后，本车道无前车，本车以 $v_{vehicle\_start}$ 稳定跟随目标车行驶，车间时距为 $\tau_{min}\,(v_{vehicle\_start})$。本车设定速度 v_{set} 大于 $v_{vehicle\_start}$，如图4-23所示。

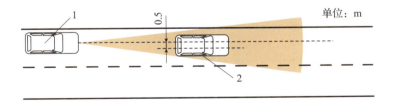

图4-23 目标车切出前（本车道无前车）
1—本车 2—目标车

本车稳定跟随目标车行驶一段时间（至少10s）后，目标车切出本车车道，切出时间应控制在2～5s内，如图4-24所示。

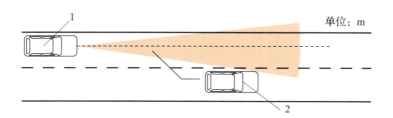

图 4-24 目标车切出后（本车道无前车）

1—本车 2—前车

$v_{\text{vehicle\_start}}$ 的取值为 120km/h、100km/h、80km/h、60km/h、30km/h。

2）场景二：目标车切出后，本车道有前车，本车以 $v_{\text{vehicle\_start}}$ 稳定跟随目标车行驶，车间时距为 $\tau_{\min}$（$v_{\text{vehicle\_start}}$）。本车设定速度 v_{set} 大于 $v_{\text{vehicle\_start}}$，如图 4-25 所示。

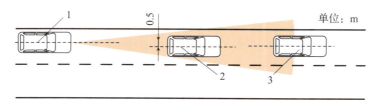

图 4-25 目标车切出前（本车道有前车）

1—本车 2—目标车 3—目标车前车

本车稳定跟随目标车行驶一段时间（速度不再变化）后，目标车切出本车车道（切出时间应控制在 2～5s 内），同时目标车前车开始减速到 $v_{\text{vehicle\_end}}$，本车速度稳定到 $v_{\text{vehicle\_end}}$ 时，测试结束，如图 4-26 所示。

$$v_{\text{vehicle\_start}} = v_{\text{vehicle\_end}} - 20\text{km/h} \tag{4-7}$$

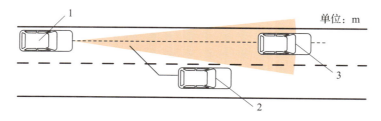

图 4-26 目标车切出后（本车道有前车）

1—本车 2—目标车 3—目标车前车

$v_{\text{vehicle\_start}}$ 的取值为 120km/h、100km/h、80km/h、60km/h、30km/h。

（5）坡道试验

试验目的是测试 ACC 系统的坡道适应能力及系统控制策略。选取一段具有上下坡道的路段，纵坡坡度为 4%、8%、15%，坡道长度 2km。本车以 $v_{\text{vehicle\_start}}$ 稳定跟随目标车行驶，车间时距为 τ_{min}（$v_{vehicle\_start}$），设定速度 v_{set} 大于 $v_{vehicle\_start}$，如图 4-27 所示。

图 4-27 坡道试验场景

1—本车 2—目标车

当目标车和本车驶入坡道时，维持目标车速度恒定。当本车驶离坡道 100m 后，测试结束。

$v_{vehicle\_start}$ 的取值为 100km/h、80km/h、60km/h、25km/h。

（6）弯道试验

场景：弯道定速巡航的试验目的是测试 ACC 系统在弯道工况下保持定速巡航的能力。

测试车道由半径为定值的圆或足够长的半径为定值的曲线构成，弯道半径的取值范围为（80%～100%）R_{min}，测试车道为双向车道，即可沿顺时针和逆时针方向行驶，如图 4-28 所示。R_{min} 的取值为 500m、250m、125m。

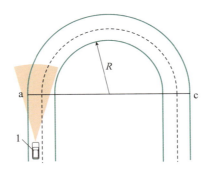

图 4-28 弯道试验场景

1—本车 a—弯道入口 c—弯道出口

本车在 ACC 系统控制下以速度 $v_{vehicle\_start}$ 驶入弯道入口 a，设定速度 v_{set} 大于 $v_{vehicle\_start}$。本车驶出弯道时，测试结束，记录本车车速。$v_{vehicle\_start}$ 的取值见表 4-8。

表 4-8 弯道定速巡航测试 $v_{vehicle\_start}$ 的取值

R_{min}/m	$v_{vehicle\_start}$/（km/h）
500	100、80、60
250	80、60
125	60

(7) 弯道适应能力测试

试验目的是测试 ACC 系统对弯道的适应能力，包括在弯道上的控制策略、跟随能力，以及前视传感器性能。按 JTG B01—2003《公路工程技术标准》所述，R_{min} 的取值为 500m、250m、125m。

目标车速度为 $v_{vehicle\_start}$，本车以车间时距 2s 稳定跟随目标车行驶在直道上，本车设定速度 v_{set} 大于 $v_{vehicle\_start}$。

开始测试前目标车的速度见表 4-9。

表 4-9 目标车速度取值

R_{min}/m	$v_{vehicle\_start}$/(km/h)
500	100、80、60
250	80、60
125	60

在开始测试前，应符合图 4-29 定义的初始条件。

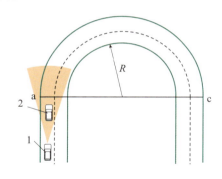

图 4-29 弯道试验场景

1—本车　2—目标车　a—弯道入口　c—弯道出口

目标车在驶入弯道入口 a 时开始减速，在 2s 内降低 20km/h，观察本车在 ACC 系统控制下的反应。本车在驶出弯道出口 c 时，测试结束。

(8) 侵入试验

试验目的是测试 ACC 系统的目标识别距离及本车在 ACC 系统控制下的减速能力。

本车以速度 v_{Ego} 稳定前进，目标车以速度 v_{Tar} 直行，两车的车间相距 200m 以上，本车侵入目标车后方读取 ACC 系统识别目标的距离和减速曲线，如图 4-30 所示。

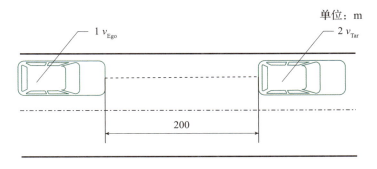

图 4-30 侵入试验场景

1—本车 2—目标车辆

v_{Ego}、v_{Tar} 的取值见表 4-10。

表 4-10 侵入试验 v_{Ego}、v_{Tar} 的取值

v_{Ego}/(km/h)	v_{Tar}/(km/h)
80	10
90	20
120	60

当本车 ACC 系统识别前车目标并减速制动到与前车相同速度时，试验结束（如果侵入过程出现未能识别前方目标的情况，则须及时改变方向或制动保障安全）。

上面仅列举了场地的部分测试项目，此外还有加速性能测试、减速性能测试、噪声测试、定速稳态测试和上下坡跟车性能测试等。

4.1.6.2 主观评价

主观评价是评价人员在不同场景下，进行各种基于用户层面的评测，得出总体的主观评价意见。主观评价主要可分为以下维度：

1）目标识别、释放能力评价主要场景分为高速、低速、弯道。开启 ACC 系统后进行跟车、换道，评估识别及释放目标的能力（含主动释放目标和被动释放目标）。

2）目标误识别评价主要是对匝道、高速护栏、隧道和桥梁等进行目标测试，统计误识别情况。

3）相邻车道干扰评价主要测试在加速超越临车道车辆时，选择邻车道目标作为跟车目标的概率。特别是测试对象为货车、客车的场景。

4）颠簸路评价主要测试通过连续颠簸路段（含上坡和下坡）时的目标识别能力和识别稳定性，以及系统是否退出。

5）高速公路跟随性能评价在选择的高速测试路段开启 ACC 系统跟随车辆行驶，

评估目标车在加速、减速过程中，本车的响应及控制车间时距的能力。

6）上坡性能评价分别在 5%、8%、10%、15%、30% 的坡道上评估跟车起步能力，目标识别和目标丢失后的车速控制能力，以及目标重新锁定后的制动能力。

7）低速跟车减速性能评价在选择的城市测试路段低速跟车情况下，评估巡航跟车的加速能力、舒适性及信心。目标轻度制动、中度制动、重度制动减速至停车，以及跟车停止后踩、松加速踏板后的制动表现。

主观评价场景较多，以上仅列举了典型场景，此外，还有高速跟车、蠕行跟车、紧急切入和弯道目标丢失后加速等评价项目。

4.1.6.3 道路适应性测试

ACC 系统在经过测试匹配人员的专业测试后，需要试验人员进行一定里程的可靠性和适应性测试。

可靠性和适应性测试主要针对不同的地区、天气和道路条件等进行综合测试，总体测试 ACC 系统的表现是否符合设计预期。

4.2　高度辅助泊车（L2）

自动泊车系统（Automated Parking System，APS）可通过车辆周身搭载的超声波传感器和环视摄像头感知周围环境信息，在功能开启后通过传感器获取车位、车位线、周围环境障碍物距离和角度数据，并将检测到的信息传递到 APS 控制器，计算出车辆泊车的整个路径，同时并行控制转向盘的转动、车辆行驶速度和档位等，基于目标路径控制车辆实现停车入位，功能示意如图 4-31 所示。由于将环境感知、决策和控制都交由系统执行，能最大限度将驾驶人从场景中解放出来。基于整个系统安全冗余方案的实施和提升，当前最先进的 APS 允许驾驶人在车外通过手机 APP 或钥匙等介质使用相关功能，让驾驶人从之前的在车上解放手脚提升到车外一键控制，对一些欠缺经验的驾驶人，或在停车条件有限的情况下，可大幅提升停车的便捷性和成功率，切实解决

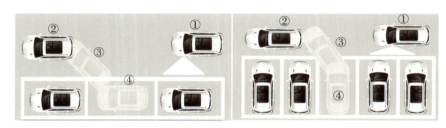

图 4-31　APS 功能示意图

很多驾驶人的泊车痛点。这是 APS 的设计初衷，同时也是这项技术需要实现的重要目标之一。

4.2.1 系统功能

1. 功能开启

APS 在车辆上通电后，开始进行系统常规自检。在完成自检无故障后，其超声波传感器和摄像头开始正常工作，超声波传感器监测距离输出，摄像头环视影像输出，这两项功能均属于 APS 的附属功能模块。根据系统使用需求，APS 需要检测动力总成状态。当动力系统处于起动状态时，APS 才可以开启，结合市面现有的量产产品，可分为物理按键开启、软开关开启、语音开启和后台自动开启等类型，图 4-32 所示为 APS 硬开关示意。

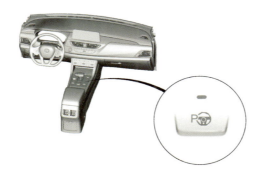

图 4-32　APS 硬开关示意图

2. 车位搜索

目前，市场主流的 APS 产品需要用户在打开功能后，主动驾驶车辆低速前行寻找目标停车位，整体操作与用户正常寻找车位并泊入的过程类似。在之后的路径规划中会有更详细的描述。另外，部分智能化技术领先的车企开发出命名为 L-ASP（Lowspeed Autonomous Searching Parkingslot）的功能，即低速自动寻找车位功能。该功能的特点是在具有清晰车道线的停车区域，通过图像感知传感器识别并抓取车道线，系统自动沿车道线驾驶车辆低速前行寻找目标车位，省去了用户驾驶车辆寻找车位的过程，实现了用户的零操作，进一步强化了智能化体验。该功能对场景要求较高，因此普及度一般，但未来会是 APS 发展的趋势。同时也可为后续实现自主泊车功能（Automated Valet Parking，AVP）提供技术积累。

APS 需要在一定条件下才能正常开启，相关条件如下：

1）整车处于启动状态。燃油汽车发动机处于正常运行状态，新能源汽车处于可行驶模式。

2）仪表、制动、转向和动力等关联系统处于正常工作状态。

3）APS自检通过，无任何故障。

4）车速小于一定值。

5）车身稳定系统功能处于开启状态。

3. 目标车位释放

最常见的车位主要分为垂直车位、水平车位、斜列车位三大类别。这三类车位的构成元素一般分为两种，一种为纯划线车位，另一种为由障碍物（例如花坛、灌木丛和立柱）或静止车辆构成的空间车位。当前，主机厂多采用由超声波传感器和环视高清摄像头实现的APS。该系统能实现划线车位、空间车位的检出，在车辆行驶过空闲的目标车位后，系统会将检测到的车位按相应类型输出到HMI界面，并要求用户进行制动操作，完成目标车位筛选。一般来说，该系统能较直观且形象地给予用户车位提示，使用户能根据需求选择期望泊入的车位。根据市场多元化方案的需求，当前主流的车位提醒和选择功能可通过触屏软开关、语音等方式交互。

4. 系统激活

用户基于系统搜索到的目标车位完成选择后，系统同样会让用户保持车辆处于静止状态，并提示用户选择车内泊车或车外一键泊车。如果选择车内泊车，则此时自动泊车系统会完成整车控制接管，并提示用户松开制动踏板、转向盘等，进入系统激活阶段。APS会最大限度模拟用户正常泊车过程，直到车辆完全泊入目标车位，自动开启驻车制动、挂P档，并退出。如果用户选择车外一键泊车功能，则系统会立即开启驻车制动、挂入P档，并提示用户下车使用手机APP或钥匙等介质激活系统，进入整车接管状态。直到车辆完全泊入后，系统会请求制动系统开启驻车制动器，档位控制器执行P档请求，最后系统退出。

在APS激活过程中，系统从安全、便捷性角度考虑，针对不同情况，可能会进入暂停或结束状态。满足以下任一条件时，APS会进入暂停状态，即APS控制换档系统保持当前档位，并控制制动系统制动车辆，直到用户确认后再恢复泊车。

系统进入暂停状态的条件如下：

1）车外泊车过程中，用户点击泊车界面的暂停按钮。

2）车外泊车过程中，用户APP界面跳转到后台，用户接听电话。

3）车外泊车过程中，用户手机界面锁屏。

4）车外泊车过程中，用户按压一次钥匙上的任一物理按键。

5）车内泊车过程中，打开车门，包括行李舱门。

6) 车内泊车过程中，用户踩下加速踏板。

7) 车内泊车过程中，用户拨动电子档杆，包括将档位拨入手动模式。

8) 车内泊车过程中，用户开启电子驻车制动器。

APS 处于暂停状态时会同步加入计时处理。如果超过规定时间用户未恢复泊车，则系统将请求车辆开启驻车制动器、挂 P 档，再退出，结束本次泊车。

以上描述的是泊车过程中的暂停情况，主机厂根据实际场景情况和安全层面考虑，还规定了在某些条件下系统会立即退出：

1) 泊车总时间超过限制。

2) 泊车总次数超过限制。

3) 车辆原地换档超过限制。

4) 车辆所处坡道坡度超过限制。

5) 泊车过程中，用户干预转向盘。

6) 泊车过程中，用户连续两次踩加速踏板。

7) 泊车过程中，用户踩住制动踏板换档。

8) 泊车过程中，用户按压自动泊车功能开关按钮。

9) 泊车过程中，用户通过 HMI 单元按下退出按钮。

10) 泊车过程中，自动泊车系统或关联系统出现故障。

APS 针对各种工况，无论采用进入暂停状态还是直接退出，都是为最大限度保证系统在运行过程中的安全，包括车辆本身的安全以及周边环境、目标（人、物）的安全。因此，APS 设计者一定要将安全放在第一位，同时将用户需求目标作为设计导向。

5. 结束

在车辆按系统探测的目标车位完成泊入后，系统会自动请求档位执行机构切入 P 档，同时请求电子制动系统开启驻车制动，在确认以上两项动作执行后，再向用户发出提示并退出，释放对关联系统的控制，完成泊车。

4.2.2 系统架构

APS 主要由感知系统、控制系统、执行系统和交互系统组成。通过环境感知系统，获取自车与周围物体相对位置。通过人机交互系统与驾驶人进行信息交互，获取驾驶人对系统操作的要求，例如驾驶人换档操作、车速控制提示、侧方车位信息和车辆停放基准等。控制系统根据车辆行驶方向、车辆实际位姿及目标位姿规划泊车轨迹，并通过控制器域网（Controller Area Network）总线，与执行系统进行交互，控制执行系统按目标状态运动，最终完成安全泊车任务，APS 系统组成如图 4-33 所示。

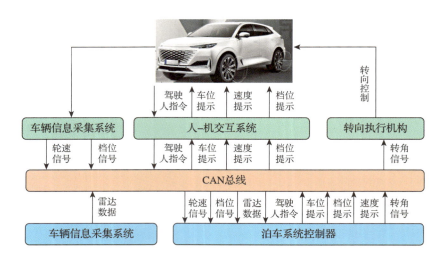

图 4-33 APS 系统组成示意图

4.2.2.1 感知系统

当前，主流 APS 的环境感知传感器由超声波传感器和高清环视摄像头组成，分别进行障碍物和可视目标检测，并通过控制器进行目标融合，形成更精准的车辆周边环境探测。下面分别对两种环境感知传感器及其他整车状态传感器进行介绍。

1. 超声波传感器

超声波传感器成本较低，探测距离近、精度高，且不受光线条件影响，因此最先应用于 APS 系统。其缺点是只能探测空间车位，在划线车位场景中无法使用。

根据当前超声波传感器市场区分，主要分为大规模用于倒车雷达系统的普通短距离超声波传感器和用于更高级别的 APS 系统的长距离超声波传感器。

超声波传感器的工作原理，是通过发射和接收 52kHz 的超声波（不同厂家频率略有差异），根据时间差测算出障碍物距离，其测距精度是 1～3cm。图 4-34 描述了超声波传感器的检测原理。

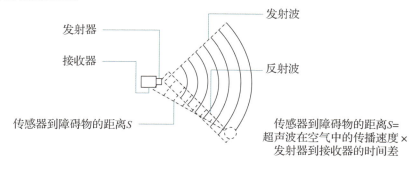

图 4-34 超声波传感器的检测原理

超声波传感器按构造一般分为等方性超声波传感器和异方性超声波传感器。等方性超声波传感器的水平角度与垂直角度相同，异方性超声波传感器则不同。等方性超声波传感器的缺点在于垂直照射角度过大，容易探测到地，无法侦测较远的距离。异方性超声波传感器产生的超声波波形强弱较不稳定，易产生误警告情况。表 4-11 为某超声波传感器参数。

表 4-11 某超声波传感器参数

序号	特性	参数
1	工作电压	9～16V
2	工作电流	≤10mA
3	频率	50.5kHz
4	测量范围	≤5m
5	盲区范围	≤15cm
6	水平探测角度	120°
7	垂直探测角度	60°
8	传感器余振	≤1.2ms
9	工作温度	-40～85℃
10	存储温度	-40～95℃
11	防护等级	IP69

超声波传感器的技术方案一般分为模拟式、四线式数位、二线式数位和三线式主动数位。在技术难度、装配及价格上各有优劣，总体呈递进趋势。三线式主动数位倒车雷达的每个超声波传感器内部都带有中央处理器（Central Processing Unit，CPU），能独立完成信号的发射、接收及数据处理，基本不存在信号传输干扰或损失，具有非常好的电磁兼容性（Electro Magnetic Compatibility，EMC）及抗电磁干扰（Electro Magnetic Interference，EMI）性能。探头通过 CPU 可及时独立对各种信号进行处理和运算，并对检知器（超声波传感器本体）进行控制，从而取得非常精准的信号和判断。出于成本考虑，市场上使用较多的仍然是模拟式超声波传感器。

检验超声波传感器的性能指标，通常涉及传感器水平/垂直侦测范围、传感器阻抗特性、传感器感度温度特性、传感器余振温度特性、传感器响应频率与感度温度特性，以及传感器电容与温度特性等。此外，传感器的抗同频干扰性、不侦测地面技术、自动故障诊断技术、抗共振、耐高低温和防水技术也是关注的焦点。

超声波传感器一般安装在汽车的保险杠和车身侧面。前者称为 UPA，一般用于探测车身前后障碍物，后者称为 APA，用于探测车身侧方障碍物。APA 超声波传感器是 APS 的核心部件，探测距离较远，可探测车位宽度，获得车位尺寸及车辆位置信息。

APA 与 UPA 使用不同的工作频率，不形成干扰。APS 通常的配置是 8UPA+4APA。

超声波传感器模组的主要生产商有博世、法雷奥、村田、尼塞拉、电装、三菱、松下、同致电子、航盛电子、豪恩、辉创、上富和奥迪威等。传统的超声波传感器多用于 UPA，这部分市场基本被博世和法雷奥占据。博世公司研发的新一代编码超声波传感器还可提高超声波传感器的刷新时间，为每一个雷达分配一个专用识别码，避免超声波传感器的噪声，实现更精准的探测。新一代超声波传感器可很好地识别上一代产品无法识别的低矮物体，检测范围可达 15～550cm。

法雷奥已经有数十年的超声波传感器量产经验。其 APS 系统 Park4U，基于超声波传感器，有平行、垂直、斜列三种泊车模式。平行泊车车身前后只需留出 40cm 空间，系统就能自动完成泊车过程。

同致电子主要生产倒车雷达、遥控中控、后视摄像头和智能车内后视镜等产品，是国内各大汽车厂（例如上海通用、上海大众、东风日产、上海汽车、神龙汽车、奇瑞汽车、吉利汽车、福特汽车和长安汽车等）的供应商，也是目前亚洲倒车雷达市场第一供应商。

由于超声波传感器已经是非常成熟的产品，在技术上没太大门槛，国内外厂商之间的差距，主要在于传感器的稳定性和可靠性。这方面国产厂商还有很长的路要走。近两年，由于国内主机厂开始要求超声波传感器供应商开放感知信息接口，用于提升主机厂算法团队的 APS 开发实力。在国际供应商配合意愿不强时，国内部分超声波传感器供应商积极寻求突破口，能按主机厂需求提供感知接口。此举也迫使法雷奥等知名供应商为业务发展进行接口开放，根据主机厂的布局和开发模式变更合作模式。

2. 高清环视摄像头

传统意义的高清"鱼眼"摄像头，其原理是基于摄像头标定得到的镜头内外参数值，通过畸变矫正等处理措施，将图像投射到路面，形成环视拼接效果，最终通过人机接口界面向用户呈现出 360°的实时可视化图像。表 4-12 所示为某环视摄像头传感器的参数。

表 4-12 某环视摄像头传感器参数

序号	特性	参数
1	视野角度	190±3°（H），120±3°（V）
2	动态范围	≥115dB
3	有效像素	1280×720（25fps）
4	工作电压范围	5～7V
5	额定工作电压	7V

(续)

序号	特性	参数
6	最大信噪比	≥40dB
7	防尘防水等级	前端 IP69，后端 IP67
8	工作温度	-40～85℃
9	存储温度	-40～95℃

结合市场用户需求，各主机厂在上述基本功能基础上增加了类似 3D 视图、透明车身等功能，甚至基于图像算法开发了环视车辆行驶记录仪、车道偏离预警等智能化水平更高的产品。早期以 12 个超声波传感器作为感知单元的 APS 已无法满足市场需求。针对超声波传感器无法适应划线车位、小车位，对方柱等异形车位探测不准的问题，各主机厂和 APS 供应商开始将环视"鱼眼"摄像头的目标识别纳入重点研究方向，提出将环视摄像头与超声波传感器的感知结果进行融合的方案，实现车位特征的时空连续检测，弥补超声波传感器在距离、方位检测和目标分类方面的不足，最终形成了当前主流的融合泊车方案。图 4-35 所示为环视摄像头与超声波传感器的融合车位识别示意。

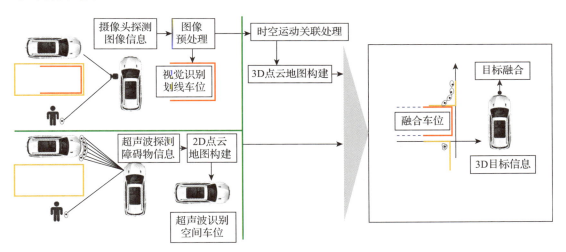

图 4-35 环视摄像头与超声波传感器的融合车位识别

3. 整车状态传感器

由于 APS 在运行过程中允许用户在车外通过手机或钥匙等介质实现一键泊车，可认为车辆此时处于低速自动驾驶状态。基于系统安全层面考虑，需要整车的多种传感器提供有效数据值，用于系统评估当前车辆状态，并在必要时采取相应的安全措施。其中，涉及的主要传感器包括横摆角传感器、纵向加速度传感器、智能轮速传感器、转向盘转角传感器、制动踏板传感器、加速踏板传感器和温度传感器等。

1）横摆角传感器主要用于测量车辆的横摆角速度，用于估算自动泊车完成后车辆的歪斜程度是否处于允许范围内。表 4-13 所示为横摆角速度传感器参数的取值范围。

表 4-13 横摆角速度传感器参数取值范围

指标项	取值范围	单位
探测范围	-60~60	°/s
分辨率	≤0.1	°/s
信号周期	20	ms
最大偏移量	≤±5	°/s

2）纵向加速度传感器主要用于自动泊车使用过程中的车辆所处坡度计算。表 4-14 所示为纵向加速度传感器参数的取值范围。

表 4-14 纵向加速度传感器参数取值范围

指标项	取值范围	单位
探测范围	-15~15	m/s²
分辨率	0.2	m/s²
信号周期	20	ms
最大偏移量	0.7	m/s²
最大线性误差	Max（0.25%）	m/s²

3）智能轮速传感器主要用于提供车辆每个车轮的轮速、轮速方向和轮速脉冲。轮速和轮速脉冲信号的作用是校验车辆发出的车速信息的准确性，轮速方向信号的作用是判断车辆的真实行驶方向。相关信息用于冗余校验，校验车辆的车速和行驶方向。表 4-15 所示为智能轮速传感器参数的取值范围。

表 4-15 智能轮速传感器取值范围

指标项	取值范围	单位
探测范围	-30~-0.2；0；2~80	m/s
分辨率	0.05	m/s
信号周期	20	ms

4）转向盘转角传感器主要提供转向盘的转向角度和转向角速度。转向盘角度用于在自动泊车过程中，控制单元对车辆前轮转向角的控制和校核。转向角速度主要用于在自动泊车过程中，系统基于车速、车辆姿态、与目标点的距离情况，请求转向器按时间要求达到某一转向角而输入的转向角速度请求。表 4-16 所示为转向盘转角传感器

参数的取值范围。

表 4-16 转向盘转角传感器参数取值范围

指标项	取值范围	单位
转向范围	-720~720	(°)
分辨率	0.5	(°)
转向速度	400±20	°/s
信号周期	20	ms
最大误差	Max. Offset ±5%	(°)

5) 制动踏板传感器用于供 APS 判断驾驶人是否有使车辆停止的意图。同时，用于在坡道增大转矩泊车工况下，基于驾驶人制动请求释放转矩请求的判断依据。表 4-17 所示为制动踏板传感器参数的取值范围。

表 4-17 制动踏板传感器参数取值范围

指标项	范围	单位
探测范围	0~100	%
分辨率	1	%
信号周期	20	ms

6) 加速踏板传感器用于判断驾驶人在泊车过程中的接管车辆意图。在收到驾驶人的加速踏板请求后，自动泊车进入暂停状态。表 4-18 所示为加速踏板传感器参数的取值范围。

表 4-18 加速踏板传感器参数取值范围

指标项	范围	单位
探测范围	0~100	%
分辨率	1	%
信号周期	20	ms

7) 温度传感器主要用于检测当前环境温度，因为超声波传感器的探测性能会受环境温度影响。系统会基于环境温度值对超声波传感器进行温度补偿，以确保其探测性能处于最优状态。

4.2.2.2 控制系统

控制系统属于整个 APS 系统中最核心的部分，负责感知信息的处理，以及对执行系统输出相关指令，确保系统正常运行。以下分状态进行描述。

1. 泊入控制状态

1）泊入控制待机系统上电自检完成后，如果同时满足以下条件，则泊入控制由关闭状态进入待机状态。此状态下，系统进入后台搜索车位。

- 发动机处于运转状态。
- 前行车速小于一定值。

2）满足以下任一条件，泊入控制待机状态退出，进入泊入控制关闭状态。

- 发动机处于非运转状态。
- 前行速度大于一定值。
- 路面坡度大于一定值。

3）按下 APS 开关，可由泊入控制待机状态进入搜索车位激活状态。再次按下 APS 开关或通过 HMI 选择退出，系统将由搜索车位激活状态进入泊入控制待机状态。

搜索车位激活状态时系统会进行以下搜索：

- 自动搜索左右侧车位。
- 自动搜索平行、垂直、斜列、车位标识模式车位。
- 自动输出所找到的左右方向的任何模式车位。

4）当本车车速处于一定范围内时，系统会提示"车速过高，请减速"持续 3s。当车速仍大于一定值时，系统会临时退出搜索车位状态，直至车速降低到一定值，车位搜索才会正常进行。当车速降低到一定值以下时，系统退出车速过高提示。

5）搜索车位激活后，系统自动搜索车位。搜索到车位时，APS 发送动态车位显示信号，在 HMI 上显示相应图片，同时，随着车辆继续前行，车位与车模位置动态变化。当车位显示超出 HMI 显示区域时，车位在 HMI 上动态显示消失。APS 具备车位记忆功能，记忆距离为 15m。车位消失后，如果车辆行驶超过 15m，则 APS 放弃相应车位。如果行驶距离没有超过 15m，当车辆行驶到全景显示区域内时，车位会在全景视图上动态恢复。如果找到车位，则系统提示驾驶人停车，进入临时退出搜索车位状态。

6）系统找到并释放一个或多个车位后，持续判断车辆静止状态，并提示驾驶人停车。进入准备泊车状态，需要持续检查以下条件是否同时满足：

- 到达可泊车区域。
- 车位确定。如果只释放一个车位，则直接进入泊车条件检查；如果同时释放多个车位，则系统提示进行泊入车位选择，选择后进入泊车条件检查。
- 车辆静止、车门关闭、变速杆处于自动模式。

7）如果泊车条件没有满足，则按优先级顺序提示驾驶人进行检查。检查提示如下：请停车，请关闭车门，请将变速杆置于自动模式。如果驾驶人一直未按操作提示操作，则系统等待 60s，退出到泊入待机状态。接受控制状态。

如果同时满足以下条件，则系统从准备泊车状态进入接受控制状态。

- 车速为零。
- 接收到驾驶人的开始泊车模式选择信号。

8）泊入控制激活同时满足以下条件时，系统从接收控制状态进入泊入控制激活状态。

- 纵向控制［发动机管理系统（EMS）、电子换档控制器（ACM）］握手初始化完成。
- 纵向控制握手完成。
- 横向控制（EPS）握手初始化完成。

如果满足以下任一条件，则系统退出至泊入控制待机状态。

- 纵向控制握手失败。
- 横向控制握手失败。

9）泊入控制同时满足以下条件时，系统从泊入控制激活状态进入泊入控制中状态。

- 驾驶人双手离开转向盘。
- 加速踏板释放。
- 制动踏板释放。
- EPB 释放。

泊入控制中，APS 进行横向转向角控制和纵向速度控制：

- 发送转向角请求信号给 EPS。EPS 收到该信号后，将其转换为对应的转向转矩作用于转向柱，控制车辆转向。
- 发送转矩请求信号给 EMS，控制车辆前后移动。
- 发送目标档位请求信号给 ACM，ACM 根据该信号响应换档请求。发送目标加速度给电子驻车制动功能集成系统（EPBi），EPBi 根据该信号响应减速请求。当系统监测到有碰撞危险时，例如触发条件为车速≥0.1km/h（可标定），距离≤100cm（可标定）时，APS 发送主动建压请求信号给 EPBi。收到该信号后，EPBi 执行指定程度的预制动力填充。预制动力填充完成后，EPBi 发送响应完成信号。当满足紧急制动条件时，EPBi 收到相应信号后执行指定程度的制动，使车辆在安全距离内停止，防止碰撞发生。
- 发送电子驻车制动器请求给 EPB，EPB 根据该信号响应电子驻车制动器开启请求。

泊入控制中，单次泊车入库控制（LSC）逻辑如下：

APS 通过轨迹计算出一次泊车过程所需行驶距离 DTH（Distance to Hint）。系统根据该距离计算减速度，以此控制 EPBi、EMS 系统，让车辆以稳定的低速状态行驶到 DTH 为 0 的停止坐标。LSC 控制档位切换，DTH 立即更新为新轨迹，计算出所需行驶距离。在泊入中，系统会发出进度条信号，实时更新显示剩余距离。剩余距离以停止线的方式，结合前、后动态车幅线共同显示在界面上。其中，动态车幅线会随转向盘的转动变化。

10）泊入控制待机只要满足以下任一条件，系统就从泊入控制状态退出到泊入控制待机状态：

- 正常泊车完成。
- 原地换档＞4 次。
- 泊车控制速度大于 5km/h。
- 坡度≥15%。
- 驾驶人干预转向盘。
- 短按或长按 APS 开关。
- 系统关闭 EPB。
- 驾驶人在车机上按下退出键。
- 驾驶人踩制动踏板并换档。
- 前进或后退一次时长＞60s，包括暂停和恢复的时间间隔。

11）在泊入控制中，只要满足以下任一条件，系统就进入泊入控制暂停状态。APS 发送给 EPBi 和 EMS 泊车暂停请求，完成停车动作：

- 任意车门未关闭。
- 驾驶人踩下加速踏板。
- 驾驶人开启 EPB。
- 驾驶人操作变速杆。

如果相应暂停状态条件消除，则系统将提示驾驶人恢复泊入控制。驾驶人需要选择确认泊车恢复来恢复泊入控制。

满足以下任一条件时，系统由泊入控制暂停状态退出到泊入控制待机状态：

- APA 内部原因取消。
- 驾驶人踩制动踏板并换档。
- 大于 60s 驾驶人未执行恢复动作。
- 中断≥7 次。
- 短按或长按 APS 开关。
- 驾驶人干预转向盘。

12)当泊入控制完成时,APS 要完成以下动作:
- 车辆置于 P 档,开启 EPB。
- 释放对各子系统的控制。
- 提示泊车完成信息。

2. 泊出控制状态说明

1)泊出控制待机系统上电自检完成后,如果同时满足以下条件,则泊出控制由关闭状态进入待机状态:
- 发动机处于运转状态。
- P 档。
- 车辆静止。

2)满足以下任一条件时,泊出控制从待机状态退出,进入泊出控制关闭状态:
- 发动机处于非运转状态。
- 非 P 档。
- 车速≥1km/h。
- 路面坡度>15%。

3)按下 APS 开关或在泊入控制 HMI 界面选择泊出,系统会由泊出控制待机状态进入车位判断状态。

满足以下任一条件时,系统由车位判断状态退出到泊出控制待机状态:
- 车头距前方障碍物>3m。
- 车位长度不满足条件。
- 垂直/斜列车位前方有障碍物,无法泊出。
- 平行车位两边有障碍物,无法泊出。
- HMI 界面选择退出。

4)系统确认车位后自动输出车位信息,HMI 显示泊出车位信息,提示驾驶人选择泊出方向。泊车方向选择有 60s 时间限制,超时后系统退出到泊出控制待机状态。

5)驾驶人选择方向后,准备泊车状态下持续检查是否满足以下条件:
- P 档。
- 四门关闭。
- ACM 自动模式。

如果时间超过 60s,则系统由准备泊车状态退出至泊出控制待机状态。

如果泊出条件没有满足:
- 按优先级顺序提示驾驶人操作。具体顺序:车辆非静止、车门未关闭、ACM 非自动模式。

- 提示驾驶人操作如下：请停车、请关闭车门、请将变速杆置于自动模式。
- 如果驾驶人一直未按提示操作，则系统等待 3min 后，退出到泊出待机状态。
- 剩余泊出控制逻辑与泊入控制相同。

6) 手机、钥匙等实现一键泊车属于融合泊车系统自身功能以外的拓展功能，各供应商间可能存在较大差异，相应的，手机与车辆的连接方式也会有差异。既要确保连接稳定性，也要考虑信号传输过程中的延迟导致的控制滞后情况。

3. 执行系统

执行系统包含三大部分：底盘系统、动力系统、传动系统。接下来，简要介绍这三大系统。

（1）底盘系统

底盘系统涉及制动系统和转向系统两大部分。

- 在 APS 运行过程中，制动系统发挥着非常重要的作用。它在泊车起步泄压、泊车过程低速稳态控制、制动停止过程建压中的精度将直接影响用户体验，要能做到速度平滑过渡，不出现速度明显跳变、超调等情况。

另外，在泊车系统出现故障时，制动系统要能立即响应大减速度请求，快速制动停车、实现安全驻车。同时，要能与 APS 控制器形成互检，在检测到系统故障时，能主动快速建压制动使车辆停止，并开启驻车制动器，确保安全驻车。

（2）转向系统

在 APS 运行过程中，电子转向系统根据控制器规划的路径，按需求的转向角度和转向速度执行相应请求，最终实现车辆的自动泊入。

1) 在 APS 运行过程中，动力系统主要负责转矩输出。具体分为怠速运行和增矩两种情况。怠速运行指 APS 在平路场地运行时，仅通过怠速转矩即可驱动车辆正常前进、后退。而在坡道泊车时，由于怠速转矩可能不足，需要 APS 控制器基于纵向控制需求进行增矩，输出目标转矩到动力系统，确保轮端转矩可平稳输出。

2) 传动系统主要指变速器、电子换档执行机构等。由于 APS 总处于低速运行状态，对自动变速器的整体需求比较简单。电子换档控制器总成主要是在泊车过程中执行 APS 的换档请求，并实时监控干预信号。在检测到有干预信号时，APS 控制单元判断是否执行中断或退出处理。

4. 交互系统

交互系统作为智能化系统与用户进行信息交互的直接单元，需要通过声、光、文字等形式对用户进行相应的提示并收集用户输入信息。在 APS 中，涉及提示功能开启、目标车位显示、提醒用户目标车位选择以及泊车过程状态提示，需要在设计之初充分考虑用户的使用便捷性、友好性，尽可能降低用户的使用学习成本。图 4-36 所示为 APS 交互系统界面。

图 4-36　APS 交互系统界面

APS 系统整体架构如图 4-37 所示。感知单元通过传感器获取车辆周围的环境信息和车辆自身的状态信息。控制单元根据感知单元获取的信息，得出准确的泊车位和障碍物信息。然后，根据车位和障碍物信息规划出泊车路径并产生相应的控制指令（例如转向盘转角、制动、速度和档位信号）。执行机构接收控制指令，操作车辆完成预期的执行响应，包括车辆的速度、制动、档位和转向盘转角，控制车辆最终完成泊车。

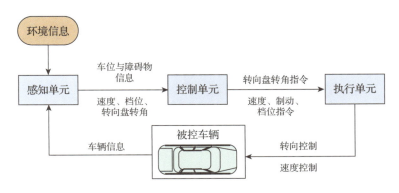

图 4-37　APS 系统整体架构

4.2.3　感知认知

APS 的环境感知认知功能主要包括停车泊位检测及障碍物检测。传统 APS 以超声波传感器实现车位与障碍物检测。实际泊车过程中，超声波测距是进行车位识别的前提。自动泊车过程中不仅需要通过超声波传感器检测泊车位，还需要实时检测泊车路径上的障碍物信息，防止发生碰撞事故。因此，需要在车身四周安装多个超声波传感器，形成全方位环感系统。根据泊车功能的特点，在车身四周安装 12 个超声波传感器。其中，车身前部 4 个、车身后部 4 个，车身两侧分别安装 2 个，由此搭建的车载环感架构如图4-38所示。图中,原点代表超声波传感器探头安装位置,扇形部分为传感器的探测方向和范围。

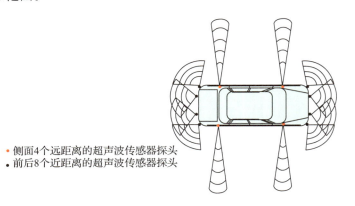

- 侧面4个远距离的超声波传感器探头
- 前后8个近距离的超声波传感器探头

图4-38 自动泊车系统传感器布置示意图

图4-39所示为由超声波传感器构成的感知单元车位检测原理。当传感器探测值发生第一次正向跳变时,系统判断车位上边缘检测成功。车辆在继续行驶过程中,如果探测值发生一次负向跳变,则系统判断为车位下边缘检测成功。通过在行驶过程中记录的车辆行驶距离和超声波探测距离信息,获取目标车位的长度和宽度信息,判断是否满足车辆泊车的车位空间要求。

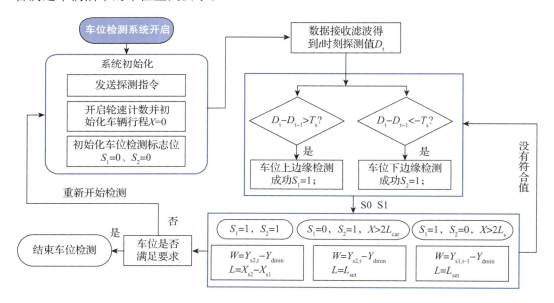

图4-39 车位检测系统原理

为进一步提升车位探测适应能力,在当前主流的APS中,加入高清"鱼眼"环视摄像头进行车辆周边环境检测,实现车位线等目标检测,以及超声波和摄像头的融合探测。

超声波传感器对环境的探测是主动式的。在车辆行驶过程中,通过超声波信号不断的距离值反馈,泊车系统可构建一个2D点云环境地图,从而获得车位的顶点坐标信息EdgePointA(X_a,Y_a),EdgePointB(X_b,Y_b)。X方向为车辆行驶方向,Y方向为在笛卡儿坐标系中垂直于X的方向。通常情况下,基于超声波传感器探测的X_a、X_b坐标相对实际坐标偏差为±30cm。这就导致两个问题:一是车位长度的计算($|X_b - X_a|$)不准确,误差范围可达±60cm,造成系统错误判断车位的有效性;二是由于顶点坐标EdgePoint的X方向不准确,在系统进行泊车轨迹规划时,无法精准避开EdgePoint的障碍物,只能采取给予更多安全距离补偿的方式,导致轨迹规划不合理。

摄像头主要采取基于运动恢复结构(Structure From Motion,SFM)的3D物体测量重建技术。围绕车身的4个100万像素高清摄像头测量车身周围环境信息,并形成3D点云环境地图。

如图4-40所示,融合泊车系统由一个融合泊车控制器和传感器构成。12个超声波传感器通过数字I/O口直接与融合泊车控制器相连,4个高清摄像头通过LVDS视频传输线与融合泊车控制器相连。融合泊车控制器通过灵活数据传输率CAN(CAN with Flexible Data rate,CAN FD)和以太网,与整车网关相连,从而实现对车辆的控制,完成泊车功能。

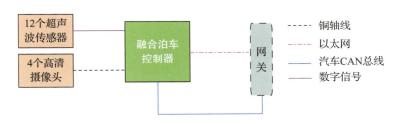

图4-40 融合泊车系统构成

如图4-41所示,融合泊车系统启动后,随着车辆的前行,超声波传感器不断探测周边环境。探测到障碍物后,超声波传感器通过接收到的回波时间,利用公式$D = (T_{flight} V_{Sound})/2$计算与障碍物的距离。其中,$D$为当前超声波传感器距离探测到反射声音回波的障碍物的直接距离,T_{flight}为超声波在空气中的传播时间($T_{flight} = T_{receive} - T_{send}$,$T_{receive}$为超声波传感器接收到回波的时间,$T_{send}$为超声波传感器发送本次回波的时间),$V_{Sound}$为超声波传感器在空气中的传播速度。因此,$T_{flight} V_{Sound}$表示超声波传感器与障碍物间的往返距离,除以2后,得到直接距离D。

超声波传感器每次计算出一个D值后,融合控制器会在当前基于车辆后轴中心原点的笛卡儿坐标系下，标记一个点 Point$_1$（X_1，Y_1）。结合车辆的运动状态，融合控制器会不断标记新的点 Point$_n$（X_n，Y_n），从而形成 2D 点云信息。2D 点云信息描绘了障碍物的 2D 轮廓。融合泊车控制器可通过 2D 点云信息，判断车位的边界点 EdgePointA（X_a，Y_a）、EdgePointB（X_b，Y_b）。

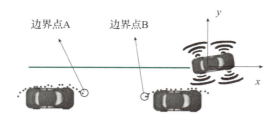

图 4-41 超声波传感器探测环境结果示意图

如图 4-41 所示，融合泊车系统启动后，随着车辆的前行，4 个高清摄像头不断捕获周围环境的影像信息。在车辆的低速运动过程中，摄像头对每个障碍物都会拍取多张图片，以 15fps 的速度对图像进行处理。利用光流法对图像进行运动物体提取。利用 SFM 技术，对连续图像中的物体进行特征提取、光束平差，形成稀疏 3D 点云。当处理的图像达到一定数量时，形成稠密 3D 点云，从而完成目标物体的 3D 重建。在进行与超声波传感器的 2D 点云融合前，需要进行一个坐标同步、时间同步的步骤。

坐标同步主要是将摄像头和超声波传感器的坐标系统一转换到以车辆后轴中心为原点的笛卡儿坐标系上。时间同步采取将图像获取信息的时间和超声波获取信息的时间分别标记，在计算处理时间片上进行航迹同步。

传感器同步后，通过摄像头与超声波形成的点云信息进行目标融合，得出融合后的车位顶点坐标 FusionEdgePointA（X_{Fa}，Y_{Fa}），FusionEdgePointB（X_{Fb}，Y_{Fb}）。

图 4-42 展示了整个融合过程。融合控制器处理利用超声波传感器的信息构建 2D 点云地图，同时利用摄像头的信息进行图像预处理。之后利用 SFM 技术对图像中的障碍物进行 3D 重建，构建 3D 点云地图信息。最后融合控制器对 2D 点云地图和 3D 点云地图进行目标级融合。具体融合规则如下：

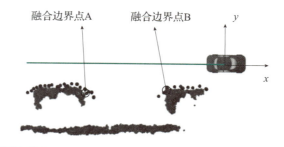

图 4-42 基于 SFM 技术的摄像头探测环境结果示意图

- 对于3D物体和车位信息,需要将3D点云地图和2D点云地图融合成2D点云地图。
- 在融合时对障碍物进行分类。具体划分为障碍物边界、非障碍物边界两类。

对障碍物边界和非障碍物边界,通过实际测量传感器精度,获取不同置信度。采取基于置信度的求平均方法,获得障碍物边界点和非边界点的坐标,信息融合流程示意如图4-43所示。

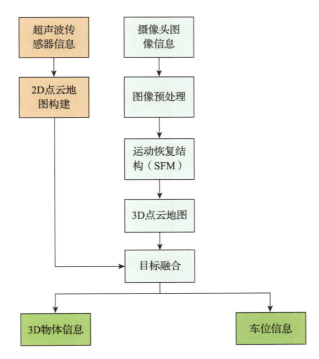

图4-43 信息融合流程示意图

通过以上原则,不仅能得出精准的边界点坐标,还能得出准确的车位形状及车位内的障碍物坐标信息。泊车系统依据这些信息,可准确地对车位有效性进行判断,对泊车轨迹进行精准规划,从而实现高质量的融合泊车。

4.2.4 路径规划

路径规划系统负责规划引导目标车辆行驶的泊车参考轨迹,是实现APS功能的关键步骤。路径规划系统包括平行泊车规划系统和垂直泊车规划系统。根据泊车过程运动学模型,规划基于位置约束和碰撞约束的多段式泊车路径,并通过改变车位尺寸等泊车环境参数,设计出不同工况下的路径规划算法。

1. 平行泊车路径规划

泊车路径是一条在泊车起始位置与终止位置之间的可行驶路线，须满足基本的车辆动力学与运动学原理，用于引导车辆沿规划的路径安全、有效地泊入指定车位。平行泊车轨迹规划即在泊车过程运动学模型的基础上，考虑车辆参数约束和多种碰撞约束，规划基于简单几何元素（圆弧和直线）的泊车路线，如图4-44所示。

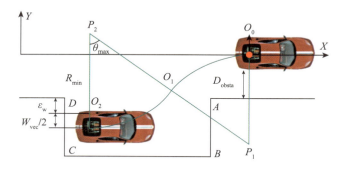

图4-44 平行泊车两段圆弧式路径

图4-45所示为平行泊车路径规划分析。障碍物2、3组成的车位长度为车长VehLength加车槽长度psl，车1的探测距离为ScanD，通常psl、ScanD为泊车控制器通过传感器获得的信息。建立以障碍物左后角为原点的坐标系，根据实际人为泊车经验，将路径规划划分为圆弧AB、直线BC和圆弧CD共3段。其中，圆弧AB、圆弧CD为车辆以转弯半径R和后轴中心走过的圆弧，直线BC与圆弧AB、圆弧CD相切。由于探测距离和车槽宽度为传感器探测的不确定量，路径规划问题成为关键点A、B、C、D的坐标与检测距离ScanD和psl的关系问题。

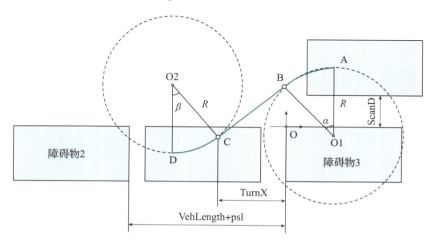

图4-45 平行泊车路径规划示意图

进一步，由于直线 BC 与两个圆弧相切，只要知道第一个圆弧圆心坐标（X_{O1}，Y_{O1}）、第一个圆弧角度 $\alpha(°)$、C 点横坐标 X_c，第二个圆弧角度 $\beta(°)$，即可得第二个圆弧圆心和四个关键点的坐标，具体关系如下：

$$X_a = X_{O1} \tag{4-8}$$

$$Y_a = Y_{O1} + R \tag{4-9}$$

B 点和 A 点同在半径为 R 的圆弧上，故：

$$X_b = X_{O1} - R\sin(\alpha) \tag{4-10}$$

$$Y_b = Y_{O1} + R\cos(\alpha) \tag{4-11}$$

C 点与 B 点同在圆弧 AB 的切线上，故：

$$Y_c = \tan(90-\alpha)(X_c - X_b) + Y_b \tag{4-12}$$

D 点与 C 点同在圆弧 CD 上，故：

$$X_{O2} = X_c - R\sin(\alpha) \tag{4-13}$$

$$Y_{O2} = Y_c + R\cos(\alpha) \tag{4-14}$$

D 点坐标：

$$X_d = X_{O2} + R\sin(\beta) \tag{4-15}$$

$$Y_d = Y_{O2} - R\cos(\beta) \tag{4-16}$$

因此，路径规划问题可简化为根据 Scan D 和 psl 得到 X_{O1}、Y_{O1}、R、α、X_c 和 β 的建模问题。

2. 垂直泊车路径规划

在垂直泊车路径规划中，参考车辆实际泊车过程的运动轨迹，可确定直线路径和圆弧路径的组合方式，使车辆顺利泊入与初始姿态垂直的车库内。

(1) 后退式垂直泊车路径规划

采用最小转弯半径构造圆弧曲线，可知车辆由与车位平行方向后退至与车位垂直方向的过程中，车身的航向角改变 90°。找到合适的圆心是规划出圆弧路径的重点。由图 4-46 可知，垂直泊车终止位置必然位于车位的垂直平分线 l_1 上，因此垂直泊车圆弧路径为半径是最小转弯半径的与直线 l_1 相切的圆的集合。考虑车辆顶点与车位边界点的碰撞约束，可确定上述集合中的一个特殊位置的圆作为临界切圆。

(2) 前进-后退式垂直泊车路径规划

单一后退式泊车路径对泊车空间要求较高，而多步前进-后退式路径要求空间较小。如图 4-47 所示，首先将泊车初始位置处的车身回正，直线后退至圆弧路径起始点。然后转向盘向右打至极限位置，以最小转弯半径圆弧后退。之后将档位切换至 D 档，前进调整车身方向。最后将档位切换至 R 档，采取直线后退方式直至泊车结束。

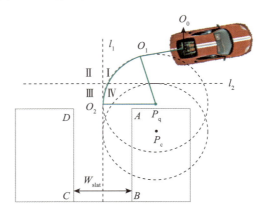

图 4-46 后退式垂直泊车路径

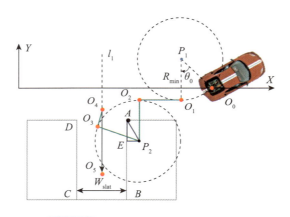

图 4-47 前进-后退式垂直泊车路径

以下列举一个详细方案分析。

如图 4-48 所示，障碍物组成的车位长度为车宽（VehWidth）+ 车槽宽度（psw），本车 1 的探测距离（ScanD），通常 psw、ScanD 为泊车控制器通过传感器获得的信息。建立以障碍物左前角为原点的坐标系，根据实际人为泊车经验，将路径规划划分为圆弧 AB、圆弧 BC、圆弧 CD 和直线 DE 共四部分。其中，圆弧 AB、圆弧 BC、圆弧 CD 为车辆以转弯半径 R_1、R_2、R_3 旋转，后轴中心走过的圆弧。圆弧 BC 与圆弧 AB 相切，圆弧 CD 与圆弧 BC 相切，且 D 点的横坐标为停车位中心线横坐标。直线 DE 与圆弧 CD 相切，且 E 点横坐标为停车位中心线横坐标，纵坐标为期望停车点的纵坐标。因此，垂直路径规划问题成为关键点 A、B、C、D、E 的坐标与检测距离 ScanD 和 psw 的关系问题。

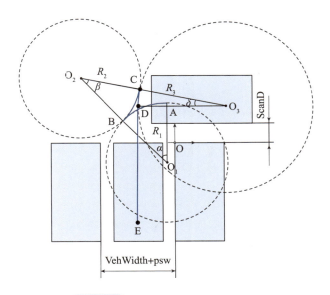

图 4-48 垂直泊车路径规划示意图

图 4-48 所示为垂直泊车路径规划示意。由于三个圆弧相切,直线 DE 与圆弧 CD 相切,只要知道第一个圆弧圆心坐标 (X_{O1},Y_{O1})、第一个圆弧角度 $\alpha(°)$、第二个圆弧角度 $\beta(°)$,即可得第二个圆弧圆心和四个关键点的坐标,具体关系如下:

$$X_a = X_{O1} \quad (4-17)$$

$$Y_a = Y_{O1} + R \quad (4-18)$$

B 点和 A 点同在半径为 R 的圆弧,故:

$$X_b = X_{O1} - R\sin(\alpha) \quad (4-19)$$

$$Y_b = Y_{O1} + R\cos(\alpha) \quad (4-20)$$

C 点与 B 点同在圆弧 BC 上,故:

$$X_{O2} = X_b - R_2\sin(\alpha) \quad (4-21)$$

$$Y_{O2} = Y_b + R_2\cos(\alpha) \quad (4-22)$$

C 点坐标:

$$X_c = X_{O2} + R_2\sin(\alpha + \beta) \quad (4-23)$$

$$Y_c = Y_{O2} + R_2\cos(\alpha + \beta) \quad (4-24)$$

D 点与 C 点同在圆弧 CD 上,且 D 点横坐标与车位的中心线一致,故:

$$X_{O3} = X_c + R_3\sin(\alpha + \beta) \quad (4-25)$$

$$Y_{O3} = Y_c - R_3\cos(\alpha + \beta) \quad (4-26)$$

$$R_3 = \left[X_3 + \left(psw + \frac{VehWidth}{2}\right)\right] = \frac{c^2}{1-\sin(\alpha+\beta)} \quad (4-27)$$

D 点坐标：

$$X_d = -\frac{\text{VehWidth} + \text{psw}}{2} \quad (4-28)$$

$$Y_d = Y_{O3} \quad (4-29)$$

E 点坐标：

$$X_e = X_d \quad (4-30)$$

$$Y_e = -(\text{VehLength} - \text{RearSusp}) \quad (4-31)$$

式中，VehLength 为车长；RearSusp 为后悬。

因此，垂直路径规划问题可简化为根据 ScanD 和 psw 得到 X_{O1}、Y_{O1}、α、β、R_1、R_2、R_3 的建模问题。

图 4-49 所示为控制策略的计算流程。将整车转向、车辆（长、宽、轴距、轮距）、车位（长、宽、检测距离、道路宽）等参数输入泊车路径仿真环境中，仿真器中设定碰撞约束条件和泊车完成条件，以不同转弯半径仿真，得到车辆不同位置时所有可行的泊车路径，按换档次数、泊车距离、转向角度等选取最优泊车路径。使用最小二乘法拟合出路径关键点坐标与车位参数的关系，建立路径规划模型。最后使用三次样条插值计算关键点中间点坐标，得到完整的路径规划。

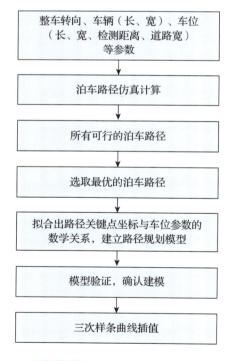

图 4-49 控制策略的计算流程

表 4-19 所示为仿真得到的平行泊车部分可行的泊车路径方案仿真数据。仿真条件：psl 为 1m，ScanD 为本车相对车位的探测距离，R 为车辆的最小转弯半径。仿真时，分别设定 (X_{O1}，Y_{O1}) 在一定范围内，转弯角度 α 在 [30°，48°] 范围内，TurnX 设定在 [2.2，3.3] 范围内，以最小转弯半径 R 进行转弯，以 0.1m 的步长，分别增加 X_{O1}、Y_{O1}，α 以 3°为步长，TurnX 以 0.1m 为步长，组合出不同的泊车方案。然后，对该泊车方案进行仿真计算，判断本车与障碍物的距离。最后，当本车与障碍物和路沿的距离均小于 0.2m，车辆与水平线夹角小于 22°时，认为该泊车方案可行，记录该方案的关键数据。接着，对不同参数组成的泊车方案逐个仿真，判断是否满足所制定的完成泊入条件，如果满足，则记录 X_{O1}、Y_{O1}、α、β、R、ScanD、psl 和 TurnX。

表 4-19 平行泊车部分可行的泊车路径方案仿真数据

β/(°)	X_{O1}	Y_{O1}	α/(°)	psl/m	R/m	ScanD/m	TurnX/m
21	6.479	-5.24985	36	1	5.34435	0.3	2.7
20	6.479	-5.24985	36	1	5.34435	0.3	2.8
22	6.479	-5.24985	39	1	5.34435	0.3	2.9
…	…	…	…	…	…	…	…

当 psl 的值由 [0.7，2] 以步长 0.5m 时，再次进行如上仿真，最终得到不同扫描距离和不同车位宽度时全部的可泊入到车位的泊车方案。

表 4-20 所示为仿真得到的垂直泊车部分可行的泊车路径方案仿真数据。仿真条件：psw 为 0.8m，ScanD 为本车相对车位的探测距离，R_1 为车辆的最小转弯半径，R_2 为最小转弯半径（也可设置为转弯半径序列，分别参与泊车路径方案的模拟计算），R_3 为计算出来的最后一个圆弧转弯半径。仿真时，分别设定 (X_{O1}，Y_{O1}) 在一定范围内，转弯角度 α 在 [0°，150°] 范围内，以最小转弯半径 R 进行泊入，判断转弯过程中是否与障碍物发生碰撞。当本车距离障碍物最小距离为 0.3m 时，以最小转弯半径 R_2 计算第二段圆弧，车辆每旋转 1°即计算本车是否与障碍物和道路边界碰撞，同时根据第二段圆弧与第三段圆弧相切的关系，计算当前位置的第三段圆弧是否满足泊入成功的条件。如果第三段圆弧的终点 x 坐标与车位中心线一致，y 坐标大于期望的泊车位置 y 坐标，则认为该泊车方案可行，记录该方案的关键数据。然后，对不同参数组成的泊车方案逐个仿真，判断是否满足泊车完成条件。如果满足，则记录 X_{O1}、Y_{O1}、α、β、R_1、R_2、R_3、ScanD 和 psl。

当 psw 的值为 0.8m 时，再次进行上述仿真，最终得到不同的扫描距离和不同的车位宽度时全部的可泊入到车位的泊车方案。

表 4-20 垂直泊车部分可行的泊车路径方案仿真数据

R_1	R_2	R_3	X_b	X_c	Y_b	α
4.56	4.56	4.89	-1.37	-0.63	0.35	44.00
4.56	4.56	5.51	-1.37	-0.59	0.35	44.00
4.56	4.56	6.20	-1.37	-0.55	0.35	44.00
4.56	4.56	6.97	-1.37	-0.51	0.35	44.00
...	...	...	...	...	...	...
β	Y_c	Y_d	X_{O1}	Y_{O1}	psw	ScanD
15	1.28	-1.24	1.80	-2.94	0.80	0.70
16	1.35	-1.41	1.80	-2.94	0.80	0.70
17	1.41	-1.59	1.80	-2.94	0.80	0.70
18	1.48	-1.79	1.80	-2.94	0.80	0.70
...	...	...	...	...	...	...

图 4-50 所示为建立的平行路径规划模型计算流程。根据车位宽度和车辆检测车位时的横向检测距离，求出圆弧圆心坐标、转弯角度、直线行驶时的起始点坐标、第二个圆弧的圆心坐标和转弯角度等参数。本方案具体拟合结果如下：

$$X_{O1} = \text{ScanD} + 6.11 \tag{4-32}$$

$$Y_{O1} = \text{ScanD} - 5.44 \tag{4-33}$$

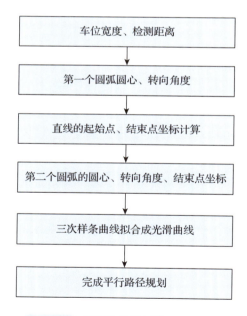

图 4-50 平行路径规划模型计算流程

第一个圆弧转弯半径为最小半径 R_{min}（m），第一段圆弧转弯角度 α 为 $45°$，TurnX 为 2.6m。这三个数据是根据所有泊车方案中支持方案数最多的参数确定的。

根据车位宽度和车辆检测车位时的横向检测距离，求出圆弧圆心坐标、第一个及第二个圆弧转弯角度等参数。

本方案拟合最终结果如下：

$$X_{O1} = -0.4573\text{ScanD}^2 + 2.1325\text{ScanD} + 0.2968 \tag{4-34}$$

$$Y_{O1} = \text{ScanD} - R_{min} + 0.925 \tag{4-35}$$

$$\alpha = -5.3289\text{ScanD}^2 + 29.176\text{ScanD} + 22.381 \tag{4-36}$$

$$\beta = 5.3289\text{ScanD}^2 - 18.194\text{ScanD} + 29.3 \tag{4-37}$$

第一个圆弧、第二个圆弧的转弯半径均为最小半径 R_{min}（也可根据不同的转弯半径仿真计算得到新方案）。

计算出来的关键点仅为数学关系式结果，中间的过渡过程需要插值处理，这样处理后的曲线一阶导数、二阶导数都是连续的，因此曲率半径也是连续的。同时，实际车辆控制需要考虑转向盘的角度控制连续、平滑等约束，需要对关键点中间进行插值计算，得到连续的路径规划结果，垂直路径规划模型计算流程如图 4-51 所示。

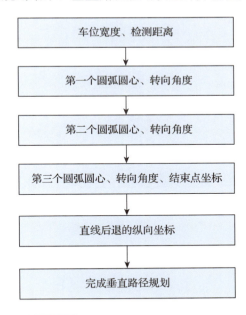

图 4-51 垂直路径规划模型计算流程

图 4-52 所示为本案例平行泊车实际验证效果。平行泊车车位长度为车长 +1.2m，检测距离由 0.4~2.0m（步长 0.2m）时泊车路径规划验证结果。从图中可看出，路径规划结果第一个圆弧的起始点、第一个圆弧的圆心坐标与不同检测距离成线性关系，

第二个圆弧圆心均在同一个位置。在不同的横向检测距离时,规划出不同路径,且车辆均可正常泊入期望车位。

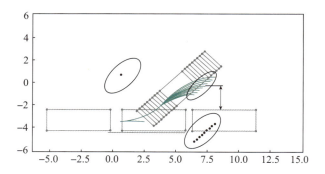

图 4-52 平行泊车实际验证效果示意图

图 4-53 所示为本例的垂直泊车实际验证效果。平行泊车车位宽度为车长+0.8m,检测距离由 0.4~2.0m(步长 0.2m)时泊车路径规划验证结果。从图中可看出,路径规划结果第一个圆弧的起始点、第一个圆弧的圆心坐标与不同检测距离成二次多项式关系,第二个圆弧圆心成多项式关系,第三个圆弧圆心因不同的计算结果,无明显数学关系。在不同的横向检测距离时,规划出不同的路径,且车辆均可正常泊入期望车位。

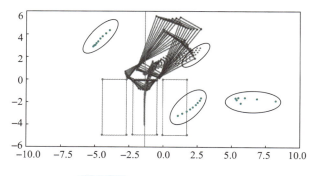

图 4-53 垂直泊车验证示意图

4.2.5 决策控制

准确的车位检测和合理的路径规划是完成泊车的前提,而控制车辆精确地跟踪规划出的泊车路径则是整个泊车系统成功的关键。因此,泊车的决策控制方法也是整个泊车系统的核心内容。得到参考泊车轨迹后,控制系统需要根据车辆自身位姿与参考泊车轨迹之间的偏差,来控制车辆跟踪当前参考轨迹,完成泊车操作。

泊车控制主要包括车辆速度控制和方向控制两大部分,而车辆状态估计是实现路径跟踪的前提。图 4-54 所示为一种采用 LQR 控制器构建前馈加反馈的方向最优控制器和速度模糊控制器的循迹控制器架构。

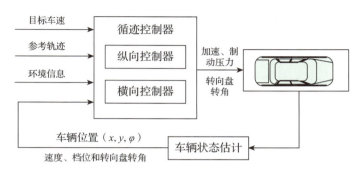

图 4-54 APS 控制系统架构

前述路径规划部分生成的是与时间无关的泊车参考轨迹。为避免在泊车过程中因出现意外而停车,方向控制也应与速度无关,因此可将车辆的方向控制和速度控制相互解耦,独立控制。循迹控制的目标主要是保证车辆沿规划好的参考轨迹行驶。泊车的参考轨迹是与时间无关的空间曲线,将参考轨迹离散化可得一系列控制点。APS 的循迹问题可描述为:寻找某种控制规律,为系统设计一个控制输入作用,使车辆能到达并跟踪期望的轨迹。轨迹跟踪过程中所采用的控制算法如图 4-55 所示。

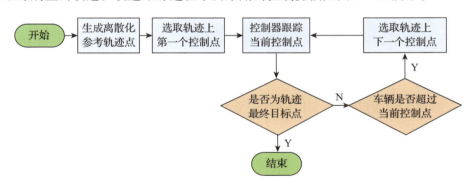

图 4-55 APS 轨迹跟踪控制框图

自动泊车决策控制板块会对不满足限制条件的泊车路径规划的方法进行剔除。图 4-56 介绍了一例自动垂直泊车控制系统架构,包括车位识别模块、限制条件决策模块和控制执行模块。

图 4-56 自动垂直泊车控制系统架构

其中，车位识别模块包含了超声波传感器和环视摄像头。通过超声波传感器数据和摄像头图像识别数据，采用加权平均方法进行融合，获得车位的四个顶点 P_1、P_2、P_3、P_4 的坐标信息。其中，P_2 点作为原点坐标。通过图像特征提取，获得 $L_{2,y}$ 的值，$L_{2,y}$ 是车辆左边的车道线或障碍物边线，即道路的环境信息。车位识别模块通过 Lin/Can 总线将数据传输给限制条件决策模块。

限制条件决策模块根据车位信息数据，解算车位的转弯半径及曲率，通过公式解算垂直泊车限制条件，判断转弯半径是否满足限制条件。如果满足则通过 Can 总线将数据传输给控制执行模块，如果不满足则再进行泊车路径规划，计算限制条件。

控制执行模块从限制条件决策模块获得泊车路径规划信息，包括泊车轨迹的实时曲率，获得车辆转弯半径的大小，并根据车辆的档位控制信息及车辆的速度，输出控制转向盘转角及车速，实现泊车过程。

如图 4-57 所示，系统的控制流程如下：车位识别模块输出 P_1、P_2、P_3、P_4 及 $L_{2,y}$ 的值；通过限制条件决策模块解算得到 R、R_{min} 及 R_{max} 的值，R_{min} 和 R_{max} 是限制条件判决条件，通过车身和车位大小计算获得。R 值为实车位置解算出的实时转弯半径，必须满足限制条件才能通过判断。如果不通过，则重新求解 R、R_{min} 及 R_{max} 的值后再进行判断。如果满足条件，则输出 R 及曲率给控制执行模块，控制执行模块根据 R 值输出车速及转向盘转角，可顺利泊车，控制流程结束。

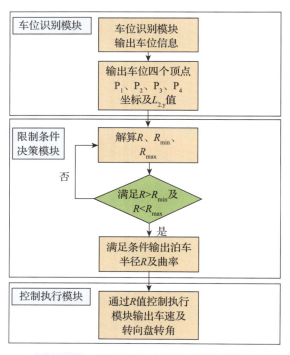

图 4-57 自动垂直泊车控制系统控制流程

如图 4-58 所示，车位识别模块提供车位的大小及顶点坐标信息，P_1、P_2、P_3、P_4 是车位的四个顶点，P_2 点作为原点坐标。通过公式确定最终停车的位置 A_1 点的坐标 $\left(\dfrac{P_{1.x}+P_{2.x}}{2},\ P_{4.y}+\dfrac{L_{车}}{2}+0.5,\ 90\right)$，$L_{车}$ 为车辆的长度，0.5m 为车与车位低端的安全距离，车辆的航向角为 90°。

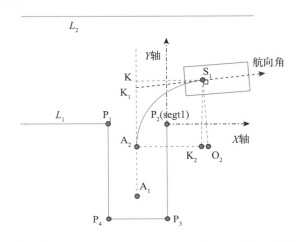

图 4-58　车位识别模块探测车位信息及 R 计算示意图

车辆泊车起始位置 $S_1(X_1,\ Y_1,\ \theta)$，通过 S_1 起始点坐标计算出泊车的中间位置 A_2 点坐标及转弯半径 R，A_2 坐标 $\left(\dfrac{P_{1.x}+P_{2.x}}{2},\ S_{1.y}-R\cos\theta,\ 90°\right)$。$A_2$ 点的 X 坐标与 A_1 点的 X 坐标相同，即 $A_{2.x}=A_{1.x}$，同时两点航向角也相同。

车辆的航向角方向垂直于线段 S_1O_2，线段 S_1O_2 长度等于线段 A_2O_2 长度，等于泊车半径 R(m)，线段 S_1K_2 垂直于线段 A_2O_2，解算得 R 和 $A_{2.y}$ 值。

$$d(A_2K_2)=S_{1.x}-A_{2.x} \tag{4-38}$$

$$d(K_2O_2)=R-d(A_2K_2) \tag{4-39}$$

$$\sin\theta=\dfrac{d(K_2O_2)}{R}\quad(\theta\neq 0°) \tag{4-40}$$

由式 4-38～式 4-40 计算得：

$$R=\dfrac{S_{1.x}-A_{2.x}}{1-\sin\theta}\quad(\theta\neq 90°) \tag{4-41}$$

$$d(K_2S_1)=R\cos\theta \tag{4-42}$$

$$A_{2.y}=S_{1.y}-d(K_2S_1) \tag{4-43}$$

由式 4-41～式 4-43 计算得：

$$A_{2.y}=S_{1.y}-R\cos\theta \tag{4-44}$$

其中，O_2 是转弯半径的圆心，K 是两条垂线的交点。

如图 4-59 所示，为防止车辆在泊车过程中与 P_2 点的障碍物发生碰撞，线段 S_1O_2 的长度和线段 A_2O_2 的长度为最小泊车半径 R_{min}。S_1、P_2、O_2 三点在一条直线上，P_2、O_2 及 K_3 三个点构成一个直角三角形，K_3 为两条垂线的交点，W 为车辆的宽度（m），0.3m 为车辆的安全距离，通过公式求解 R_{min}。

$$d(S_1P_2) = \frac{W}{2} + 0.3 \tag{4-45}$$

$$d(P_2O_2) = R_{min} - d(S_1P_2) \tag{4-46}$$

$$d(A_2K_3) = P_{2.z} - A_{2.x} \tag{4-47}$$

$$d(K_3O_2) = R_{min} - d(A_2K_3) \tag{4-48}$$

$$d(P_2K_3) = P_{2.y} - A_{2.y} \tag{4-49}$$

$$d(P_2K_3)^2 + d(K_3O_2)^2 = d(P_2O_3)^2 \tag{4-50}$$

因 P_2 为原点（$P_{2.x} = 0$，$P_{2.y} = 0$）

由式 4-45～式 4-50 解算 R_{min} 得：

$$R_{min} = \frac{A_{2.y}^2 + A_{2.x}^2 - \left(\frac{W}{2} + 0.3\right)^2}{2\left(\frac{W}{2} + 0.3 - A_{2.x}\right)} \tag{4-51}$$

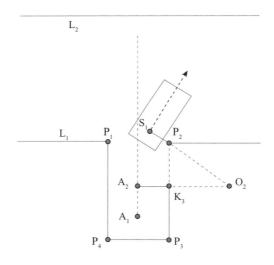

图 4-59 泊车最小半径计算示意图

如图 4-60 所示，为防止车辆与车道左边车位线或障碍物 L_2 发生碰撞，保留安全距离 0.3m，即线段 L_2K_4，K_4 为车辆前端左顶点，垂线经过该点，L_1 为右边车位线或障碍物。线段 K_3K_4 为车头到后轴中心的距离，即 h，作为已知量。线段 K_3S_1 为 $W/2$，W 为车宽。L_2、K_4、O_2 三点在一条直线上，线段 L_2O_2 垂直于线段 O_2A_2，$O_{2.y}$ 等于

$A_{2.y}$,$O_{2.x}$ 等于($A_{2.x} + R_{max}$)。K_3、K_4、O_2 三点构成了直角三角形。线段 S_1O_2 长度为 R_{max},线段 K_4O_2 长度为 R_v。$L_{2.y}$ 为由车位识别模块输出,求解 R_{max}。

$$R_v = L_{2.y} - O_{2.y} - d(L_2K_4) \tag{4-52}$$

$$d(O_2K_3) = R_{max} + \frac{W}{2} \tag{4-53}$$

$$d(K_3K_4) = h \tag{4-54}$$

$$d(O_2K_3)^2 + d(K_3K_4)^2 = R_v^2 \tag{4-55}$$

由式 4-52~式 4-55 计算得:

$$R_{max} = \sqrt{(L_{2.y} - O_{2.y} - d(L_2K_4))^2 - h^2} - \frac{W}{2} \tag{4-56}$$

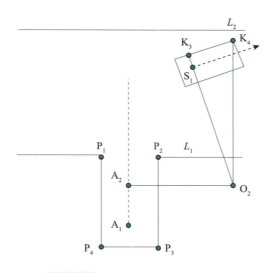

图 4-60 泊车最大半径计算示意图

4.2.6 人机交互

作为高级辅助泊车功能,需要以用户体验为导向。除实现功能上的需求外,友好的人机交互也是实现用户体验的必然要求。在整个交互过程中,需要语音、文字、图像合理搭配,才能实现最佳用户体验。以下主要介绍 APS 的人机交互流程和设计。

4.2.6.1 人机交互流程

APS 的人机交互流程分为三个阶段:功能使用前的人机交互-用户操作时的人机交互-系统接管后的人机交互。下面对各交互阶段做说明。

1. 功能使用前的人机交互

功能使用前的人机交互主要包含三种：使用提示、开关、使用前提示。

（1）使用提示

使用提示指系统通过某种方式提醒用户 APS 功能可用或推荐用户使用。典型代表是特斯拉（Tesla）的 APS，在满足其系统运行的条件下，找到车位时会通过声音和图标指示用户可以泊车。用户可根据提示激活 APS。另外，新型智能推荐可根据大数据分析用户的停车技术，结合车辆导航目的地或定位地点，推荐用户使用 APS。

（2）开关

传统的开启 APS 的方式是硬开关。目前，新的方式有触屏开关、语音开关等。硬开关比较直观，布置位置考虑用户的操作便利性，行业内比较普遍的方式是布置在变速杆附近。触屏开关通过屏幕操作实现，布置在中控屏幕上。语音开关通过语音交互实现。语音识别模块将用户的特定语音语义转换为对应的开关信号。

（3）使用前提示

使用前提示指用户在使用该功能前，系统呈现给用户的提示。主要目的是告知用户使用注意事项，让用户能更好地理解和使用 APS。

2. 用户操作时的人机交互

用户操作时的人机交互的主要目的是引导用户进行操作。典型流程如图 4-61～图 4-64 所示。

1）提示用户前行搜索车位，如图 4-61 所示。

图 4-61 提示用户前行搜索车位

2）提示用户找到车位停车，如图 4-62 所示。

图 4-62 提示用户找到车位停车

3）提示用户选择停车位，如图 4-63 所示。

图 4-63 提示用户选择停车位

4）提示用户选择泊车方式，如图 4-64 所示。

图 4-64 提示用户选择泊车方式

3. 系统接管后的人机交互

系统接管后，主要是提示用户状态，以及暂停、结束、故障或完成信息，主要交互如下：

- 提示用户系统控制中，注意环境安全。
- 提示用户暂停恢复确认。
- 提示用户泊车完成。

4.2.6.2 人机交互设计

人机交互设计主要分为两个阶段，系统交互流程设计阶段和系统交互界面设计阶段。

1. 系统交互流程设计阶段

系统交互流程设计阶段基于系统功能的实现，提取实现系统功能需要的人机交互流程，简单理解就是实现整个功能需要的人机交互步骤，如图4-65所示。

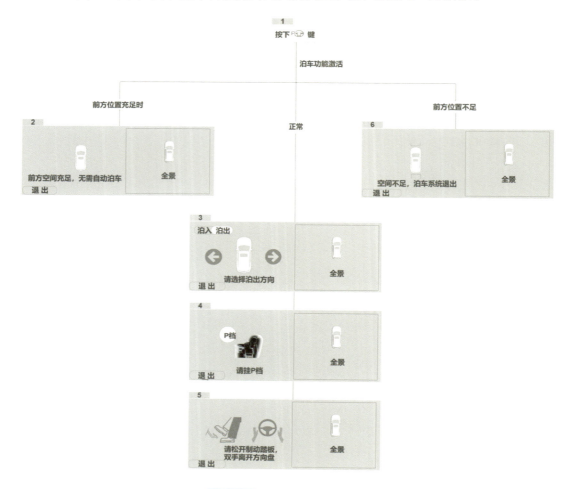

图4-65 APS人机交互步骤

2. 系统交互界面设计阶段

系统交互界面设计阶段基于系统交互流程设计人机交互界面，不仅要做到功能性，还要体现科技感、个性和品味，要让系统的操作变得舒适、简单、自由，充分体现系统功能的定位和特点。根据不同的系统风格，需要有不同的设计理念。

4.2.7 测试验证

APS的测试验证主要包括泊车位识别测试和泊车结束位置测试。以下通过几个典型场景分别说明。在实际测试过程中，可以考虑在同一个场景中通过增加多个变量的方式实现更大范围的场景覆盖，包括车位空间距离、车辆横向行驶距离、车速、车辆起始位置偏移角、左右侧等条件。

4.2.7.1 泊车位识别测试

泊车位应在平坦、均匀且铺砌的表面上（沥青或混凝土）。典型的测试泊车位尺寸在图4-66中定义为垂直泊车，在图4-68中定义为平行泊车。垂直泊车的车位识别性能应在图4-67所示标准条件的泊车位中进行测试。平行泊车的车位识别性能应在图4-69所示标准条件的泊车位中进行测试。车辆制造商可以从中选择车辆的相对位置进行测试。以分别从垂直车位和水平车位、划线车位三个典型场景进行介绍。

1. 垂直车位

垂直泊车标准评价场景如图4-66所示。两侧车辆都垂直停放且对齐，在两个边界障碍物中间形成停车位，标准停车位宽度为车辆宽度+0.8m，车位深度为车辆的最小长度。

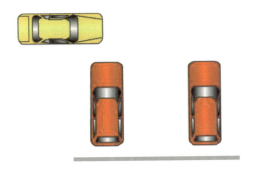

图4-66 垂直泊车测试位置的定义

启动APS功能，按系统提示完成整个垂直泊车的过程。在使用泊车系统时，驾驶人可在按系统提示进行泊车操作的同时，按自己的意愿对车辆进行操作，但系统会自动退出。

以典型评价场景为基础，挪动侧边停放车辆，使车位宽度或深度发生变化，形成不规则车位，重复上述操作，完成垂直车位识别测试。

实际中，垂直泊车评价场景形式非常复杂，典型场景如图 4-67 所示，可参照标准垂直泊车场景进行测试。

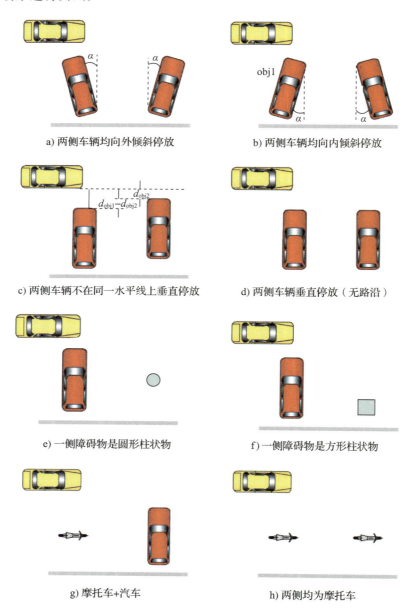

图 4-67 常见垂直车位识别场景

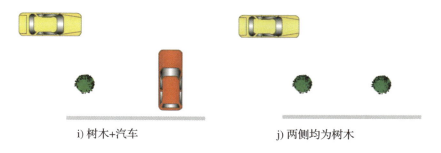

i) 树木+汽车　　　　　　　j) 两侧均为树木

图 4-67　常见垂直车位识别场景（续）

2. 平行车位

平行车位测试标准场景要求如图 4-68 所示，侧边停放车辆一致，直线摆放，在两个边界障碍物中间形成停车位，标准车位长度等于车辆长度 + δ_{xp} 参数：

- 对于长度 4～6m 的车辆，δ_{xp} = 车辆长度 $L \times 0.25$。
- 对于小型车辆（≤4m），$\delta_{xp} = 4 \times 0.25 = 1.0$m。
- 对于大型车辆（≥6m），$\delta_{xp} = 6 \times 0.25 = 1.5$m。

车位深度等于车辆宽度 + 0.2m。

启动 APS 功能，按系统提示完成整个平行车位搜索过程，完成目标车位识别成功率统计。

图 4-68　标准平行泊车评价场景

以典型评价场景为基础，挪动侧边停放车辆，使车位长度或宽度发生变化，形成不规则车位，重复上述平行车位测试过程。

实际中，平行泊车评价场景形式非常复杂，典型场景如图 4-69 所示，可参照标准平行泊车场景进行操作评价。

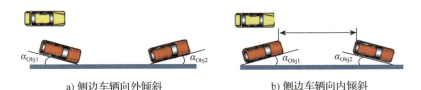

a) 侧边车辆向外倾斜　　　　　　b) 侧边车辆向内倾斜

图 4-69　平行测试位置的定义

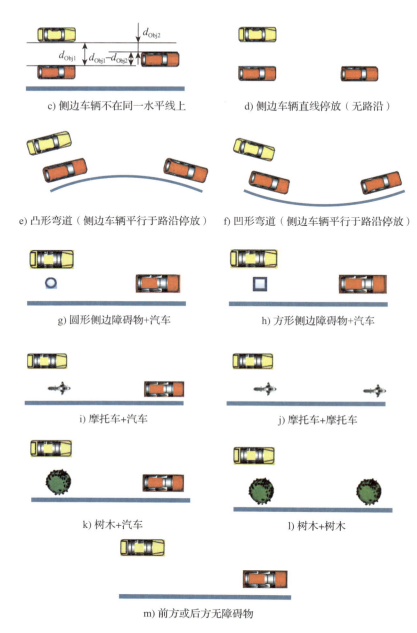

图 4-69 平行测试位置的定义 (续)

4.2.7.2 泊车结束位置测试

垂直泊车结束位置测试定义如图 4-70 所示。测量侧向边缘，计算相对泊车位线的角度 θ 和纵向边缘距离车库底部的距离。其中，侧向边缘是地面与轮胎最外侧的接触点，纵向边缘是车身的最后部分。

平行泊车结束位置测试定义如图 4-71 所示，车辆应位于泊车位线内，不得停留在线路上。测量相对泊车位外线的角度 θ，并测量相应线路的偏差 M_f、M_r 和 M_e。

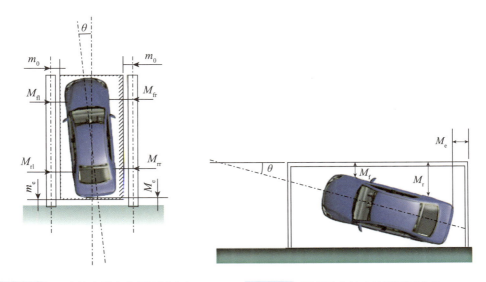

图 4-70　垂直泊车结束位置测试定义　　图 4-71　平行泊车结束位置测试定义

4.3　交通拥堵自动驾驶（L3）

交通拥堵自动驾驶（Traffic Jam Pilot，TJP）是能在拥堵的高速公路或城市快速路上实现自动驾驶的系统。最高工作速度一般定义为 40～60km/h。

根据 SAE J3016 对驾驶自动化的定义，TJP 系统属于 L3 级自动驾驶。在 TJP 系统激活后，驾驶人可转移注意力，做一些与驾驶无关的事情，例如看视频、玩手机和看书等。但驾驶人仍须在即将超出设计运行范围、TJP 系统故障或其他明显的车辆故障时接管车辆控制。因此，驾驶人仍不能做那些需要更长反应时间的事情，例如离开驾驶座、睡觉等。

4.3.1　系统需求

4.3.1.1　系统组成

TJP 系统主要由环境感知、交通态势认知、决策规划、控制执行四个部分组成：

1）环境感知使用传感器获取当前环境信息，包括环境车辆运动信息、道路信息和自车定位信息等。

2）交通态势认知依据环境感知获取的信息，认知当前所处的交通态势，并传送给决策规划单元进行决策。

3）决策规划根据当前交通态势进行决策，并规划自车的横向和纵向运动。

4）控制执行纵向控制单元根据规划策略，对车辆实施加速、减速、制动控制指令。横向控制单元根据规划策略，对车辆实施转向微调等控制指令。车载电控单元根据规划策略，对车辆实施警告信号提示或解除等信号指令。

4.3.1.2 系统边界

系统边界是系统与环境的分界面，用以区分系统与环境（或其他系统）的相互关系和接口所包含的要素信息。TJP 系统中，包含了驾驶人、环境和其他高级驾驶辅助系统。TJP 系统边界如图 4-72 所示。

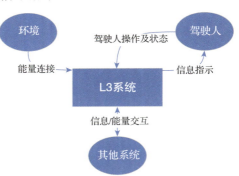

图 4-72　TJP 系统边界

4.3.1.3 系统设计运行范围

设计运行范围（Operational Design Domain，ODD），指某个系统或功能的具体工作条件范围。系统或功能只能在该范围内工作，在该范围外不能工作。该范围由主机厂在设计系统时定义。TJP 系统的 ODD 定义实例见表 4-21。

表 4-21　TJP 系统 ODD 定义实例

类别		在 ODD 范围内	在 ODD 范围外
本车	车速	0~40km/h	
道路	电子围栏	中国	
	道路类型	高速公路、城市快速路	
		隧道	施工区、匝道、收费站、其他不可通行的车道。
		有区分对向车流的中央隔离带	
		单向至少两车道	
		车道宽度≥3.5m	
		半径≥115m	
		坡度≤6%	
		无横穿交通流	
环境	天气	非极端天气，例如大雨、大雾、大雪	
	时间	白天、夜晚	

(续)

类别		在 ODD 范围内	在 ODD 范围外
交通	交通流	本车道交通拥堵	
	引导车	在一定范围内有引导车	
	其他道路使用者	轿车、货车、摩托车、行人/骑行者（护栏外，或不在本车道和邻车道）	行人/骑行者（本车道或邻车道）

4.3.1.4 系统激活与关闭

1. 系统激活

TJP 系统在整车上电后自动进入初始化。完成后，在 TJP 系统开关为打开状态的情况下，如果 TJP 系统判断所有激活条件都满足，则进入可激活待机状态，通过语音或图像提示驾驶人 TJP 系统可激活。如果存在无法激活的条件，则进入激活待机状态，并提示驾驶人系统不可激活。

TJP 系统处于可激活待机状态时，如果驾驶人按下 TJP 激活按钮，则 TJP 系统进入激活状态，并通过语音或图像提示驾驶人系统已经激活。车辆开始自动控制纵向和横向运动。此时，驾驶人手脚可脱离驾驶位置，视线也可脱离行驶方向。

TJP 系统处于激活待机状态时，如果驾驶人按下 TJP 激活按钮，则系统仍然保持在不可激活状态并提示驾驶人，同时在仪表上显示不可激活原因及激活系统的操作方法。

2. 系统关闭

TJP 系统关闭分为自动关闭和手动关闭两种方式。

在当前交通环境不满足 TJP 系统运行条件时，TJP 系统发出接管警告，并通过语音或图像方式提示驾驶人接管。

手动关闭模式中，驾驶人点击关闭按钮，TJP 系统通过语音或图像方式提示驾驶人已接收关闭指令并执行关闭操作。

在两种关闭操作开始之前，TJP 系统都会及时提示驾驶人接管车辆。

4.3.1.5 正常运行

TJP 系统激活后，能正常控制车辆起步、加速、减速、停车、转弯和自动开灯等。具体包括如下功能：

1）车距保持：与前车保持合适的跟车间距，一般采用碰撞时间（Time To Collision，TTC）和相对车距来表示。

2）跟车启停：自车根据前车启停，在保持合理车距的情况下跟随前车启停。

3）对中行驶：在可探测到车道线的道路中，保持车辆与左右车道线的安全距离，实现对中行驶。在探测不到车道线的道路中，跟随前车轨迹，并与两侧车辆保持安全距离。

4）危险避让：在前车紧急切入等危险场景下，可自动避让，保持安全驾驶。

5）遵循交通规则：自动检测交通信号灯、限速标志和人行道等交通标识，并根据对应的交通规则行驶，保证车辆遵循既有交通规则。

4.3.1.6　降级警告

TJP 系统激活后，在出现可预测的系统限制或不严重的系统故障等情况时，如果前方不再拥堵，则 TJP 系统发出第一级接管警告，仪表出现接管提示，提示驾驶人接管控制车辆。此时，系统仍保持纵向和横向控制，但不会加速。如果超过一定时间驾驶人仍不接管控制车辆，则 TJP 系统发出第二级接管警告，仪表提示升级，提示驾驶人接管控制车辆。此时，系统仍保持纵向和横向控制，缓慢减速至停车。在车辆停止后打开危险警告灯。

TJP 系统激活后，如果出现不可预测的系统限制（中等以下紧急程度）和中等严重系统故障，例如前摄像头故障，则 TJP 系统直接发出第二级接管警告，相关警告和处理同上。

如果第二级接管警告后车辆安全停车超过一段时间（例如 5s），驾驶人仍不接管车辆控制，则车辆会呼叫紧急中心。之后，TJP 系统将变速器档位切换到 P 档，开启驻车制动，自动解锁车门，最后系统退出。

TJP 系统激活后，在出现不可预测的系统限制（紧急）、严重系统故障时，如果感知全部丧失，则 TJP 系统应持续发出紧急接管警告，仪表提示驾驶人接管，并进行紧急制动。在制动过程中仍保持横向控制。

4.3.1.7　驾驶人接管

在 TJP 系统发出第一、二级接管或发出紧急接管警告时，驾驶人须接管并退出 TJP 系统。但如果此时 TJP 系统的制动请求值大于驾驶人的请求值，则在退出时须继续完成本次制动，除非驾驶人通过深踩加速踏板超越。在满足如下条件时，TJP 系统允许驾驶人接管并退出：

1）驾驶人手在转向盘上。

2）驾驶人注意力在驾驶区域。

3）转向力矩绝对值大于特定值，或驾驶人踩下制动踏板，或加速踏板开度大于特定值。

驾驶人完成接管后，系统进入手动驾驶模式。此时，仪表提示驾驶人接管完成和系统退出。

4.3.1.8 驾驶人主动超越

TJP 系统激活后，在驾驶人超越操作时会退出到手动驾驶模式。

驾驶人超越条件和处理结果如下：

1）驾驶人踩下加速踏板，TJP 系统不退出并忽略驾驶人加速命令，同时提示驾驶人通过其他方式超越。

2）驾驶人踩下制动踏板，TJP 系统不退出，但会执行驾驶人和减速指令的较大值，并提示驾驶人通过其他方式超越。

3）驾驶人手在转向盘上，注意力在驾驶区域，且转向力矩绝对值大于设定阈值，则 TJP 系统退出。

4）驾驶人手在转向盘上，注意力在驾驶区域，且驾驶人踩下加速踏板开度大于设定阈值，则 TJP 系统退出。如果存在碰撞危险，则系统发出警告提示驾驶人。

5）驾驶人手在转向盘上，注意力在驾驶区域，且驾驶人踩下制动踏板的减速度请求大于 TJP 系统的请求，则 TJP 系统退出。

4.3.1.9 个性化设置

TJP 系统可通过车机上的个性化配置菜单关闭或打开。但只允许在车辆挂 P 档且 TJP 系统处于关闭状态时改变个性化菜单中的关闭/打开选项，否则不能进行操作。

在个性化设置中进行涉及重要安全指标的设置时系统会弹出提示对话框，明确驾驶人设置意图。完成后将在 TJP 系统下次启动时自动加载个性化设置内容。

4.3.1.10 数据记录

数据记录/数据上传的主要目的是场景重建，明确在事件发生时：

1）谁在控制车辆。

2）驾驶人或系统是否被要求执行驾驶任务。

TJP 系统数据记录类型须包括：

1）碰撞事故。

2）紧急制动。

3）TJP 系统降级。

4）TJP 系统故障。

TJP 系统在事件发生时至少须记录如下数据：

1）TJP 系统的状态/工作模式。须能判断 TJP 系统是否在工作。

2）接管请求。须能判断系统是否发出接管请求。

3）驾驶人超越或接管。须能判断驾驶人是否主动超越控制，或在系统发出接管请求后接管车辆。

4）减速到停车。须能判断系统是否执行主动减速到停车的动作。

5）紧急避撞。须能判断系统是否执行紧急制动。

6）基本信息。包括时间戳、GPS 地点和里程。

7）其他驾驶人辅助系统状态。IACC 状态等。

8）驾驶人操作。加速踏板、制动踏板和转向盘转角等。

9）车辆动态。车速、横摆角速度等。

10）传感器识别的目标信息。目标纵向距离、目标横向距离和目标类型等。

11）道路信息。是否在电子围栏内、道路曲率等。

为更有效地还原事件发生时的场景，须记录前方、周边和驾驶人状态的视频信息。ADS 控制器在事件发生时，发送事件型信号通知记录模块进行记录。视频信号记录前、后 15s 的信息，总线信号记录前 30s、后 15s 的信息。

4.3.2 系统架构

4.3.2.1 逻辑架构

如图 4-73 所示，虚线框表示 TJP 系统的边界。在 TJP 系统内部，主要包括传感器、控制器、执行器和人机交互四个部分，分别与外部的驾驶人、环境和车辆（被控对象）进行交互。

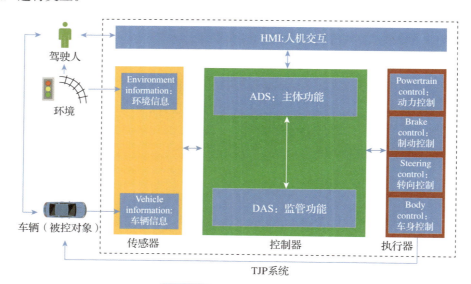

图 4-73 TJP 系统逻辑框架

TJP 系统相关要素包括驾驶人、环境、HMI、传感器、环境及车辆系统信息和执行器等,具体定义见表 4-22。

表 4-22 TJP 系统相关要素定义

序号	架构元素	概要
1	驾驶人	TJP 系统的操作人员,包括驾驶人和乘客 TJP 系统激活后,驾驶人的角色变成 DDT 接管用户
2	环境	TJP 系统工作的外部环境,包括道路、交通和天气等
3	车辆(被控对象)	TJP 系统之外的本车部分,作为被控对象,提供车辆相关的信息反馈
4	TJP 系统	本文档所关注的 TJP 系统
5	人机交互(HMI)	处理驾驶人和 TJP 系统的交互,包括驾驶人状态、驾驶人操作和 TJP 系统运行指示; 驾驶人状态包括驾驶人身份、注意力状态和疲劳状态等; 驾驶人操作影响 TJP 系统的驾驶人操作,包括加速踏板、制动踏板、转向盘、档位、TJP 按键、HU 设置、车门、安全带、其他按键和选择等; TJP 系统运行指示包括视觉信息提示、听觉信息提示和触觉信息提示,视觉信息提示通过仪表、灯带和 HU 实现,听觉信息提示通过 AMP 实现,触觉信息提示通过点刹警告实现
6	传感器	探测和获取 TJP 系统所需的环境信息和车辆信息
7	环境信息	探测和获取环境信息,包括道路、交通、天气和后台信息等
8	车辆信息	获取车辆信息,包括车辆动态信息等
9	控制器	TJP 系统控制器,包括主体功能和监管功能
10	ADS:主体功能	TJP 系统主体功能,接收传感器输入,经过分析处理后发出控制指令给执行器
11	DAS:监管功能	监管 TJP 系统主体功能运行情况。如果监测到主体功能异常,则启用预先定义好的降级策略,执行风险最小化操作
12	执行器	响应执行控制器给出的控制命令,包括动力控制、制动控制、转向控制和车身控制
13	动力控制	响应执行控制器发出的动力控制指令,包括发动机转矩控制、P 档控制(具体来说是挂入 P 档请求)和怠速起停控制。监管功能仅可控制 P 档(具体来说是挂入 P 档请求)
14	制动控制	响应执行控制器发出的制动控制指令,包括减速控制、驻车控制。主体功能和监管功能都可实现减速控制和驻车控制
15	转向控制	响应执行控制器发出的转向控制指令。监管功能不控制转向
16	车身控制	响应执行控制器发出的车身控制指令,包括自动除雾、自动刮水器、自动前照灯、电动后视镜、自动解锁、制动灯点亮、危险警告灯点亮、鸣喇叭、闪灯、紧急呼叫、数据上传;监管功能仅可控制制动灯点亮、危险警告灯点亮、紧急呼叫、数据上传

如图 4-74 所示，监管功能持续对 TJP 系统主体功能的工作状态、关键目标选择和控制指令进行监管。同时，还监管主体功能的软硬件运行状态，在出现异常时及时进行处理，包括执行最小风险操作等。

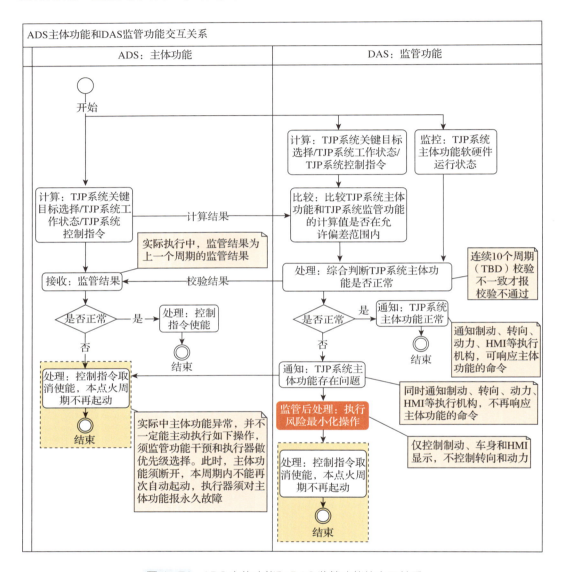

图 4-74 ADS 主体功能和 DAS 监管功能的交互关系

4.3.2.2 物理架构

图 4-75 所示为 TJP 系统的物理架构，主要描述 TJP 系统在 EE 层级的物理构成，图中的各个要素都是整车中真实的物理控制器和车辆总线。

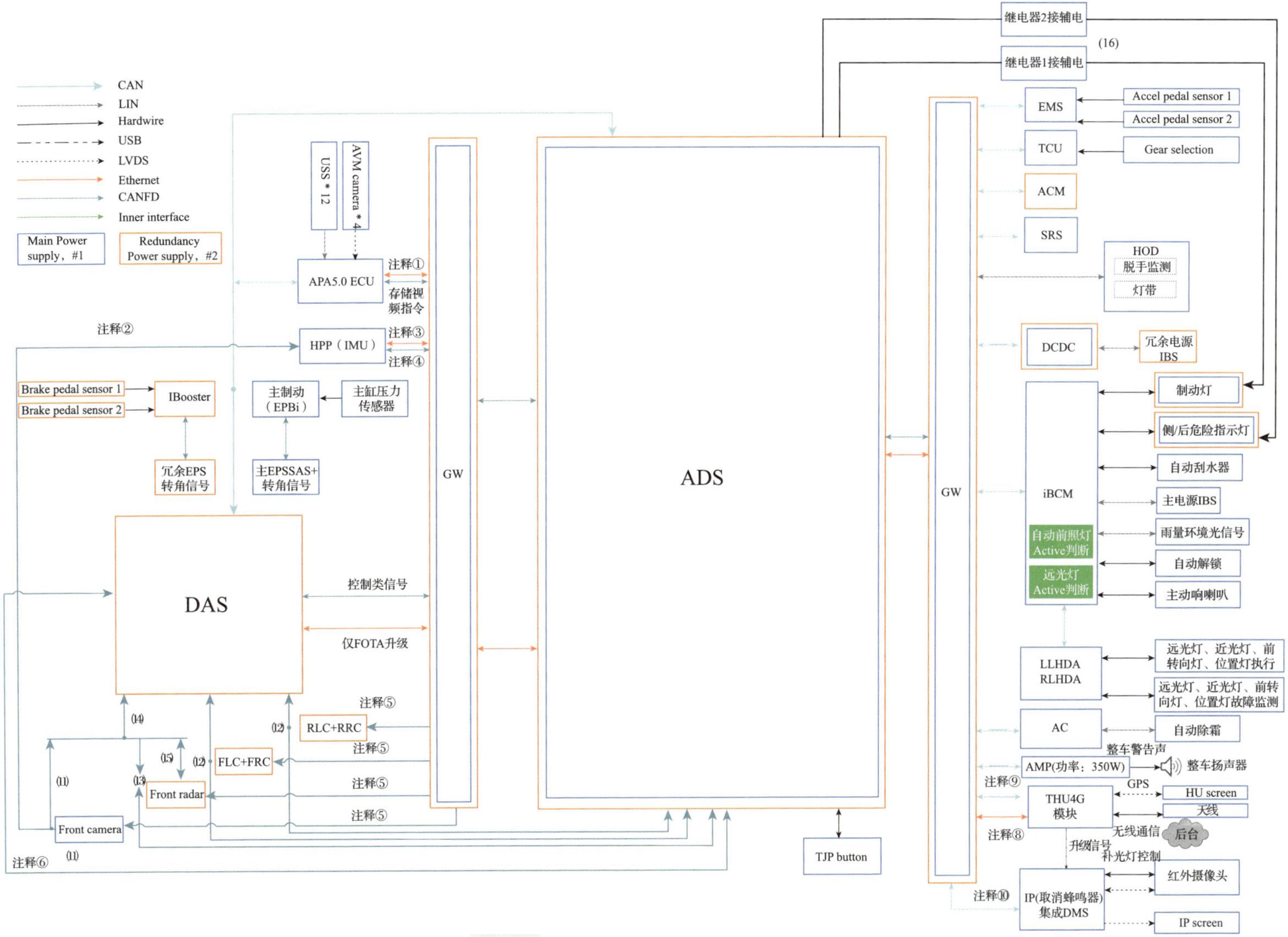

图4-75 TJP系统物理架构

TJP 系统技术物理要素包括主控制器、前雷达、前摄像头、角雷达、自动泊车控制器、超声波传感器、全景摄像头、制动执行系统、转向执行系统以及系统信息提示等。

逻辑架构与物理架构中相关的要素包括环境信息传感器、车辆信息传感器、控制器、执行器和人机交互等，要素之间的具体映射关系见表 4-23。

表 4-23　TJP 系统逻辑架构和物理架构相关要素映射关系

逻辑架构要素	物理架构要素
环境信息传感器	FrontRadar FrontCamera FLC + FRC RLC + RRC HPP（IMU） APA
车辆信息传感器	天线 红外摄像头 SRS DC - DC 主电 IBS 雨量环境光传感器 主制动（EPBi） iBooster HPP（IMU）
主功能控制器	ADS
监管功能控制器	DAS
动力系统执行器	EMS ACM
制动系统执行器	主制动（EPBi） iBooster
转向系统执行器	主 EPS（SAS） 冗余 EPS（SAS）
车身控制执行器	制动灯 侧/后危险指示灯 自动刮水器 自动解锁 主动响喇叭 远光灯、近光灯、前转向灯、位置灯 自动除雾 THU4G 模块

(续)

逻辑架构要素	物理架构要素
人机交互	主缸压力传感器 EPS（SAS） HOD 整车扬声器 天线 红外摄像头

4.3.2.3 功能架构

TJP 系统主功能包括目标融合、形势认知和路径规划等子功能，架构如图 4-76 所示。

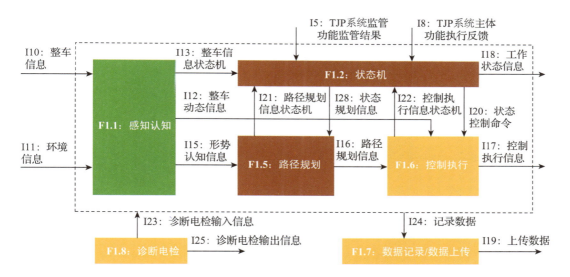

图 4-76 TJP 系统主功能架构

ADSECU 实现的功能如下：

1）感知认知。

2）状态机。

3）路径规划。

4）控制执行。

5）数据记录/数据上传。

6）诊断电检。

4.3.3 感知认知

4.3.3.1 环境感知

TJP 系统的环境感知层整体架构如图 4-77 所示。环境数据采集主要使用传统微机电传感器和智能驾驶传感器。传统传感器主要用于监测主车的运动状态，采集主车上相关运动信号及参数，例如主车车速、纵向加速度等。智能驾驶传感器目前广泛使用的是摄像头和毫米波雷达的组合。

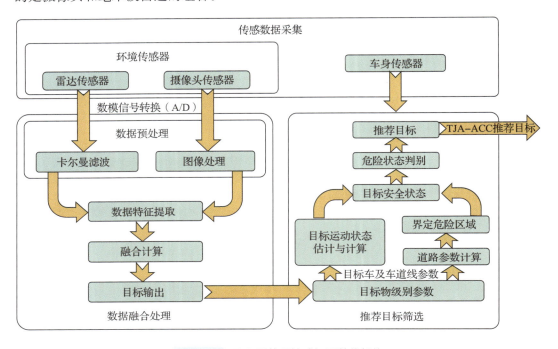

图 4-77 TJP 系统环境感知层整体架构

数据融合处理是目前智能驾驶领域主流的针对目标物级别的要求进行处理的解决方案，一些公司的产品级传感器已经进行过传感数据融合处理，也可自行根据原始数据开发融合解决方案。

推荐目标筛选部分主要根据融合处理得出的目标物集合，结合主车状态及道路条件，对具体目标物对象进行运动状态估计，计算目标物对象的相关运动参数并界定危险目标区域，最终依据目标物参数与危险目标区域之间的关系确定最优推荐目标。

4.3.3.2 环境信息采集

整车信号处理针对从外部总线获取的整车相关信号进行处理。除必要的信号滤波外,重点通过车辆运动状态估计,得到更加精确的参考车速、横摆角速度、侧向加速度和纵向加速度等信号。这些信号对本车行驶轨迹估计、目标跟踪和目标选择等非常关键。

目标融合结合本车动态信息处理环境信息。传感器布置如图4-78所示。通过对前雷达、前摄像头、4个角雷达、近距离感知信息(4个全景摄像头和12个超声波传感器)、地图和定位等获得的环境信息进行处理,得到本车周边的世界模型,包括目标(车辆、VRU、静态障碍物和动态障碍物)、道路(车道线、曲率、坡道、隧道、匝道、路口、电子围栏和其他设施)以及交通标志(限速、交通信号灯)等。

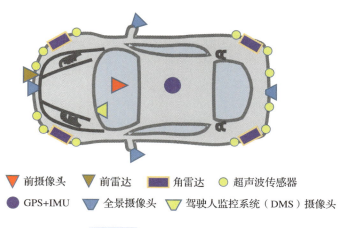

图4-78 TJP系统传感器布置

1. 传感器基本参数

TJP系统传感器探测范围和探测距离指标定义见表4-24,包括前雷达、前摄像头、角雷达、全景摄像头、超声波传感器和DMS摄像头等环境感知器件。图4-79所示为TJP系统传感器覆盖范围。

表4-24 传感器探测范围和探测距离指标定义

传感器	探测范围
前雷达	±10°,160m ±45°,60m
前摄像头	52°,150m
角雷达	±60°,60m
全景摄像头	187°,25m
超声波传感器	90°,5m
DMS摄像头	±45°,1.2m

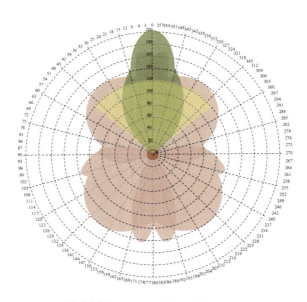

图 4-79 TJP 系统传感器覆盖范围

2. 目标融合与传感器关系

TJP 系统识别跟踪的目标包括前方车辆、障碍物、车道线、坡道、路口以及交通信号灯等，各目标对象识别对应的传感器见表 4-25。

表 4-25 识别目标与传感器来源

目标	传感器
前方车辆	雷达、摄像头、角雷达
VRU	摄像头、雷达
静态障碍物	摄像头、雷达
动态障碍物	摄像头、雷达
近距离车辆、VRU、障碍物	超声波传感器（近距离）、全景摄像头（近距离）
车道线	摄像头、高精度地图定位控制器（High Precision Positioning，HPP）、全景摄像头
曲率	HPP、摄像头
坡道	HPP
隧道	HPP
匝道	HPP
路口	HPP
电子围栏	HPP
限速	摄像头、HPP
交通信号灯	HPP、摄像头

4.3.3.3 电子围栏

电子围栏是 TJP 系统可工作的地理范围。按照 TJP 系统的 ODD，TJP 系统可工作的地理范围的最基本组成要素是某段高速公路或城市快速路的某个通行方向。所有支持 TJP 系统的电子围栏都存储在电子围栏库中，地图和定位实时判断本车当前位置是否在电子围栏内。

电子围栏支持动态配置，即可关闭或打开某段高速公路或城市快速路的某个通行方向，或可配置关闭或打开某个区域内所有满足要求的道路，例如重庆市范围。电子围栏动态配置信息可动态下发到进入或即将进入相关区域的车辆。

形势认知根据融合后的信号进行趋势分析，包括碰撞趋势、切入趋势、切出趋势、最危险目标和通行区域（FreeSpace）。

4.3.3.4 传感器信息和目标筛选

1. 传感器信息融合

传感器获取环境信息后，需要对各传感器信息进行对齐和融合，多源信息融合的概念和模型还没有清晰的定义。美国在该技术领域发展最快，因此到目前为止，多源信息融合仍以美国国防部提出的内容为标准。多源信息融合是收集不同传感器来源的信息和数据，利用不同设备对数据进行统计、组合和计算，更加高效地利用信息融合技术，从而得到一个更接近原始设想目标的结果，是模拟人体大脑从视觉、味觉、嗅觉、触觉方面对周围接受到的多方面环境信息的分析，从而达到对客观世界认知的一种信息融合技术。多源信息融合是一个复杂的估计过程，对从多种信息源设备收集到的信息进行结合，生成相关目标具体而全面的估计，从而更准确地适用于多样情景。从信息理论的角度看，多源信息融合要有效地作为信息处理功能，在理想情况下提高对目标描述的特异性和全面性。

在 TJP 系统中，典型的传感器数据融合流程如图 4-80 所示。

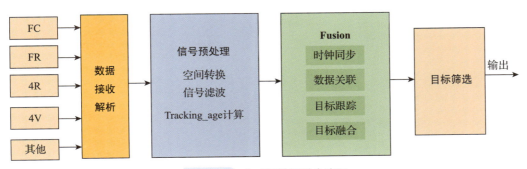

图 4-80 传感器数据融合流程

首先，对采集到的各传感器输入数据完成解析后，会进行信号预处理，统一各传感器的空间坐标，进行不同帧率传感器的信号滤波。之后进行数据的时间同步、数据关联、目标跟踪和多传感器目标融合。传感器信息融合后将输出完整的目标列表，供上层算法进行目标筛选。

2. 目标筛选

感知输入到认知的车辆目标信息满足以下要求：

- 车辆目标类型包含轿车、货车、摩托车。
- 车辆目标个数最多为 11 个，编号规则与原区域目标 ID 定义保持一致。
- 区域目标 ID 的区域范围定义为：本车所在车道的左、右车道线分别向左、右侧偏移 5m 范围，如图 4-81 所示。

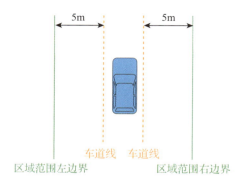

图 4-81　TJP 系统区域范围定义

感知融合输出的非车辆目标信息满足以下要求：

1) 非车辆目标类型包含行人、自行车、动物、其他，行人编号规则如图 4-82 所示。
2) 非车辆目标个数不超过 9 个（根据 CAN 负载率确定具体增加个数）。

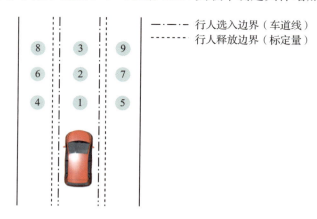

图 4-82　行人编号规则

3）非车辆目标筛选规则满足：a）仅筛选本车前方目标；b）按目标与本车坐标原点直线距离由小到大编号，例如 obj1、obj2…obj18；c）优先筛选行人目标。

4）非车辆目标属性应包含目标横向位置、纵向位置、横向速度、纵向速度、横向加速度、纵向加速度和目标类型。

4.3.3.5 跟车目标选择

选择本车前方的跟车目标进行主车的行驶跟随，是 ACC 及 TJP 系统的关键技术之一。传统技术中，通常通过如下方式进行跟车目标的选择：先根据横摆角速度判断用户车辆当前在弯道还是直道，如果车辆当前在直道，则计算前车相对车辆的横向距离，如果横向距离小于车道宽度的一半，则判定前车为跟车目标；如果车辆当前在弯道，则计算车辆所在道路的曲率半径，以及前车行驶轨迹的曲率半径，如果两者之差小于车道宽度的一半，则判定前车为跟车目标。

4.3.4 决策控制

4.3.4.1 决策原理

分工况控制与分层式控制是目前国内外针对 TJP 系统进行设计开发时主要采用的系统结构。分工况控制针对不同工况，设计不同功能模块，而实际道路上车辆所能遇到的工况繁多且较为复杂，采用分工况结构会使系统结构繁杂冗余，可读性差。分层式结构是目前采用较多的系统结构形式，一般将 TJP 系统按传感数据处理、核心控制逻辑和纵向执行机构三个方面划分。TJP 系统控制层包含决策控制层和执行器控制层，整体架构如图 4-83 所示。

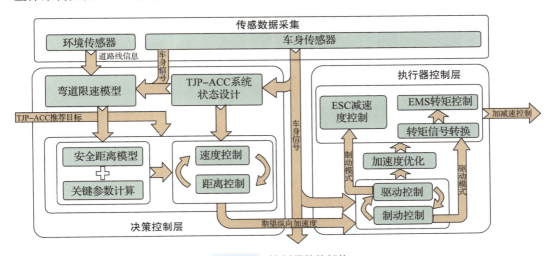

图 4-83 控制层整体架构

4.3.4.2 决策控制组成

1. 决策控制层

决策控制层中首先进行系统状态的设计,然后根据道路线信息和主车相关参数建立弯道限速模型,接着根据驾驶人预设参数或危险目标筛选的推荐目标信息判断当前控制模式是速度控制还是距离控制,最终决策出主车期望的加速度控制量,并发送给执行器控制层。

2. 执行器控制层

执行器控制层的主要功能是接收从决策控制层发出的加速度控制量,判断当前执行器的控制模式为驱动控制还是制动控制,然后针对实际执行器特性进行控制量优化处理,驱动模式下还要进行控制信号的接口转换,以对应实车上的执行器接口,最终根据不同执行器控制模式,得出不同执行器控制量,实现主车的加减速控制。

控制执行包括运动控制、车身控制和驾驶人信息提示。

1)运动控制。主要包括纵向运动控制和横向运动控制,纵向运动控制将目标加速度转化为发动机转矩和制动力,还包括驻车制动控制、P档控制和点制动警告。横向运动控制将目标路径转化为转向盘转角。

2)车身控制。主要包括自动除雾、自动刮水器、自动前照灯、电动后视镜、自动解锁、制动灯点亮、危险警告灯点亮、鸣喇叭、闪灯和紧急呼叫。主要考虑:由于TJP系统工作时,驾驶人的注意力不一定在前方行驶区域,为减少接管时间、提升安全性,系统须能自动除雾、自动打开刮水器、自动点亮前照灯。如果驾驶人未响应系统的接管请求,则在安全停车后自动解锁,便于外部人员开门处理,例如救援场景。全景摄像头为TJP系统提供近距离范围的目标感知,TJP系统须确定外后视镜(2个全景摄像头安装在外后视镜上)的折叠状态。

3)驾驶人信息提示。TJP系统工作过程中,还要发出信息与其他道路使用者交互。例如制动灯和危险警告灯,即使在主电源失效执行安全停车的过程中,也要点亮。前车切入或前车倒车等情况可能要使用喇叭或闪灯等操作。如果驾驶人一直不响应系统的接管请求,则系统在控制车辆安全停下一定时间后发出紧急呼叫。紧急呼叫须同步发出停车位置,并明确具体路段和行车方向。驾驶人信息提示主要通过仪表、HU和声音控制器来实现。当然,运动控制中的点制动警告可作为一种触觉警告方式来提醒驾驶人。

4.3.5 人机交互

4.3.5.1 人机交互系统作用

HMI系统的主要作用是在TJP系统控制过程中,及时告知驾驶人系统状态,提示驾驶人信息，并在系统无法处理时，提示驾驶人及时接管车辆。图 4-84 所示为 TJP 系统的人机交互界面。人机交互主要通过三方面体现，即光、声、触。通过视觉、听觉、触觉进行提示。

图 4-84 TJP 系统的人机交互界面

4.3.5.2 激活交互

在满足一定条件后，TJP 系统会在仪表板上提示"TJP 系统可用"，这时车辆控制系统可控制车辆的转向和加速等活动。

车辆会根据策略，保持跟车车距，并时刻监测是否有车辆插入（加塞），做车辆转向微调和跟车动作。

同时，传感器也会监测驾驶人随时接管车辆控制系统的就绪状态，防止驾驶人过于信任TJP系统，因疏忽大意而产生危险。

4.3.5.3 系统关闭

在完成交通拥堵辅助任务后，系统会对驾驶人进行提示，具体界面信息如图 4-85 所示。

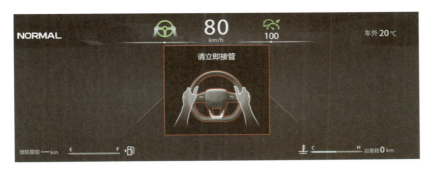

图 4-85 TJP 系统关闭界面

4.3.5.4 功能无法激活

1) 驾驶人双手离开转向盘(在一个指定时间内,探测不到转向盘上有平衡力矩)。
2) 可供使用的车道宽度不足。
3) 车道转弯半径小于 150m。
4) 车辆与车道边缘距离过小。
5) 前行车道长度不足。

当有上述情况达到系统策略的极限值时,系统会发出警告信息给驾驶人,请求驾驶人接管车辆控制。如果驾驶人始终没有任何反应,则系统会以 -2m/s 的减速度逐渐平稳减速直至停车,同时开启危险警告灯。

4.3.6 测试验证

TJP 系统在拥堵路段实现车辆低速下的横向和纵向综合控制,工作车速范围一般是 60km/h 以下。此时是交通拥堵路况,车流密集,车间距小,车辆起停相对频繁,因此与 ACC 系统、LKA 系统相比,TJP 系统的测试工况有更复杂的需求,要能反映 TJP 系统的工作原理特征和工作路况特征。

TJP 系统的关键性能参数包括车道保持能力、危险避让能力、正常跟起停能力、保证通行效率能力和安全退出能力等。所设计的测试场景应服务于这些能力的测试和验证。

在测试工作中,按测试的 TJP 系统功能可分为激活测试、安全退出测试和正常驾驶测试。按测试方法可分为仿真测试和实车测试。测试场景包括前车先加速后减速、突然出现停止车辆及前车减速切入等场景。

4.3.6.1 测试场景

TJP 系统的纵向性能测试场景可分为三类:引导车先加速后减速、突然出现停止车辆及前车减速切入。

1. 引导车先加速后减速

引导车先加速后减速场景如图 4-86 所示。主车激活 TJP 系统,目标车先匀加速到测试车速,维持匀速行驶至主车达到稳定跟随目标车行驶状态后,目标车匀减速到静止。该测试场景模仿了在拥堵起停情况下,主车以一定车距跟随引导车加速,一段时间后引导车突然制动到停止的实际应用场景,用于测试主车此时避免碰撞的能力。

图 4-86 引导车先加速后减速

2. 突然出现停止车辆

突然出现停止车辆场景如图 4-87 所示。主车激活 TJP 系统，匀速稳态跟随目标车 1 行驶。目标车 1 切出主车车道，在主车前方突然出现目标车 2。该测试场景用于研究主车的 TJP 系统在前车切出后对突然出现的静止车辆的反应能力，主要关注避免碰撞的能力。

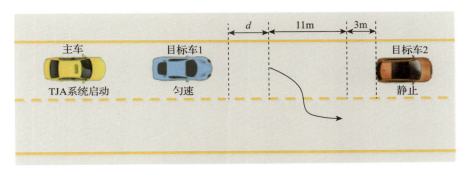

图 4-87 突然出现停止车辆

3. 前车减速切入

前车减速切入场景如图 4-88 所示。主车激活 TJP 系统，匀速稳态跟随目标车 1 行驶，目标车 2 减速切入到主车车道，切入后继续减速到静止。该测试场景关注 TJP 系统应对切入车辆在同车道继续减速到停止的控制表现和避免碰撞的能力。

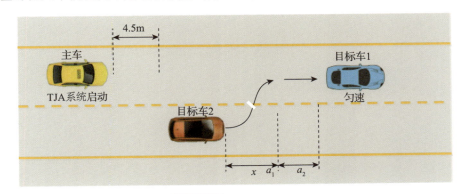

图 4-88 前车减速切入

4. 前方车辆变换车道场景

测试道路为至少包含两条车道的长直道，本车道及相邻车道均存在目标车辆。测试车辆跟随本车道目标车辆行驶。目标车辆分别以测试车辆最高设计运行速度的 75%、50%、25% 匀速同向行驶。相邻车道目标车辆在本车道目标车辆换道前保持在测试车辆前方 3m 至测试车辆后方 3m 区域内行驶，本车道目标车辆在测试车辆稳定跟车（车速变化量不超过目标车辆车速的 5% 或车距变化率不超过 10%）后，开始执行换道操作并与目标车辆保持相同速度行驶。具体场景示意如图 4-89 所示。

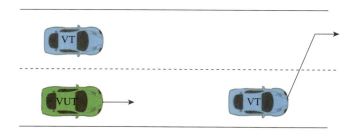

图 4-89 前方车辆变换车道场景

5. 前方车辆急制动场景

测试道路为至少包含一条车道的长直道，且两侧车道线为实线；测试车辆于同车道内稳定跟随目标车辆，如图 4-90 所示。测试车辆跟随前方行驶的目标车辆，目标车辆分别以测试车辆最高设计运行速度的 75%、50%、25% 匀速同向行驶。测试车辆稳定跟随目标车辆行驶至少 5s 后，目标车辆在 1s 内达到减速度 $6m/s^2$（减速度峰值应大于 $6m/s^2$），具体场景示意如图 4-90 所示。

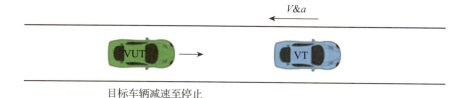

目标车辆减速至停止

图 4-90 前车急制动场景

6. 常规障碍物场景

测试道路为至少包含两条车道的长直道，中间为虚线，在车道内依据道路养护作业的交通控制要求摆放锥形交通路标及交通标志等。测试车辆驶向前方障碍物。相邻车道存在目标车辆，如图 4-91 所示。该场景可设置引导车，且车速高于限速标志所示速度，驶过限速标志并以大于 1.5m/s 的横向速度于目标车辆前并入相邻车道。测试车辆以初始速度在车道内驶向前方障碍物。相邻车道目标车辆在限速标志前保持在测试车辆前方 3m 至测试车辆后方 3m 区域内行驶，到达限速标志后，以限速标志所示速度匀速行驶。测试过程无人为干扰。

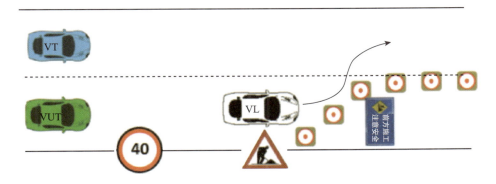

图 4-91 常规障碍物场景

注：40 仅为示例。

7. 车道保持场景

测试道路为长直道和弯道组合，弯道长度应大于 100m，进入弯道前设置限速标志牌。测试车辆由长直道驶向弯道。该场景可设置引导车，车速须大于限速标志所示数值。测试车辆在长直道内行驶，车辆由直道驶入并由弯道驶出。具体场景示意如图 4-92 所示。

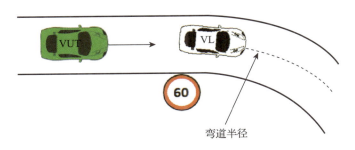

图 4-92 车道保持场景

8. 前车切出场景

测试道路为至少包含两条车道的长直道，车行道分界线为白色虚线。目标车辆以最高设计车速的 75%、50%、25% 行驶，测试车辆跟随前方行驶目标车辆 1（VT1）驶向同一车道的前方静止目标车辆 2（VT2），VT1 和 VT2 的横向间距控制在 $(W/2 \pm 0.3)$m。两个目标车辆的车型尺寸完全相同，如图 4-93 所示。

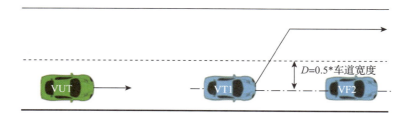

图 4-93 前车切出场景

测试车辆以系统默认跟车时距跟随 VT1 在车道中央区域内同向行驶。当 VT1 距离 VT2 的 TTC 等于 T1 时，VT1 从本车道切出至相邻车道，且 VT1 以原纵向速度和表 4-26 所示的横向偏离速度行驶到相邻车道。

表 4-26 VT1 速度、切出时刻和横向偏离速度

序号	VT1 速度	T1	VT1 横向偏离速度/(m/s)
1	VUT 最高设计运行速度的 75%	TTC = 4.0s	0.8
2	VUT 最高设计运行速度的 50%	TTC = 3.5s	0.6
3	VUT 最高设计运行速度的 25%	TTC = 3.0s	0.6

9. 稳定跟车场景

测试道路为至少包含两条车道的长直道，且两条车道均有目标车于车道中间行驶。测试车辆驶向本车道目标车辆，如图 4-94 所示。

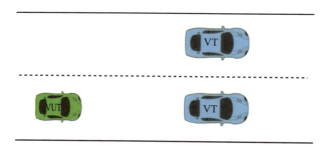

图 4-94 稳定跟车行驶测试场景示意图

测试车辆以初始速度在车道内接近目标车辆。本车道内目标车辆分别以测试车辆最高设计运行速度的 75%、50%、25% 匀速同向行驶。

4.3.6.2 TJP 系统驾驶人接管功能测试

1. 接管请求提醒功能测试

测试车辆以初始速度行驶，以适当方式向测试车辆发出需人工操作接管指令。测

试机构记录测试车辆人工操作接管请求的提示方式。

2. 接管功能测试

人工操作接管功能测试应包含三项测试：操纵制动踏板接管、操纵转向盘接管以及操纵按钮或开关接管。

1）在 TJP 系统模式下，测试车辆直线行驶，驾驶人操纵制动踏板接管。
2）在 TJP 系统模式下，测试车辆直线行驶，驾驶人转动转向盘接管。
3）在 TJP 系统模式下，测试车辆直线行驶，驾驶人操纵按钮或开关接管。

3. 测试要求

1）接管请求提示功能要求当车辆进行人工操作接管提示时，至少包含光学和声学警告信号。声学信号应清晰、响亮，视觉信号处于驾驶人前方视野范围内，且信号装置点亮后应足够明亮醒目。

2）接管功能要求人工操纵制动、转向、按钮或开关后，驾驶人应获得车辆控制权限，TJP 系统不可自主恢复车辆控制权限。

4.3.6.3 系统局限

当前开发的 TJP 系统仍存在如下局限，为保证用户知晓系统的局限，应在系统功能设计、人机交互设计和用户手册中明确。

1. ODD 范围限制

TJP 系统只能在 ODD 范围内工作，不能在 ODD 范围外工作。

2. 无法实现靠边停车

TJP 系统在自动实现风险最小化时，只能在本车道缓慢停车，无法实现向右换道靠边停车。

3. 无法探测所有车辆故障

仍然存在某些 TJP 系统无法探测的车辆故障，例如断轴等。由于这些故障非常明显，即使 TJP 系统因无法探测而没有及时发出接管提示，驾驶人仍能感知并接管控制，以使风险最小化。

4. 无法避免所有事故

TJP 系统仍无法避免所有事故，例如其他驾驶人非法操作、冲撞本车等情况。因此，基本原则是避免出现本车需要承担责任的碰撞事故。

5. 无法处理所有突发情况

TJP 系统仍无法处理所有突发情况，例如前车掉落的物体、傍山落石等情况。这些情况下，即使是驾驶人也通常来不及反应。因此，基本的假设是 TJP 系统不能处理驾驶人通过紧急制动来不及处理的情况。

6. 无法应对紧急车辆

TJP 系统仍无法应对紧急车辆，例如救护车、消防车等。不能给这些车辆让道，也无法向驾驶人发出接管提示。因此，TJP 系统激活后，驾驶人仍需关注警告信号，并做出适当反应。

7. 无法识别所有潜在危险源

TJP 系统仍无法像驾驶人一样识别并尽量避免跟随存在潜在危险的车辆，例如油罐车、拉钢条的货车等。

参考文献

[1] 高奇. 无人驾驶自主代客泊车路径规划与跟踪控制策略研究［D］. 西安：长安大学，2019.

[2] WINNER H. ACC adaptive cruisecontrol［M］. Stuttgart：Robert Bosch GmbH，2003.

[3] 毕野虹天. 自主代客泊车系统决策与规划方法研究［D］. 长春：吉林大学，2019.

[4] 郭奕璀. 自主泊车系统轨迹规划及实现［D］. 成都：西南交通大学，2017.

[5] 李想. 商用车自动泊车系统轨迹规划和仿真研究［D］. 长春：吉林大学，2020.

[6] 毕清磊. 自动泊车辅助系统的研究与开发［D］. 重庆：重庆交通大学，2017.

[7] 卢斌，任传兵，梁锋华. 一种汽车自适应巡航系统的限速方法：201910149562.5［P］. 2019-05-17.

[8] 陶沛，梁锋华，卢斌. 自适应巡航系统过弯纵向车速控制方法、装置及计算机可读存储介质：201811546062.7［P］. 2018-12-18.

[9] 王武宏. 车辆人机交互安全与辅助驾驶［M］. 北京：人民交通出版社，2012.

[10] 赫尔曼·温纳，斯蒂芬·哈库里，加布里尔·沃尔夫，等. 驾驶员辅助系统手册［M］. 北京永利信息技术有限公司，译. 北京：北京理工大学出版社，2016.

[11] 交通部. 公路工程技术标准：JTG B01—2014［S］. 北京：人民交通出版社，2014.

［12］谢高伟，陶维辉，陈川，等. 一种自动驾驶车辆的路径规划方法：201810922335. 7［P］. 2018-12-04.

［13］吴礼军，管欣. 汽车整车性能主观评价［M］. 北京：北京理工大学出版社，2016.

［14］顾小川，李军. 自动驾驶车辆路径跟踪控制方法研究［J］. 石河子科技，2019，(3)：48-52.

Chapter 05

第 5 章
智能驾驶的未来展望

5.1 未来展望

　　智能汽车将给人类带来深刻变革，未来出行方式更加智能，人、车、生活将融为一体，智能驾驶、智能办公、智能家居、生活娱乐和智能社区通过云端服务融合，将给我们带来更安全、更便利的生活方式。交通事故率大幅降低，交通效率大幅提升，能源消耗大幅降低，同时，交通出行及商业模式将产生革命性改变。这些都将带动汽车和相关产业的高质量发展。"驾驶去人化、出行共享化、产业生态化"将是未来汽车产业发展的总体趋势，人类生产生活方式将被重塑。未来智能汽车如图 5-1 所示。

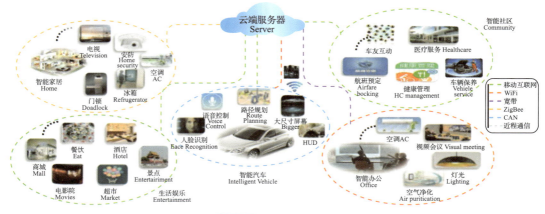

图 5-1　未来智能汽车

5.2 政策法规

5.2.1 国外相关政策法规

近年来,世界各国政府正在积极推进自动驾驶相关政策、法规的制定。

1)2020年1月,美国交通部公布了最新的《自动驾驶汽车政策4.0》(AV4.0),该文件试图确立自动驾驶在美国的领先地位,明确了自动驾驶的十大原则。

2)2020年4月,欧洲经济委员会(ECE)发布《Automated Lane Keeping System》法规,这是全球第一个自动驾驶法规。

3)2019年5月,日本通过《道路运输车辆法》修正案,2020年5月开始实施,从制度建设的高度确保自动驾驶汽车的安全性。2020年11月11日,本田公司宣布L3级TJP功能获得日本国土交通省认可,将在2021年3月31日量产。

4)2020年1月5日,韩国国土交通部发布《自动驾驶汽车安全标准》,针对自动驾驶汽车的部分功能提出有条件自动驾驶车(L3级)安全标准,韩国也由此成为全球首个为L3级自动驾驶制定安全标准及商用化标准的国家。

5.2.2 国内相关政策法规

2020年2月,国家发改委、工信部等11部委联合发布《智能汽车创新发展战略》,从产业政策、基础设施和法律法规等方面做出支持智能网联汽车发展的规划。

2020年10月27日,由工信部指导、中国汽车工程学会组织修订的《节能与新能源汽车技术路线图2.0》正式发布,到2035年,中国方案智能网联汽车将与智慧能源、智能交通、智慧城市深度融合。

2020年11月,国务院办公厅印发《新能源汽车产业发展规划(2021—2035年)》,要求以新能源汽车为智能网联技术率先应用的载体。

5.2.3 政策法规趋势分析

可以看出,国内外的政策法规对自动驾驶都持积极态度,着力提升民众对自动驾驶汽车的认同感。各国通过制/修订政策指南文件来支持引导自动驾驶车辆上路测试及相关产业发展,提出原则性安全要求,重点关注产业安全发展和消除现有制度对创新的障碍。

针对《智能汽车创新发展战略》等政策文件和国外政策法规的可取之处,并从我国国情出发,我国智能汽车法规标准体系可从以下方面逐步完善:

1）健全责任认定法规等政策法规。应完善智能汽车道路交通违法违规行为取证和处置、安全事故追溯和责任追究相关规定。自动驾驶汽车应具有事件记录功能，为后续责任判定提供证据。

2）健全网络安全法规、数据管理政策法规。随着车联网体系的逐步建立，海量的数据传输决定了智能驾驶汽车的发展与网络信息安全和个人隐私密切相关。针对用户信息、车辆信息和测绘地理信息等数据，应实行数据分类分级管理，确保数据安全可控。

3）健全智能驾驶汽车测试、准入、使用和监管等方面的政策法规。首先，对测试道路选择、道路搭建应有法规支撑，并建立跨地区测试记录与许可互认制度，实现异地测试牌照发放，为智能驾驶产业的全面布局创造条件。其次，基于我国实际情况考虑，可采用循序渐进的方式推动自动驾驶汽车法规进程，自动驾驶汽车可在部分城市规定路段试点试用，逐步完善配套技术法规，保障道路交通有序畅通。最后，应颁布智能汽车标识管理办法，强化智能汽车的身份认证、车路协同管控、实时跟踪和事件溯源，使智能汽车监管和事故报告机制公开透明。

5.3　产品化趋势

自汽车诞生以来，制造商主要围绕两个目标进行产品开发和改进，即降低制造成本和提高性能。汽车的主要性能包括动力性、舒适性和安全性。受市场和法规约束，无法对私家车进行根本性变革。因为私家车必须保持设计和操作上的高度统一性，即车辆的控制方式必须保持高度一致（例如转向盘和加速/制动踏板的配置），以满足对功能延续性及交通法规的要求。因此，早期系统对使用者而言几乎都是隐形的、难以察觉的。与之不同，智能驾驶系统会为车辆和出行带来革命性变化，但它的目标与之前的技术和产品并不相左，都是更好的安全性、更好的舒适性和更好的性能。

针对不同细分市场，市场需求、成本效益比等目标，智能驾驶系统的产品化方向大不相同。例如，智能驾驶系统的产品化方向可从以下方面进行挖掘：作为汽车产品、公共交通设施的应用、汽车共享租赁以及特殊行业的专业设备等。

综上，实现智能驾驶系统产品化时，应综合考虑以下因素：智能驾驶系统的产品形态、技术发展趋势、市场因素。

5.3.1　产品形态演进趋势

根据《智能网联汽车技术路线图2.0》所述，高度自动驾驶车辆首先在特定场景和限定区域实现商业化应用，并不断扩大运行范围。2020—2025年，在高速公路等限定区域实现 HA 级（高度自动驾驶）智能网联化汽车的商业应用。2026—2030 年，在高速公路等场景广泛应用，在部分城市道路规模化应用。

根据罗兰贝格与 21 世纪经济报道联合发布的《中国智能网联发展报告》所述，基于不同的道路场景、等级和车型，自动驾驶可细分为近 30 种商用产品形态。2022 年前，商用产品形态主要是高速路自动驾驶、停车场自动泊车。2023 年后，商用产品形态将更丰富，产品化总体形态如图 5-2 所示。

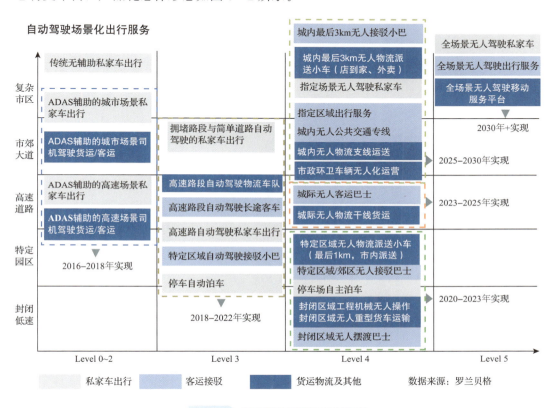

图 5-2 自动驾驶场景化出行服务

5.3.1.1 面向客户需求的产品演进

客户的需求将是智能网联汽车发展的源动力。"0"事故、"0"违章、"千人千面"将成为未来智能汽车发展的重要方向。未来几年，基于技术进化，智能驾驶在自动驾驶等级基础上，产品细分更加场景化、连贯化，将围绕高效便捷、安全辅助，向高速、城区、停车场三大场景持续发展。交通拥堵、代客泊车等低速特定场景将首先实现自动驾驶落地。

（1）高速公路场景

在面向高速公路场景的产品中，由自动巡航、车道对中和自动换道等单一功能逐步转向收费站到收费站的场景连贯体验功能。

（2）城区场景

针对城区场景的产品形态演进，目前仍处于探索阶段，城区辅助功能以单一场景为主，例如交通信号灯、环岛等，无法处理城市违章停车、临时的停车道等特殊场景。城区辅助功能有一定的用户体验，但可靠性差，技术完全突破很难。华为等全方案供应商对国内城区全自动驾驶持谨慎态度，主要原因在于城市高精度地图、基础设施建设、安全性和"鬼探头"等目前无法完全解决。

（3）停车场场景

停车场的产品形态目前朝着距离更远的泊车、无人监控泊车以及覆盖更多停车场等目标不断演进。当前宣传AVP量产的车企，大多属于限定场景的示范运营，无法达到真正的大规模量产要求。

5.3.1.2 面向企业需求的产品演进

面向企业的特定区域无人驾驶汽车产品形态主要分为载人和载物两类。载人，即主要以公交化运营的客车和以出租车运营为主的乘用车；载物，即主要以物流运营为主的货车。具体而言，可从小车到大车、从低速到中高速、从封闭到开放、从固定路线到自主规划路线，渐进式实现商业化落地。2020年10月，谷歌母公司Alphabet旗下自动驾驶子公司Waymo宣布，将在美国菲尼克斯提供完全无人驾驶的出租服务。同时，百度在北京推出了"5G云代驾"无人出租车服务。在此基础上，未来可进一步推出分时租赁自动取还车、特定路线无人驾驶出租等服务。

5.3.2 技术发展趋势

（1）技术架构

智能汽车从功能架构向智能架构发展，呈现出大集成、高安全、高体验、快迭代和低延时等特点。分布式ECU向中心化DCU、MDC等域控制发展。云平台、5G、以太网和OTA等在汽车E/E架构中全面应用，汽车E/E架构正在全面革新。智能驾驶技术架构从少量传感、无冗余向多传感、全冗余、大集成、端云一体化演变。近几年，L2级驾驶辅助架构为主流架构，并在一段时间内在低端车辆上长期存在。未来两年，L2+级驾驶辅助架构将成为主流架构，支撑实现高速道路的单车道驾驶辅助和家庭区域泊车。从长远看，基于大集成、云端化的多车道高级驾驶辅助平台架构将逐渐替代L2+级架构，支撑收费站到收费站的驾驶辅助和最后1km代客泊车。

（2）感知技术

感知技术正逐渐从局部感知向全方位视觉+点云数据的深度融合方向进化，如

图 5-3 所示。过去，L2 级辅助驾驶的 1R1V 架构为主流架构，并在此基础上衍生出 5R1V 全方位感知系统，支撑 L2+级辅助驾驶。未来几年，可快速迭代优化的全方位视觉系统将逐渐成为主流，配合高精度地图，支撑实现高速道路的点到点自动驾驶和停车场内记忆式泊车功能。未来，基于全方位视觉与高分辨率的点云数据深度融合感知系统，将支撑高速公路脱眼自动驾驶的实现，以及停车场代客泊车功能的普及。

 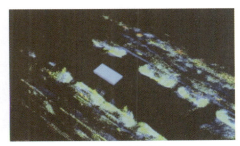

a) 全方位视觉　　　　　　　　　b) 4D雷达点云

图 5-3　感知技术

（3）高精度地图

地图场景持续扩展，高速标准基本统一，城区和停车场存在不确定性，众包地图将成为未来地图更新关键手段。针对硬件层面，高精度地图主要存储在高精度地图控制器中，提供稳定的车道级定位，并输出车道级道路属性信息。未来，高精度地图将与定位模块集成，或集成到域控制器中，以降低系统成本。针对软件和算法层面，主要使用定制化地图数据，利用摄像头与地图校验算法进行定位，地图主要集中在高速路场景。未来，GNSS+IMU+RTK 以及高精度地图融合定位将成为主流，并逐渐演变至基础地图+众包地图的方式。同时，地图将在城市不断普及，并逐渐展开地下停车场地图，各地图商的格式将逐渐统一。

（4）定位技术

定位技术主要朝着高精度和低成本方向发展，同时尝试解决多场景适应性。定位技术有 Long-Term、跨传感器模型定位等，如图 5-4 所示。不同环境下的 Long-Term 定位技术，主要针对跨昼夜和跨四季的精准定位，目前仍处于学术研究中，产业化时间尚不明确。跨传感器模型定位，主要研究激光雷达传感器、视觉传感器等不同传感器之间的建图和定位方法。这类研究旨在利用激光雷达的高精度和视觉定位的低成本，进一步提高定位的准确性并降低成本。学术研究和产业化应用研究正在同时进行，产业化时间尚不明确。

a) 不同环境下的Long-Term定位技术　　　　b) 跨传感器模型定位

图5-4　定位技术

（5）执行系统

目前，制动冗余、转向冗余和电源冗余技术已经成熟。未来，制动、转向、电源全冗余状态将是智能汽车的主流形态。过去，在执行系统架构中多为单电源模式，单ESC配合转矩控制或转角控制转向系统，ESC或配合卡钳制动控制制动系统。未来，执行系统将逐渐演变为全冗余底盘架构形式：电源为主电源＋冗余电源，转向系统的控制模式为"双绕组＋双控制器＋双电源"，制动系统则由"主制动＋冗余制动"配合控制。

5.4 智慧交通系统

智能驾驶与智慧交通系统技术密不可分，两者相互融合、相互促进，将会引发一轮出行革命。此外，智能驾驶技术不应仅用于狭义的车辆设备，而应用于更广泛的交通设备，这对构建智慧交通系统也有重要意义。

在19世纪的欧洲，蒸汽机的发明使铁路大范围普及开来。但铁路始终存在两个问题，即空间和时间上的问题。空间上的问题指火车无法灵活地设定起点和终点；时间上的问题指火车无法在用户需要的任意时间出现。而汽车却可以克服以上两点问题。将交通路网视作一张图，图中的节点是停车场，连接节点的线段是道路。车主可以自由地选择任何一条道路，在任何时间出发，到达指定的停车站。汽车带来的自由和驾驶乐趣，使汽车产业在20世纪蓬勃发展。但也给人类带来了许多意料之外的问题，例如能源、环境、安全和交通拥堵等问题。因此，必须找到新型交通模式，以解决这些问题。

交通的普及并不意味着每个人都必须拥有私家车。实际上，一辆汽车虽然可以几年或几十年为车主所有，但平均每天的使用时间不足半小时。因此，这对车主而言并不划算，对社会也会造成资源浪费。在人口密集的城市，最有效的交通方式当属铁路、地铁。在大城市，如果具备良好公共交通设施，许多人已经放弃购置车辆。因此，如何找到私家车的替代方案，是当前智慧交通系统要解决的主要问题。

近年来，涌现出不少智慧交通模式并投入使用，例如多模式交通、车辆共享与共乘、个人快速交通（PRT）以及需求响应交通（DRT）等。同时，构建智慧交通系统也响应了国家对构建老龄化/残疾人士友好型社会的美好愿景。

5.4.1 多模式交通

多模式交通指在考虑交通拥堵、环境影响、成本、时间、舒适度及可到达程度的情况下，一个多模式的"门对门"的行程要包括不同交通方式，包括公交车、出租车、地铁、步行及自行车等，如图5-5所示。

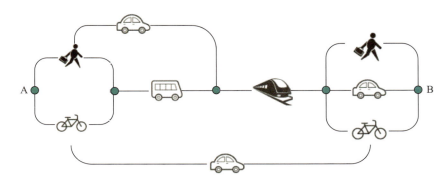

图5-5 多模式交通

城市交通系统正面临交通方式孤立、出行信息不对称等问题。信息过于零碎是多模式交通面临的重大难题，例如不同交通工具的具体信息、可用程度、成本及相互连接的难易程度。但通过大数据、信息与通信技术，未来有望很好地解决这些问题。

对乘客而言，目前存在出行体验差、不能一次到位的问题。具体表现在换乘衔接、出行信息获取和路线规划等方面。因此，作为私家车的代替方案，多模式交通切换需要可靠的时间及购票的无缝衔接，才能为大众所广泛接受。

5.4.2 车辆共乘与共享

共乘与共享这两个概念虽然不同，但目的都是为了尽可能地提高车辆的使用效率。车辆共乘指在行程中尽可能多地运载有需要的人群，而避免过高的空载率。而车辆共享是尽可能地提高车辆运行时间以提高效率。实际上，这两个概念可以结合起来，从而使车辆效益最大化。

车辆共享可视为一个租车模型，有需要的人可以短时间内租用，通常为数小时内。车辆由私家车主提供，当私家车主不使用车辆时（例如上班、度假时间），可将车辆留给租车机构。租车机构将车辆停驻在地铁站、公交站或办公楼处，用户每次付费用车，租车机构为私家车主提供汽车保养和维修服务。

相较传统的汽车租赁，车辆共享有以下特点：

1) 汽车共享不受办公时间限制。
2) 预订、提取及归还均为自助。
3) 车辆必须分布在各服务区，且必须在公共交通附近。
4) 必须考虑燃油费和保险费。

车辆共乘指不同乘客在同一旅程上乘用同一辆车，意即拼车。如果有 32 个人住同一个地方，最坏的情况是 32 个人每人开一辆车，而最好的情况是 32 个人乘坐同一辆车。如果采用车辆共乘的方法，则需要 8 辆车，如图 5-6 所示。

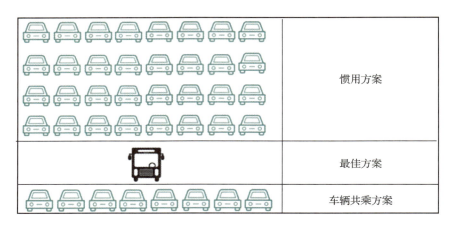

图 5-6 车辆共乘概念

由此可见，车辆共乘有以下优点：

1) 减少 75% 的能源消耗。
2) 减少 75% 的温室气体排放。
3) 对个人而言，出行成本可降低至原先的 1/4。

研究表明，在自动驾驶出租车为主的出行情景下，车辆数量将减少近 50%；在驾乘共享情景下，车辆数量将进一步减少 60%。

5.4.3 个人快速交通（PRT）

个人快速交通是 1953 年由美国人 Don Fichte 提出的，其目的是缓解汽车交通所带来的拥堵和尾气问题。PRT 全部使用小型无人驾驶车辆，需要在特殊制造的导轨上行驶。作为一种自动引导的交通工具，PRT 包括大型车辆及小型地铁系统。在 PRT 设计概念中，单车运载人数为 3～6 人。在交通网络拓扑中，导轨通常设置为：所有车站都位于同侧，且导轨间有许多交汇点。PRT 可使车辆无须停站、点对点直达，并绕开所有中间站。

PRT 的主要特点如下：

1) 车辆全自动，无须驾驶人操作。
2) 车辆运行在专用车站及导轨上。
3) 车辆容量较小（2～20 人）。
4) 运行时间可按高峰时刻需求进行规划，同时也满足非高峰时刻需求。
5) 乘客需要向乘坐公交车或出租车一样在固定点上、下车。
6) 如果遇到故障，则车辆需要离开导轨。
7) 可实现驾驶、路径规划、售票全自动化。
8) 污染小、噪声低。
9) 车辆间可协同通信，优化行车路线。
10) 车辆可成队行驶，实现动态队列行车。

PRT 已成功运用在伦敦希斯罗机场，称为 Pod Car，如图 5-7 所示。Pod Car 对天气的适应性较强，可工作在恶劣的天气以及轻到中度降雪天气。其无人驾驶系统运行速度可达 20km/h 左右，当运行距离为 1.6km 时，Pod Car 行驶时间只需 5～6min。这相比于公交车提高了一倍的运力，每年为希斯罗机场减少了 5 万次摆渡车的使用量，并减少了 50% 的能源消耗。

图 5-7 个人快速交通系统（希斯罗机场）

5.4.4 需求响应交通（DRT）

DRT 是面向用户的公共交通方式，是一种介于传统公共客车和出租汽车之间的新型辅助交通方式。它能灵活规划路线及调度中小型车辆，能根据乘客的需求在上、下车地点实现共乘。

在 DRT 模式中，车辆被限制在一个规定区域内运行，并在特定位置接客、落客。车辆可根据运输需求改变路线，而不是使用固定的时间或路线。一些 DRT 系统可能会在路线的一端或两端定义终点，以便交通网络继续连接。DRT 系统要求乘客通过向中央调度系统预订来请求旅程，后者会根据用户的位置和目的地来确定可用的旅程选项，乘客在指定的接客点和时间等待。

DRT 系统依赖于车辆位置信息通信技术、调度及分配软件、手持和车载计算机设备。乘客可利用智慧化移动应用程序（App）预约灵活需求的交通出行服务，运营商可提供按时、方便的公共交通服务，最终改善现有公共交通服务水平，还可利用车队管理系统来合理运营调度车辆，以降低运营成本。

DRT 系统可应用在不同场景。在城市中，灵活的 DRT 系统可弥补公共交通网络未覆盖的区域和时段，满足人们的个性化出行需求。在农村及偏远地区，常规公共交通在经济上不可行，而 DRT 系统可为日常低需求人群提供公共交通服务。针对出行不便的残疾人士或老龄人口，DRT 系统将是一项重要的社会福祉。

5.4.5 老龄化/残疾人士友好型社会

世界上许多国家正面临人口老龄化社会的转变，现有的公共交通已不能很好满足老龄人口/残疾人士的出行需要。由于年龄对身体机能的影响，越来越多的老年人无法走出家门，迫切地需要"门对门"的可接入式交通。

现有的交通模式无法满足老龄人口/残疾人士个性化出行需求。年龄增长引起的生理变化，包括视力下降、反应时间增加、无法处理多个任务，使自驾出行变得非常困难。目前的公共交通又存在换乘不便、站点规划不合理等问题，对老龄人口/残疾人士的出行造成了极大不便。智慧交通系统不仅能提高交通效率，还能弥补现有公共交通系统的不足，同时满足追求独立生活但又无法自驾出行的人群，有利于构建老龄化/残疾人士友好型社会。

5.5 面临的挑战和应对措施

5.5.1 面临的挑战

智能驾驶在持续发展和落地的过程中，仍面临如下挑战。

挑战 1：标准法规不完善

当前，智能驾驶相关标准和法规不完善。一方面，智能汽车标准尚未形成；另一方面，高度自动驾驶汽车上路面临法律法规制约，需要研究进行相应调整。

挑战 2：道路基础设施建设与智能汽车发展缺少统筹

智能驾驶需要车与车、车与路等的信息交互，车辆根据信息自动控制自身的驾驶动作，国内领先的汽车厂家目前都已具备自己的智能网联发展规划，并已开始实施，但缺少道路基础设施建设和统筹规划，智能驾驶始终难以实现。

挑战 3：开放带来的信息安全问题对智能汽车发展造成威胁

开放是智能汽车实现智能驾驶和提升用户体验的基础，但也带来智能汽车计算机系统与外界网络交互存在的安全隐患。

挑战 4：我国道路适应性验证复杂度和难度高，考验车企产品的可靠性

智能驾驶由车辆自主决策并执行，面临驾驶人的信任问题，车辆出现故障将造成不良后果。传统的统计验证已经不适合智能汽车的要求，智能网联汽车验证强度、复杂度将以指数级增加。我国道路环境复杂度，各地域不同驾驶人及行人的交通习惯，全天候、全路况下对人的感知对智能网联汽车的验证提出了更高要求。

5.5.2 应对措施

智能驾驶涉及汽车、电子、通信和 IT 等多个行业，迫切需要各行业、企业、科研院所和高校等密切协同，共同努力，采取如下措施推动智能驾驶技术发展：

1）加快制定智能网联汽车标准，包括：智能汽车等级划分及相关认证标准；车车协同、车/路协同辅助驾驶通信标准、车联网信息安全标准、产品性能标准、设计规范、检测测试规范、车路协同系统所用的通信频段等的制定。

2）跨行业产业链构建：组织建立中国智能网联跨行业协作联盟，由整车企业牵头，联合关键材料和零部件供应商、芯片制造商、通信设备制造商、通信运营商、网络运营商、内容服务商和电商等共同发力，构建完整的智能驾驶汽车产业生态链。通过与信息安全领域企业合作，建立信息安全体系，解决开放与安全问题。寻找构建跨行业合作盈利模式，合理分工，推动我国智能网联汽车快速发展。

3）关键共性核心技术联合攻关：整合智能驾驶汽车所涉汽车、交通、通信和电商等资源，对电子网络融合技术、环境感知和数据融合技术以及人工智能技术等关键共性核心技术联合攻关，实施重点项目和示范工程。

4）推进验证体系共建：围绕核心车企所在区域，政府牵头建立区域性示范基地（智能网联汽车的先期运行测试基地）；实验数据共享，共同研究制定智能网联汽车中国道路验证体系。

5）法规政策支持：针对自动驾驶，制定相关法规，明确自动驾驶汽车试验/商用合法性和相应牌照、证书的规定要求；定义车企、驾驶人和保险企业等在交通违规、事故中的责任和相应规则。

6）聚焦示范区：充分发挥智能网联汽车示范区的多领域、多层面协调及资源整合作用，加速推进上述各方面工作开展。

参考文献

[1] Guidehouse Insights. Market Data：Automated Driving Vehicles［R］.［S.1.］：Guidehouse Insights，2020.

[2] 腾讯研究院．腾讯未来交通白皮书［R］.［出版地不详］：腾讯研究院，2020.

[3] 胡云峰，曲婷，刘俊，等．智能汽车人机协同控制的研究现状与展望［J］.自动化学报，2019，045（007）：1261-1280.

[4] 中国汽车工程学会．节能与新能源汽车技术路线图［M］.北京：机械工业出版社，2016.

[5] 郑伟彬．美国最新自动驾驶准则有何新变化［N］.新京报，2020-1-15（4）.

[6] 王珺．L3量产车明年将在日本上市，L3僵局将破［EB/OL］.（2020-01-10）[2020-12-19]. https：//xw.qq.com/cmsid/20201211A01EOA00.

[7] 第一财经官方号．韩国发布L3自动驾驶安全标准，要抢全球第一［EB/OL］.（2020-1-05）[2020-1-10]. https：//baijiahao.baidu.com/s?id=1654886544141865804&wfr=spider&for=pc.

[8] 陈诚．无人驾驶汽车市场应用研究［J］.现代制造技术与装备，2016（001）：167-168.

[9] 罗兰贝格．中国智能网联发展报告［R］.北京：21世纪经济报道，2019.

[10] 陈梦微．基于复合网络的城市多模式交通结构调控方法［D］.杭州：浙江大学，2019.

[11] 阿奇姆·伊思坎达里安．智能车辆手册：卷Ⅰ［M］.李克强，等译．北京：机械工业出版社，2017.

[12] CHAN C Y. Advancements，Prospects，and Impacts of Automated Driving Systems［J］. International Journal of Transportation Science and Technology，2017，6（3）：208-216.